本书是河北省高等学校人文社会科学研究项目"元宇宙时代科学数据共享模式及其应用研究"（项目编号：BJS2022027）、中国博士后基金面上项目"科学数据共享模式及驱动机制研究"（项目编号：2018M641446）和河北省数字治理与协同治理研究基地的研究成果之一。

科学数据共享机理与实证研究

支凤稳 著

科学技术文献出版社
SCIENTIFIC AND TECHNICAL DOCUMENTATION PRESS

·北京·

图书在版编目（CIP）数据

科学数据共享机理与实证研究 / 支凤稳著. —北京：科学技术文献出版社，2023.12
ISBN 978-7-5235-1125-1

Ⅰ.①科… Ⅱ.①支… Ⅲ.①科学研究—数据共享—研究 Ⅳ.① G202

中国国家版本馆 CIP 数据核字（2023）第 235563 号

科学数据共享机理与实证研究

策划编辑：周国臻　　责任编辑：韩　晶　　责任校对：张永霞　　责任出版：张志平

出　版　者	科学技术文献出版社
地　　　址	北京市复兴路15号　邮编 100038
出　版　部	（010）58882941，58882087（传真）
发　行　部	（010）58882868，58882870（传真）
邮　购　部	（010）58882873
官方网址	www.stdp.com.cn
发　行　者	科学技术文献出版社发行　全国各地新华书店经销
印　刷　者	北京厚诚则铭印刷科技有限公司
版　　　次	2023年12月第1版　2023年12月第1次印刷
开　　　本	710×1000　1/16
字　　　数	232千
印　　　张	14.75　彩插4面
书　　　号	ISBN 978-7-5235-1125-1
定　　　价	48.00元

版权所有　违法必究

购买本社图书，凡字迹不清、缺页、倒页、脱页者，本社发行部负责调换

前　言

数据密集型科研范式下,科学研究越来越依赖大量的、规范的、可靠的数据,但可用的大数据集难以独立生成,科学数据共享是解决可用数据缺乏、实现数据潜在价值的重要途径。在此背景下,有必要进一步关注不同视角下科研人员在日常科研活动中的数据共享需求、影响机理、模式及演化博弈策略,并针对特定问题展开实证分析,以丰富科学数据领域的研究成果,为后续研究提供一定的理论参考和实证支持,并为科学数据管理与共享实践提供新思路、新方案。

为此,本书开展了以下工作。第一,分别设计数据提供者与使用者双重视角下的科学数据共享需求量表,并利用一手数据进行验证与分析。采用形式概念分析的方法构建使用者需求概念格,提取关联规则,进而揭示不同需求之间的关联性。第二,结合社会资本、计划行为、双路径等理论,分别构建双重视角下科学数据共享影响因素理论模型,并展开实证检验或仿真分析。第三,初步搭建基于区块链的数据共享模式架构,分析其流程、特点与实现技术。构建数据密集型科研范式下的科学数据管理模式。第四,结合主体间性理论与演化博弈理论,针对科学数据共享活动中的数据生产者、数据使用者及数据管理平台,构建三方演化博弈模型,探讨各主体共享的演化策略与系统演化均衡点。从科技计划项目科学数据汇交政策、科学数据与科技文献的关联、科学数据管理方面提出共享策略。

本书的主要研究发现有以下几点。第一,提供者视角的需求包含数据安全、数据管理平台、自我价值实现、社交、利益回报5个维度,其中,数据安全是其最为强烈的需求。从使用者角度来看,数据内容质量、数据获取效率及平台的安全性是焦点需求,且性别与学科背景是造成需求差异的主要因素。第二,提供者的信任、互惠、社会互动正向影响共享态度,且共享态度与感知行为控制正向影响共享意愿;数据质量正向调节感知行为控制、共享态度、主观规范与共享意愿之间的关系。此外,"信任—共享态度—共享意愿"路径是驱动科学数据共享的基本逻辑,互惠、社会互动、数据质量对信任有显著的正向影响,而主观规范对共享意愿的影响不显著。不同情境下的信任速率、初始感知行为控制、初始共享意愿均对科学数据共享意愿产生影响。使用者的感知有用性和感知易用性受到数据来源可信度的正向影响，并通过共享意愿影响共享行为，且感知易用性正向影响感知有用性。第三，基于区块链的去中心化共享模式具有灵活性高、安全性强、可追溯、可信任等优势，可有效促进数据共享。在数据密集型科研范式下，科学数据管理模式的创新与发展非常重要，构建的新模式有助于更好地实现科学数据的价值。第四，各主体受相关收益、成本和风险的影响有所差别，其共同点是两种策略下的净收益差值越大越有利于选择净收益数值大的策略。在一定条件下，该三方博弈系统能够最终稳定于数据生产者和数据使用者均参与共享、数据管理平台积极监管的理想状态。

本书是团队对多年研究成果的系统梳理与完善，是集体智慧的结晶。本书由中国科学技术信息研究所科技报告服务与产业情报研究中心郑彦宁主任大力指导，支凤稳主笔统稿。团队的其他成员也做出了突出贡献，陈佳琪参与第1、第4章的撰写，孟佳琪参与第2章的撰写，张萌参与第3、第5、第6、第7、第8章的撰写，彭兆祺参与第4、第11章的撰写，赵梦凡参与第5、第8、第11、第12章的撰写，云仲伦、张闪闪参与第9章的撰写，史洁参与第10章的撰写，韩梦娇参与第11、第13章的撰写，书中部分绘图由徐杨娇完成，陈佳琪、韩梦娇、马小琪参与本书的文字校对工作。

本书是河北省高等学校人文社会科学研究项目"元宇宙时代科学数据共享模式及其应用研究"（项目编号：BJS2022027）、中国博士后基金面上项目"科学数据共享模式及驱动机制研究"（项目编号：2018M641446）和河北省数字治理与协同治理研究基地的研究成果之一。另外，本书的出版得到了河北大学管理学院、科学技术文献出版社的大力支持，在此一并致谢！

希望本书能够为政府部门、高校、科研机构等单位的科学数据管理者、科研人员、广大师生等提供有益参考。同时，由于作者时间与能力所限，本书难免有疏漏之处，恳请广大读者批评指正。

目 录

第一篇　基础篇 1

第 1 章　绪论 3
　　1.1　研究背景 3
　　1.2　研究问题与意义 5
　　1.3　研究思路与方法 6
　　1.4　研究内容安排 8
　　1.5　创新之处 9

第 2 章　国内外研究现状 11
　　2.1　方法与数据来源 11
　　2.2　国内研究现状 13
　　2.3　国外研究现状 17
　　2.4　国内外对比 22
　　2.5　研究评论 23

第 3 章　科学数据共享的理论基础 25
　　3.1　社会学视角 25
　　　　3.1.1　社会交换理论 26
　　　　3.1.2　制度理论 26
　　　　3.1.3　仿真理论 27
　　3.2　心理学视角 28
　　　　3.2.1　社会认知理论 28
　　　　3.2.2　计划行为理论 28
　　　　3.2.3　双路径理论 29
　　3.3　管理学视角 30

     3.3.1 技术接受模型 30
     3.3.2 利益相关者理论 30
  3.4 不同理论视角的比较分析 31
  3.5 科学数据共享的动因、方式与价值 33
     3.5.1 科学数据共享的动因 33
     3.5.2 科学数据共享的方式 34
     3.5.3 科学数据共享的价值 34
  3.6 整合理论框架构建 35

第二篇 需求篇 37

第 4 章 提供者的科学数据共享需求分析 39
  4.1 调查问卷设计与数据收集 40
     4.1.1 调查问卷设计 40
     4.1.2 数据来源与预处理 41
     4.1.3 样本特征描述性统计 41
  4.2 数据分析 43
     4.2.1 信度检验 43
     4.2.2 效度检验 45
  4.3 信度重测与最终量表 50
  4.4 需求分析与讨论 51
     4.4.1 提供者的共享需求特征 51
     4.4.2 不同共享意愿提供者的需求对比 52

第 5 章 使用者的科学数据共享需求分析 55
  5.1 科学数据共享需求调查 56
     5.1.1 问卷设计 56
     5.1.2 数据收集与样本特征 57
     5.1.3 数据分析与预处理 58
  5.2 形式背景与概念格 59

5.2.1　形式背景导出 59
　　　5.2.2　概念格生成 61
　5.3　关联规则 62
　　　5.3.1　总体关联规则挖掘 62
　　　5.3.2　不同类型关联规则挖掘 63
　5.4　结果分析与讨论 66

第三篇　机理篇 69

第6章　提供者科学数据共享意愿影响因素实证——基于TSC与TPB 71

　6.1　理论进展 72
　　　6.1.1　社会资本理论 72
　　　6.1.2　计划行为理论 72
　6.2　研究假设与理论模型 73
　　　6.2.1　社会资本与共享态度 73
　　　6.2.2　计划行为与共享意愿 75
　　　6.2.3　数据质量的调节作用 75
　　　6.2.4　理论模型 76
　6.3　问卷设计与数据收集 77
　　　6.3.1　问卷设计 77
　　　6.3.2　数据收集 78
　6.4　数据分析与模型检验 78
　　　6.4.1　描述性统计分析 78
　　　6.4.2　信效度分析 80
　　　6.4.3　模型拟合检验 82
　　　6.4.4　调节效应检验 83
　6.5　实证结果分析 83

第 7 章 提供者科学数据共享意愿影响因素实证与仿真
——基于 SOR 和 SD 87

- 7.1 理论进展 88
  - 7.1.1 共享意愿影响因素 88
  - 7.1.2 刺激机体反应理论 88
- 7.2 研究假设与理论模型 89
  - 7.2.1 刺激与机体 89
  - 7.2.2 刺激与反应 90
  - 7.2.3 机体与反应 91
  - 7.2.4 共享态度与共享意愿 91
- 7.3 实证检验 92
  - 7.3.1 数据获取 92
  - 7.3.2 描述性统计分析 93
  - 7.3.3 信度与效度检验 93
  - 7.3.4 结构方程模型检验 95
- 7.4 系统动力学仿真 96
  - 7.4.1 存量流量图构建 96
  - 7.4.2 自然状态下的科学数据共享意愿仿真 98
  - 7.4.3 不同情境下的科学数据共享意愿仿真 99
- 7.5 结果分析与讨论 102

第 8 章 使用者科学数据共享行为影响因素实证
——基于 ELM 和 TAM 105

- 8.1 理论进展 106
  - 8.1.1 双路径模型 106
  - 8.1.2 技术接受模型 107
- 8.2 研究假设与理论模型 108
  - 8.2.1 科学数据质量与感知有用性、感知易用性 108
  - 8.2.2 数据来源可信度与感知有用性、感知易用性 108
  - 8.2.3 感知易用性与感知有用性 109

     8.2.4 感知有用性、感知易用性与共享意愿 109
     8.2.5 共享意愿与共享行为 110
     8.2.6 理论模型构建 110
  8.3 问卷设计与数据收集 111
     8.3.1 问卷设计 111
     8.3.2 数据收集 113
  8.4 数据分析和模型检验 113
     8.4.1 描述性统计分析 113
     8.4.2 信度分析 115
     8.4.3 效度分析 115
     8.4.4 模型检验 117
  8.5 实证结果分析 118

第四篇 模式篇 121

第9章 基于区块链的科学数据共享模式 123
  9.1 理论进展 124
     9.1.1 个人科学数据共享 124
     9.1.2 区块链应用于科学数据共享的相关研究 124
  9.2 现有共享模式的问题分析 126
     9.2.1 数据确权问题 126
     9.2.2 数据安全问题 126
     9.2.3 隐私保护问题 127
     9.2.4 数据标准不统一问题 127
     9.2.5 数据近似化问题 127
     9.2.6 激励机制问题 128
  9.3 基于区块链的科学数据共享模式构建 128
     9.3.1 模式架构模型 128
     9.3.2 模式所涉及的具体流程 130
     9.3.3 模式特点分析 130

9.4 共享模式实现 132
9.4.1 区块链与 SQL 数据库结合实现分布式数据存储 132
9.4.2 基于 SQL 的智能合约激励共享参与主体 133
9.4.3 万能数据结构表实现数据标准化 134
9.4.4 加密算法实现数据"可用不可见" 135
9.4.5 共识机制控制数据调用规模 136

第 10 章 数据密集型科研范式下的科学数据管理模式 139
10.1 传统科学数据管理模式 139
10.2 新范式对科学数据管理模式的新要求 140
10.2.1 整合数据资源,建立数据关联性 140
10.2.2 管理模式智能化、动态化 141
10.2.3 应用新兴技术,挖掘潜在价值 141
10.3 不同生命周期阶段的科学数据管理任务 141
10.3.1 数据产生与采集 143
10.3.2 数据处理与分析 143
10.3.3 数据描述与组织 143
10.3.4 数据保存与归档 144
10.3.5 数据发布与共享 144
10.3.6 数据挖掘与再利用 145
10.4 新范式下科学数据管理模式构建 145
10.4.1 科学数据管理过程 146
10.4.2 科学数据管理手段 147
10.4.3 科学数据管理与共享机制 147

第五篇 策略篇 149

第 11 章 科学数据共享主体的演化博弈策略 151
11.1 理论发展 152
11.1.1 主体间性理论 152

  11.1.2 演化博弈理论 153
 11.2 演化博弈模型构建 154
  11.2.1 问题描述 154
  11.2.2 模型假设 156
  11.2.3 收益矩阵 158
 11.3 模型演化稳定分析 159
  11.3.1 数据生产者 159
  11.3.2 数据使用者 161
  11.3.3 数据管理平台 163
  11.3.4 三方博弈系统 165
 11.4 数值仿真与验证 168
  11.4.1 三方博弈系统的演化路径 169
  11.4.2 不同参数对各主体策略选择的影响 172
 11.5 结果分析与启示 175

第 12 章 促进科学数据共享的策略建议 179
 12.1 完善科学数据汇交政策 179
  12.1.1 具体化涉密数据的汇交办法 179
  12.1.2 增强数据汇交政策的创新性 180
  12.1.3 完善数据汇交的评价体系 181
  12.1.4 健全数据汇交的激励机制 181
  12.1.5 严格数据汇交制度 182
 12.2 强化科学数据与科技文献的关联 182
  12.2.1 完善科学数据相关政策体系 182
  12.2.2 丰富科学数据平台的服务功能 183
  12.2.3 增加可关联文献的类型 185
  12.2.4 加强相关主体之间的合作 185
 12.3 加强科学数据管理与共享 186
  12.3.1 完善相关框架、设施与政策 187
  12.3.2 增强科学数据平台的安全性与透明性 187
  12.3.3 加大科研资助机构支持力度 188

  12.3.4 加强对数据共享的宣传、管理与保护 188
  12.3.5 注重数据质量与安全 189
  12.3.6 提升科学数据重用意愿 189

第六篇 总结篇 193

第 13 章 研究总结与展望 195
 13.1 主要研究结论 195
 13.2 研究贡献 196
 13.3 研究不足与展望 196

参考文献 199

图目录

图 1-1　研究思路 6
图 2-1　2001—2022 年国内外年度发文量 12
图 2-2　国内关键词同现网络 14
图 2-3　国内主题词演化网络（见书末彩插） 16
图 2-4　国外关键词同现网络 18
图 2-5　国外主题词演化网络（见书末彩插） 20
图 3-1　整合理论框架 35
图 5-1　共享需求概念格 61
图 6-1　理论模型 77
图 7-1　理论模型 92
图 7-2　存量流量 97
图 7-3　共享意愿及各影响因素变化趋势 99
图 7-4　不同信任速率对比 100
图 7-5　不同感知行为控制对比 101
图 7-6　不同初始条件下共享意愿变化趋势 102
图 8-1　理论模型 111
图 9-1　基于区块链的数据共享模式架构 129
图 10-1　科学数据管理的生命周期阶段及任务 142
图 10-2　科学数据管理模式框架 146
图 11-1　主体间性视域下的科学数据共享模型 155
图 11-2　生产者共享策略演化相位图 160
图 11-3　使用者共享策略演化相位图 162
图 11-4　平台共享策略演化相位图 164
图 11-5　数组 1 不同初始策略下的演化结果（见书末彩插） 170
图 11-6　情形Ⅰ不同初始策略下的演化结果（见书末彩插） 170
图 11-7　情形Ⅱ不同初始策略下的演化结果（见书末彩插） 171

图 11-8　情形Ⅲ不同初始策略下的演化结果（见书末彩插）..........................171

图 11-9　不同初始策略选择概率的影响程度 172

图 11-10　生产者数据共享收益 S_1 的影响（见书末彩插）..........................173

图 11-11　生产者数据共享成本 C_1 的影响（见书末彩插）..........................173

图 11-12　使用者参与共享收益 S_2 的影响（见书末彩插）..........................174

图 11-13　使用者不参与共享收益 S_{22} 的影响（见书末彩插）.....................174

图 11-14　平台积极监管收益 S_3 的影响（见书末彩插）............................175

图 11-15　平台消极监管收益 S_{33} 的影响（见书末彩插）..........................175

表目录

表 2-1　国内排名前 20 的高频主题词 17
表 2-2　国外排名前 20 的高频主题词 21
表 2-3　国内外对比结果 22
表 3-1　理论视角比较分析 31
表 4-1　样本特征描述性统计 42
表 4-2　各变量的信度系数 44
表 4-3　解释的总方差 46
表 4-4　旋转成分矩阵 46
表 4-5　拟合检验结果 48
表 4-6　聚合效度检验结果 49
表 4-7　区分效度检验结果 50
表 4-8　共享需求最终量表 50
表 4-9　不同共享意愿提供者的需求均值 52
表 5-1　使用者共享需求量表 56
表 5-2　使用者共享需求预处理结果 58
表 5-3　共享需求的形式背景 60
表 5-4　总体关联规则的挖掘结果 62
表 5-5　不同用户类型共享需求间关联规则 64
表 5-6　不同类型用户子群间关联规则 66
表 6-1　样本特征统计 79
表 6-2　信效度分析结果 80
表 6-3　结构模型拟合参数 82
表 6-4　假设检验结果 82
表 7-1　信度与效度检验结果 94
表 7-2　模型拟合参数 95
表 7-3　假设检验结果 96

表 7-4	系统动力学模型初始参数值	97
表 8-1	量表及支撑文献	112
表 8-2	样本特征统计结果	113
表 8-3	信效度分析结果	115
表 8-4	模型拟合参数	117
表 8-5	假设检验结果	117
表 9-1	万能数据结构	134
表 11-1	三方博弈主体的支付矩阵	158
表 11-2	均衡点稳定性分析	166
表 11-3	均衡点的参数赋值情况	169

第一篇

基础篇

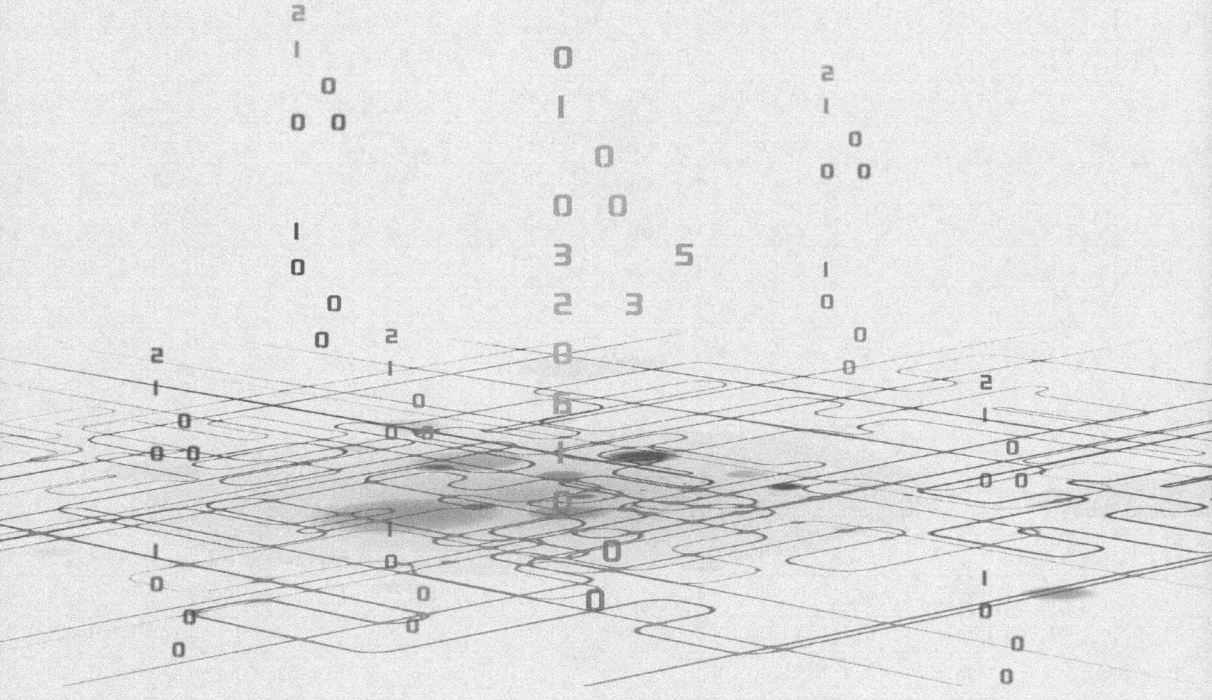

第 1 章 绪论

1.1 研究背景

科学数据主要包括在自然科学、工程技术科学等领域,通过基础研究、应用研究、试验开发等产生的数据,以及通过观测监测、考察调查、检验检测等方式取得并用于科学研究活动的原始数据及衍生数据[1]。科学数据共享本质上是不同角色围绕科学数据资源,从满足数据用户需求出发,利用各种方式实现科学数据从提供者到数据用户对于其拥有和使用权利的让渡,达到科学数据资源满足科研活动需求的状态[2]。2021 年 6 月,科学欧洲(Science Europe,SE)发布的《可持续科学数据实用指南》一书指出,共享可重复利用的科学数据以支持科学进步正日益成为常态,越来越多的组织机构期望并鼓励科学数据的开放共享行为。开放共享可以实现科学数据重用,促进科研人员利用现有数据提出新的观点和问题,并最大限度提高研究的透明度[3]。

科学数据是国家科技创新发展和经济社会发展的基础性战略资源,科学数据管理与共享受到党中央的高度重视。2018 年 1 月 23 日,习近平总书记主持召开中央全面深化改革领导小组第二次会议,会议审议通过了《科学数据管理办法》,并强调加强和规范科学数据管理,要适应大数据发展形势,积极推进科学数据资源开发利用和开放共享,为政府决策、公共安全、国防建设、科学研究提供有力支撑。2018 年 4 月 2 日,国务院办公厅印发了《科学数据管理办法》,明确了我国科学数据管理的总体原则、主要职责、数据采集汇交与保存、共享利用、保密与安全等方面内容。此外,推进科学数据共享也是落实"十三五"规划建议"实施国家大数据战略,推进数据资源开放共享"的具体体现。我国从 21 世纪初开始全面加强科学数据开放共享服务工作,在较短时间内迅速发展并不断缩小与欧美国家的差距[4]。

大数据时代,科学数据共享是解决可用数据匮乏的重要途径之一。科学数据是 E-science 环境下最基本、最活跃、最具影响力的科技资源之一,与科学论文一样被视为重要的科研产出。在数据密集型科研范式下,数据对科研的基础支撑作用日益显著,数据即服务(DaaS)理念下的科学数据生态系统正在优化发展。随着科学研究协作性越来越强,研究者也逐渐认识到数据共享的重要性。有学者指出,如果数字科技是现代科学变革的引擎,那么数据就是燃料,有很多科研领域面临"燃料"短缺的问题。大数据时代,一方面,海量数据不断产生;另一方面,数据缺乏的现象普遍存在。这明显与大数据时代发展相悖,而科学数据共享是解决这一困境的有效手段,是促进科学研究繁荣与发展的前提。

科学数据共享已成为信息资源管理领域的研究热点与前沿问题,已有研究成果为本书提供了重要的理论参考。随着科学数据成为驱动科学研究的重要因素,不仅自然科学研究依赖于对数据的深入分析与挖掘,人文社会科学研究也有明显的数据化发展趋势,科研人员的科学数据生成与共享成为大数据时代科研活动的基本要求。伴随科学数据的开放与共享、组织与分类、存储与发布、监管与服务、出版与引用等相关领域的实践进展,科学数据共享已引起了国内外信息资源管理领域学者的广泛关注,并形成了系列成果,为本书提供了重要的理论基础与经验证据。

从科学数据共享实践来看,大量的科学数据依然分布于个体科研人员手中。参与主体已从科学研究领域拓展到出版界、图书馆界,以及经济领域,并呈现出明显的跨领域合作特征,从科学研究机构与科研资助机构的合作、不同学科领域的合作,到科学研究领域与学术出版领域、传统出版与开放存取出版的合作,再到政治、经济领域的参与,科学数据共享的合作领域不断拓展。与美国科学数据共享实践密切相关的数据不仅来源于生物、医药、地理、空间等活跃学科,还包括在人类社会活动中产生的交易数据。国内典型的科学数据共享实践大多集中于自然与工程科学领域,虽不乏社会科学数据共享实践,但与科研活动的规模相比仍有很大的提升空间,分散于个体科研人员手中的数据黑洞依然客观存在。不同科学领域在数据共享和应用上存在差异。社会科学数据不同于基于实验室或其他生命、物理科学研究的数据[5],因此,通过数据的开放共享实现各领域数据交叉利用仍需各方努力。

科学数据共享实践是一项系统、复杂的工程,还有一些基础而重要的问题有待于信息资源管理领域研究者进一步探讨。虽然相关指导方针明确提出,在参与者隐私被保护的前提下,应基于验证目的分享科学数据,但最近在心理学顶级杂志发表论文的通讯作者中,仅有27%的人愿意共享数据,数据共享仍未能作为共同的研究实践在不同学科中广泛开展。事实上,科学数据共享是复杂多变的，同一科研人员基于不同身份有不同的共享需求与动机，共享的模式与情景也存在差异。因此，基于科研人员的身份，从不同视角进一步理解个体的科学数据共享活动，关注个体科研人员在日常科学研究活动中的数据共享决策，对于更好地促进科学研究和科学数据共享实践尤为重要。

1.2 研究问题与意义

在此背景下，实现海量科学数据的高效共享依然任重而道远，对以下问题的解答显得非常重要。提供者与使用者的共享需求是什么？哪些因素影响共享意愿与行为？共享与管理模式有哪些？各主体的演化博弈策略是什么？科学数据共享的核心问题归根到底是数据所有权的分离，以及信息不对称和有限理性给参与主体的共享决策带来困难。共享中的主体是多元与动态的，如科研人员具有科学数据的生产者、使用者、所有者、处置者等多重身份，不同身份参与共享的需求与动机是个体理性而非集体理性。

为此，本书拟结合国内外科学数据共享的理论发展与实践应用现状，以信息行为、双路径、计划行为和社会资本等理论为基础，尝试从数据使用者和提供者的双重身份视角，对科研人员的科学数据共享需求与影响因素展开较为系统而深入的探索，并构建数据共享与管理模式，分析各主体共享的演化博弈策略，旨在为数据共享研究与实践提供依据和建议。

科学数据共享具有重要地位，影响重大而深远，同时又是一个饱受争议、引起强烈社会反响的焦点问题，进一步对其展开深入、系统的研究具有十分重要的理论与实践意义。

理论意义：①本书将扩充信息资源管理视角下科学数据管理与共享理论及方法体系，研究成果可为科学数据服务机构，如科技情报机构、图书馆、中介服务机构、咨询公司和有关政府部门等提供相关理论方法支撑。此外，对科研人员（特别是信息资源管理领域）开展科学数据共享和提升科研效率也具有参考意义。②相关研究成果虽然比较丰富，但仍存在研究视角比较单一、研究深度不足等问题。本书力求从不同视角探讨科学数据共享问题，是对以往研究的进一步丰富，可以为人类的知识积累添砖加瓦。

实践意义：①在不同视角下，科学数据共享驱动机制的揭示有望解答一些悬而未决的疑问，进而给科学数据共享实践带来福祉，为我国政府决策、科学研究和科技创新提供有力支撑。②有助于发现新知识和创新工作方法,从而实现对科学数据内容的深度开发与利用,进一步提升科研人员及科研机构的知识服务能力,最终为经济建设与社会繁荣发挥积极作用。

1.3 研究思路与方法

本研究遵循"提出问题—分析与解决问题—升华问题"的逻辑思路,围绕研究目标、研究内容和研究方法绘制研究思路,如图1-1所示。

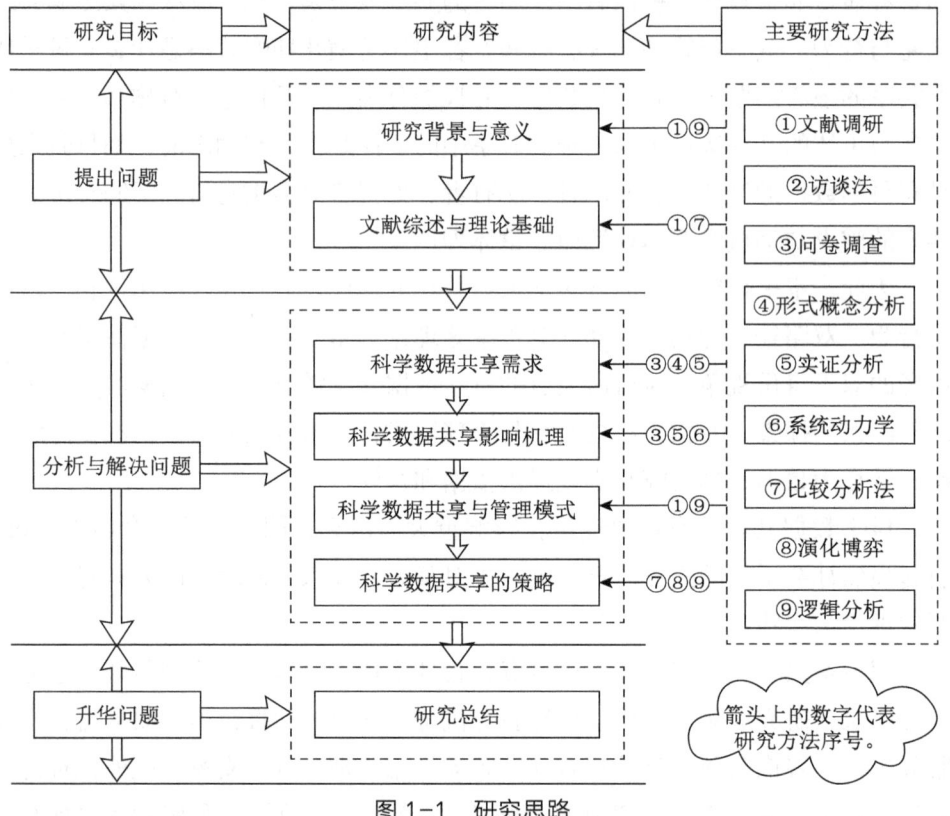

图1-1 研究思路

根据研究内容与研究目标的需要,本书采用了文献调研、访谈、问卷调查、形式概念分析、实证分析、系统动力学、比较分析、演化博弈、逻辑分析等多种研究方法。需要说明的是,这些研究方法被综合应用于本研究中,并非独立使用。例如,文献调研法与逻辑分析法可能会贯穿于整个研究。图1-1

中列出的研究方法序号代表该部分重点使用某些方法,是相对而言的。

(1) 文献调研法

针对研究内容,在中国知网、万方、维普、PubMed、Emerald、ProQuest 等数据库广泛收集文献和资料,跟踪国内外最新研究与实践进展,并利用信息计量方法和软件进行可视化分析。

(2) 访谈法

通过与科学数据研究领域的专家、科研人员(提供者和使用者)、平台管理人员等进行深度访谈,系统了解科学数据共享的内涵,确保量表的内容效度,完善调查问卷的内容,进一步确认研究目标和调研方案的可行性。

(3) 问卷调查法

在文献梳理和专家访谈的基础上,针对调查对象的基本情况及各变量的测度指标,科学设计调查问卷,通过多种渠道获取必需的研究样本,为后续的假设检验和模型修正做数据准备。

(4) 形式概念分析法

采用形式概念分析(FCA)的方法构建使用者共享需求的形式背景与概念格,并提取相应的关联规则,揭示不同用户群、不同需求之间的关联,进而识别并分析焦点需求及存在差异的原因。

(5) 实证分析法

在相关性分析、因子分析、结构方程建模等统计分析的基础上,利用调研回收的数据,借助 SPSS、AMOS 等软件对理论模型及假设进行检验与分析,为后续的模型调整做必要准备。

(6) 系统动力学方法

根据科学数据共享意愿影响因素的实证结果,构建存量流量模型并进行仿真分析,从而揭示共享系统的动态过程及各因素的变化趋势。

(7) 比较分析法

借助 ITGInsight 工具对国内外研究现状进行可视化展示并进行比较分析,以了解研究趋势,发现研究问题与可能的创新点。

(8) 演化博弈方法

基于演化博弈理论,推演三方科学数据共享策略的演化博弈过程,分析各方的利益得失、博弈系统的演化稳定策略和不同参数的影响程度,并通过数值仿真对结果进行验证。

（9）逻辑分析法

深入剖析科学数据共享所涉及的理论问题与关键要素，分析其中的差异，概括特征与规律，并对所研究的关键问题进行推理判断与科学预测。

1.4 研究内容安排

本书的研究内容主要包括科学数据共享研究现状与理论基础、提供者与使用者科学数据共享的需求与影响因素、科学数据共享与管理模式及策略。本书共包括13章，可归纳为六篇，具体安排如下。

第一篇是基础篇，包括第1~3章。第1章是绪论，交代本书的研究背景、问题、意义、基本概念、思路、方法、内容与创新之处。第2章是国内外研究现状，利用ITGInsight可视化分析软件，探索国内外在科学数据共享领域的研究热点、关联网络，以厘清其当前的演化发展态势、关联词和主题词的演化分布。在此基础上，进一步确认本研究的必要性。第3章是科学数据共享的理论基础，梳理相关实证文献，从社会学、心理学、管理学3个视角回顾其研究重点，从理论基础、研究方法、研究对象、研究内容4个方面构建整合理论框架，并讨论科学数据共享的动因、方式与价值。

第二篇是需求篇，包括第4~5章。第4章是提供者的科学数据共享需求分析，设计提供者视角下科学数据共享需求的初步测量量表，通过对不同年龄、学历、职称、学科背景的科研人员的需求进行问卷调查与因子分析，从而得到最终量表并讨论其实际意义。第5章是使用者的科学数据共享需求分析，设计共享需求的Likert量表，进行问卷调查，获取基础数据，结合形式概念分析的方法，构建形式背景与概念格并提取关联规则，进而挖掘不同类型用户的需求特征及关联关系。

第三篇是机理篇，包括第6~8章。第6章是提供者科学数据共享意愿影响因素实证，结合社会资本与计划行为理论，探讨提供者的共享意愿驱动因素及相互作用，并将数据质量作为调节变量，研究其对不同影响路径的调节作用。第7章是提供者科学数据共享意愿影响因素实证与仿真，以刺激机体反应理论和实证研究结果为依据，构建系统动力学模型，揭示了各影响因素之间的关系及对共享意愿演化的影响。第8章是使用者科学数据共享行为影响因素实证，基于双路径和技术接受模型，构建理论模型，并对数据使用者视角下的科学数据共享行为的影响因素进行实证分析。

第四篇是模式篇,包括第 9~10 章。第 9 章是基于区块链的科学数据共享模式,以区块链技术为视角,凭借其优势探索共享新模式,以实现区块链技术赋能与个人科学数据共享的结合,为实现各主体的高效互动、促进数据共享利用提供新的思考。第 10 章是数据密集型科研范式下的科学数据管理模式,从生命周期理论出发,分析其在数据密集型环境下的新需求,通过科学数据管理过程、支撑手段和指导理念及科学数据管理与共享机制 3 个模块构建科学数据管理模式。

第五篇是策略篇,包括第 11~12 章。第 11 章是科学数据共享主体的演化博弈策略,结合主体间性理论与演化博弈理论,对科学数据共享活动中的数据生产者、数据使用者及数据管理平台三大主体的共享策略展开分析。构建三方演化博弈模型,探讨各主体的演化策略和系统的演化均衡点。第 12 章是促进科学数据共享的策略建议,为进一步推动科学数据共享实践,充分发挥科学数据的重要价值,从科技计划项目科学数据汇交政策、科学数据与科技文献的关联、科学数据管理方面提出相关的对策、建议。

第六篇是总结篇,包含第 13 章。本篇是整体总结,对本书的主要结论、意义与局限性进行提炼,并展望未来值得研究的相关议题,以启迪后续学者进行思考与探讨。

1.5 创新之处

本书的特色和创新之处主要体现在研究内容方面,具体归纳如下。

第一,充分考虑共享主体特质与需求对当前实践的解释力,从提供者与使用者双重视角设计量表并进行实证研究。

第二,分别构建提供者与使用者视角下的科学数据共享影响因素的理论模型,通过调研获得一手数据,借助结构方程进行实证检验。

第三,初步搭建基于区块链的科学数据共享模式架构,并对其流程、特点、实现关键技术与机制进行了较为具体的论述。

第四,基于演化博弈论和主体间性理论,分析数据生产者、数据使用者和数据管理平台在科学数据共享中的角色、关联及利弊得失,构建三方演化博弈模型,并对各主体的演化稳定策略和系统的演化均衡点进行数值仿真。

第2章 国内外研究现状

在大力鼓励和支持科学数据共享的背景下,学术界开始着手对该领域展开研究。经过学者的接续探索,有关科学数据共享的研究成果不断涌现。目前,国内主要聚焦于共享行为影响因素[6]、共享模型与运行机制[7]、共享政策[8-9]、共享对策及建议[10-11]等方面。随着研究成果的积累,其研究视角和研究内容也更加丰富与新颖。国外相关研究得益于更加丰富的信息资源和更加先进的科学技术,研究前沿和热点与国内不尽相同。国内外研究一直在不断完善和发展演化中,从不同维度对比分析二者的研究现状及演化过程,可以更好地了解我国在科学数据共享领域中的优势与不足,为我国把握研究前沿、开展创新性研究提供新思路。尽管已有学者对科学数据共享相关研究进行了梳理,采用的方法与工具也多种多样,如文献计量学方法[12]、Citespace 软件[13]、联机分析处理(OLAP)方法[14]、理论分析[15]等,却鲜有学者从多个维度对国内外相关研究进行可视化对比分析。此外,相较于已有综述,ITGInsight 在分析数据量、清洗功能、安全性、兼容性等方面更具特色和优势,并得到学者的青睐[16]。

本章旨在探索国内外科学数据共享领域的研究热点与主题分布情况,同时识别出各时期的研究演化情况。ITGInsight 在功能上拥有更加突出的优势,能够更清晰、直观地展示各方面的现状及发展态势。因此,本章主要利用 ITGInsight 可视化分析软件,探索国内外在科学数据共享领域的研究热点、关联网络,以厘清其当前的演化发展态势、关联词和主题词的演化分布。同时,借鉴国外相关研究的优势和经验,为促进国内科学数据共享理论研究与实践发展提供帮助。

2.1 方法与数据来源

以万方数据库、CNKI 为主要中文文献来源,以 Web of Science 数据库为主要外文文献来源,利用检索式"主题:(科学数据共享)and 关键词:(科学数据 or 科研数据 or 数据共享)"和"((TS=(scientific data sharing))OR TS=(Scientific research data sharing))AND AB=(data sharing)"分别进行检索,时

间截止到 2022 年 12 月 9 日。对于中文文献，先进行去重，再剔除无作者的、以"序""前言""简介""卷首语"为题的，或专业相关度不高的文献。对于外文文献，先按照相关度从高到低排序，再从 Web of Science 核心合集中剔除重复、关联度低的文献，且语种设为"English"。经过筛选，初步确定中文文献共 3095 篇，外文文献共 4642 篇，作为研究对象。对第一轮数据清洗后得到的词表进行二次清洗，得到最终可用于可视化分析的有效文献，其中，中文文献 3065 篇，外文文献 4562 篇。2001—2022 年国内外年度发文量如图 2-1 所示。

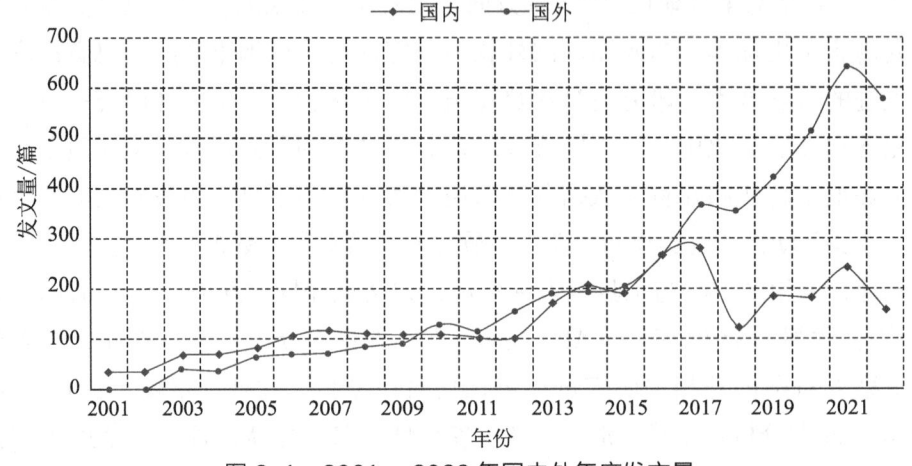

图 2-1　2001—2022 年国内外年度发文量

从图 2-1 中可以看出，无论是国内还是国外，有关科学数据共享的发文量总体呈上升趋势，特别是国外在近几年具有较为明显的"指数式增长"特征。

国外在此期间的发文量总体可分为两个阶段，即缓慢增长阶段和快速增长阶段。在缓慢增长的这 10 年（2001—2010 年），经济合作与发展组织（Organization for Economic Cooperation and Development，OECD）成员国及中国等 30 多个国家于 2004 年 1 月签署了《开放获取公共资助的科学数据宣言》[17]，成为开启科学数据共享时代的标志。随后，以英、美、澳大利亚为代表的各国政府部门、科研机构和高校等制定了一系列科学数据共享政策，如《开放获取公共资助科学数据的原则和指南》（2007）[18]等，进一步推动了科学数据研究的进程。自 2012 年开始进入快速增长阶段，随着各国的政策法规逐步趋于成熟，以 2015 年发布的《科学出版物与研究数据开放存取指南》（第二版）为代表，开启了开放科学数据试点的实施工程，科学数据研究进入快速发展阶段。

我国的发文量分别在 2012 年和 2018 年出现拐点，并经历了三个阶段。2001—2012 年是缓慢上升期。我国于 2000 年开始推进科学数据的管理工作；"科学数据共享工程"于 2002 年正式启动。在此期间，我国科学数据共享工作一直处于初步发展的稳定期。到 2012 年以后进入快速上升期。科学技术部于 2014 年召开第一届"中国科学数据大会"，国务院办公厅于 2018 年出台首个国家层面的《科学数据管理办法》，有效促进了研究成果的产出。从 2018 年至今属于起伏发展期。以国家层面的政策为依据，各地相继制定与完善适合本地实际的数据共享政策，相关研究成果整体呈上升趋势，但在 2022 年有所下降，这可能与成果发表的滞后性有关。

基于文献计量、类比分析、定量定性分析等研究方法，利用 ITGInsight 软件对国内外科学数据共享领域的关键词及主题词进行预处理和数据分析，并以可视化的方式输出网络图、聚类图和演化图，从而对该领域的发展现状、不同特征及未来发展的趋势做出综合性评述和总结。ITGInsight 是一款高级的科技文本挖掘与可视化分析工具，主要针对专利、论文、报告、报刊等科技文本进行数据挖掘和图谱建立[19]。关键词同现及主题演化部分均以 ITGInsight 分析工具作为技术支持，并辅以 Excel 对数据集进行初步数据统计。首先，分别对国内外所得的数据集进行清洗，将时间设为 2001—2022 年，从清洗后的数据中提取作者、机构等研究子对象（提取条件为 $n \geqslant 2$，n 代表研究子对象的频数），形成词表。其次，利用所得到的词表对原数据集进行数据分析。最后，分别对排名前 50 的关键词、主题词构建图谱，并对图谱进行解读。

2.2 国内研究现状

（1）关键词同现

关键词同现分析可以帮助明确绘制概念、想法和问题的关系[20]，确定该文献集合所代表的学科主题之间的关系，从而揭示该学科的研究水平及学科结构，概述该学科的研究热点，分析其发展过程及趋势[21]。为此，利用 ITGInsight 软件分别提取出现频次排名前 50 的关键词，构建关键词同现网络，形成聚类关系图。其中，节点数字代表该关键词的词频，节点大小与之成正比；各节点之间的连线代表关键词之间的同现关系，连线的粗细代表同现次数的多少；相同颜色的节点集合代表一个关键词网络。

以中文文献的关键词代表国内的关键词数据，国内出现频次排名前 50 的关键词，各节点之间的关联程度较为紧密（图 2-2）。经过聚类后，这些关键词被分为三大类。

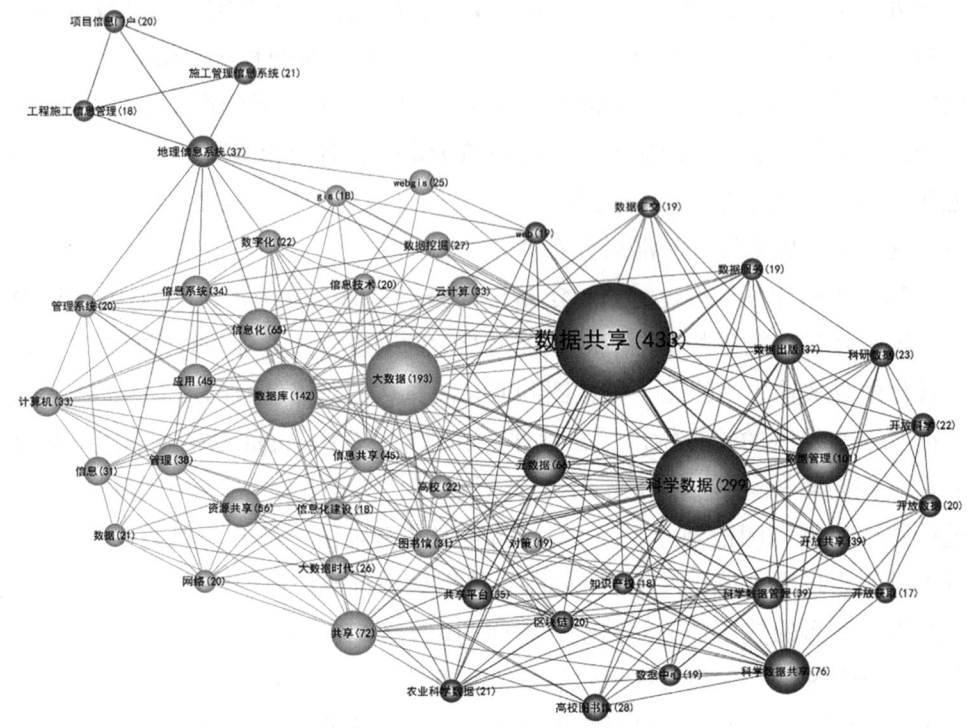

图 2-2　国内关键词同现网络

第一类是以"数据共享""科学数据"为中心词，其关联词或衍生词以"开放数据""科研数据""农业科学数据""科技资源""元数据""数据管理""开放科学""开放共享"等为代表。这类关键词大多研究的是各类科研、科技数据的共享及如何被共享的问题，如早期浙江省为推动科技资源开放共享而实施的创新券政策[22]；基于我国现有的科学数据共享协议提出的魏公村科学数据双许可证（草案）[23]促进了农业科学数据的开放共享等。

第二类是以"科学数据共享""大数据""数据库"为中心词，其关联词或衍生词以"信息化""云计算""共享服务""信息技术""信息系统"等技术支持类词为代表。这类关键词主要研究实现科学数据共享的技术、平台、系统、机制等，一般是解决其如何构建、如何应用、如何开发等问题。如国家微生物科学数据中心的建设[24]，在极大程度上使海量的微生物数据资源得到有效的规范整合与开放共享;基于云计算技术面向服务的体系架构(SOA)思想,有助于实现科学数据的资源聚合[25]等。

第三类是以"项目信息门户""工程施工信息管理""施工管理信息系统""地理信息系统"为主的信息管理类关键词。顾名思义,这类关键词与信息管理有关,主要面向信息资源管理和共享服务,旨在解决数据管理、数据应用、数据治理等问题。如盛小平等[26]曾从数据管理和数据治理两个层面出发去探索两者的差异与联系,从而为制定科学数据开放共享政策提供帮助等。

(2)主题词演化

作为学科新兴趋势探测方法之一,高频主题的演化分析有助于了解领域主题产生、消亡、增强、减弱、聚合和裂变的过程[27]。通过对高频主题词汇总分析,不仅可以识别研究热点,还能为后续的相关研究提供方向和依据。利用 ITGInsight 软件分别提取国内外在科学数据共享领域中出现频次排名前50的主题词,构建主题词演化网络图,同时列出排名前20的主题词,便于直观了解。其中,节点数字代表该主题词的词频,节点大小与之成正比;各节点之间的连线代表主题词之间的演化关系,相同颜色节点的连线代表同一主题词的演化路径。

以中文文献的主题词代表国内的主题词数据,从图 2-3 中可以看出,2001—2012 年国内学者主要对图书馆、信息化、数据库等展开研究,以数据统一发布和数据共享为目的构建较为理想的服务体系框架[28],使其在技术层面实现数据共享成为可能。从 2013 年开始,科学数据共享经历了为期 5 年的高产研究阶段,研究主题多样化,但始终围绕资源共享和图书馆建设两大主题。相比前一阶段,演化出来的新主题有工程施工、数据管理、信息系统、地理信息、科研人员等;进一步分析得出,2014 年开始出现的工程施工,在很大程度上与当年发布的试点共享工程政策有关。自 2018 年开始下一阶段,由于《科学数据管理办法》出台,使得科学数据共享领域研究有了新的进展,研究主题开始涉及数据安全、标准规范、数据保护等。随着大数据时代的到来及新一代信息技术的飞速发展,数据共享已不再是一种奢求,数据安全与隐私保护问题成为国内学者研究的重点,该领域下新主题的出现多与此有关。此外,有关地球科学的研究也在此阶段兴起。近几年来,随着全球气候变暖、生态环境恶化等,国内学者更重视地球科学研究的重要性,特别是自进入 21 世纪以来,更加强调运用先进技术去认识、理解和保护人类赖以生存的地球[29]。

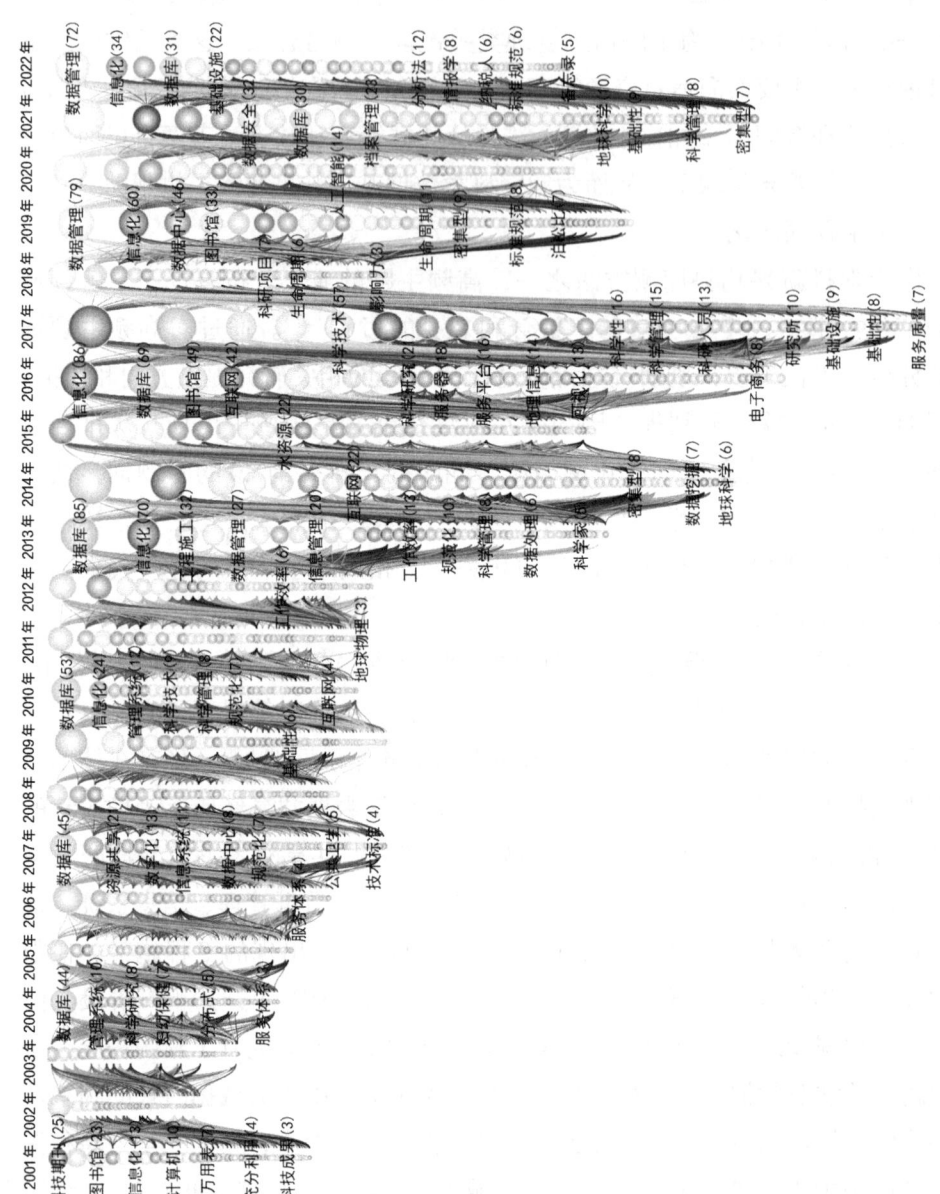

图 2-3 国内主题词演化网络（见书末彩插）

为了更清晰地了解国内有关科学数据共享的高频主题词，进一步分析该领域下的研究前沿及热点，进而推测未来研究的发展趋势，将国内排名前 20 的高频主题词列举出来，如表 2-1 所示。

表 2-1 国内排名前 20 的高频主题词

序号	国内主题词	词频	序号	国内主题词	词频
1	数据库	2949	11	管理系统	472
2	信息化	2451	12	科学技术	462
3	数据管理	2310	13	计算机	460
4	图书馆	1973	14	水文学	400
5	数据中心	951	15	仪器设备	397
6	科技期刊	785	16	工程施工	397
7	数字化	757	17	地球科学	389
8	互联网	641	18	国土资源	385
9	资源共享	634	19	档案管理	382
10	科学研究	513	20	实验室	380

由此可见，在科学数据共享领域，国内研究的热门主题主要集中在数据库、信息化、数据管理、资源共享、图书馆、科学技术等方面。显而易见，构建资源整合的数据库是实现科学数据共享的重要前提，是提供共享数据来源的平台保障。在逐渐信息化的同时，还要对数据进行管理，以保证数据资源能够顺利地共享与利用。其中，地球科学、数据安全、数据保护等是目前比较前沿的热门主题，上述分析也可以证实这一点。

2.3 国外研究现状

（1）关键词同现

以英文文献的关键词代表国外的关键词数据，国外出现频次排名前 50 的关键词，各节点之间的关联程度较为紧密，如图 2-4 所示。

经过聚类后，这些关键词可分为四大类，类别与国内相比略有差异。

第一类是以 "data sharing" "open science" "reproducibility" 为中心词的数据类关键词，其下面还包括一些子类，如以 "data management" "open access" "collaboration" "metadata" 为代表的数据管理子类；以 "ontology" "transparency" "interoperability"为代表的数据特性子类；以"bioinformatics""climate change"为代表的生物科学子类等。与国内涉足的地球科学领域相比，国外所涉足较多的是生物科学领域，主要研究生物科学、医学界等如何实现科学数据共享的问题。例如，在临床试验数据共享领域，Gudi等[30]基于现有数据共享政策，提出建立中立的体制以监督数据信息共享的建议。

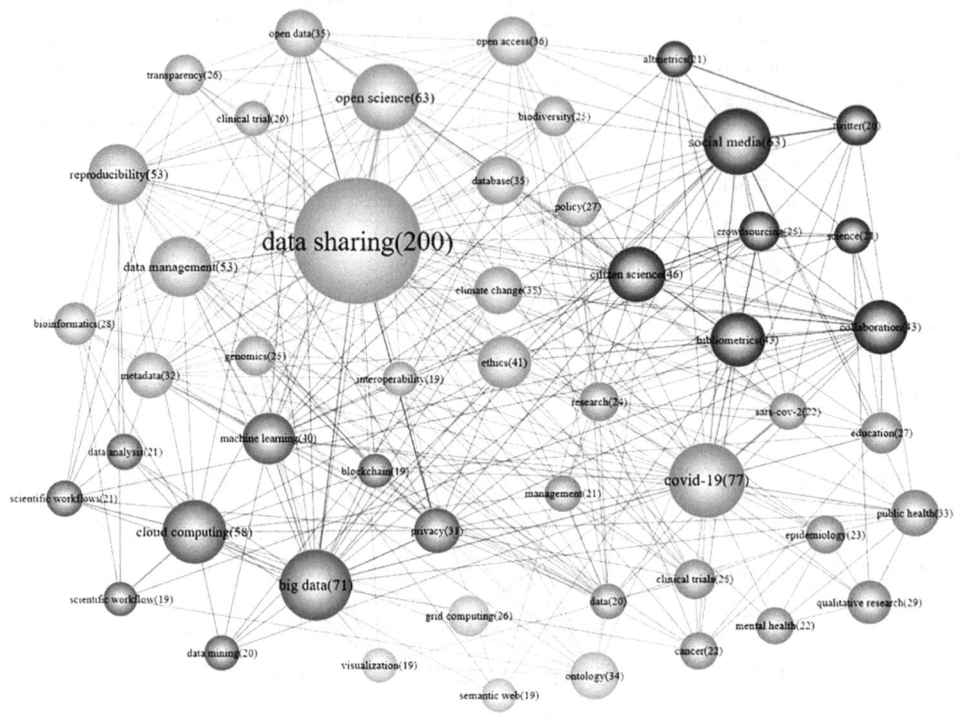

图 2-4 国外关键词同现网络

第二类是以"covid-19""sars-cov-2""public health"为中心词的时事类关键词，特别是公共卫生事件发生后，这类关键词的数量呈现爆发式增长。此外，还包含了以"social media""twitter"为代表的社交媒介子类等。这类关键词主要出现在如何实现公共卫生事件有关数据共享的研究中，如Maider等[31]持续跟踪2020年1月至2021年3月有关covid-19的出版物和主题演变，旨在调查探究与covid-19相关的研究交流、论文等数据共享的程度。

第三类是以"machine learning""big data""cloud computing"为中心词，其关联词或衍生词主要是以"artificial intelligence""data mining""blockchain"为

代表的技术支持类关键词。此外,还包括以"privacy"为主的信息隐私安全子类和以"cancer"为主的医疗健康子类。其中,信息隐私安全是近年来科学数据共享领域的研究热点,主要解决数据共享过程中涉及的信息泄露、信息隐私等问题。基于区块链的协作科学实验信任架构[32],有助于在保证互操作性、隐私性、可追溯性和信任度的基础上实现科学数据共享。

第四类是以"citizen science""crowdsourcing""biodiversity"为主的生物科学类关键词。在公共卫生事件发生后,各国学者呼吁相关科学数据公开与共享,并针对数据管理、数据共享、数据利用和数据治理方法与技术进行了一系列的探索,取得了丰富的研究成果。由此可见,科学数据共享是公共卫生事件背景下促进各国学术交流与科研产出的重要桥梁。

(2)主题词演化

以英文文献的主题词代表国外的主题词数据,如图2-5所示。国外相关研究主题在整体上呈现出逐年延伸与扩展的演化趋势,可以将其分为3个阶段:缓慢起步阶段、稳定增长阶段和快速发展阶段。

2001—2010年,研究主题词由前期单一且比较分散的"scientific discipline""life science""data set"到后期转变为"scientific datum""raw datum""information retrieval"等,研究重点倾向于共享数据的获取,如联邦政府通过强制公开科研数据[33]、鼓励科学发现和教育[34]等,从而实现科学数据共享。

自2011年开始,主题词的演化开始呈现快速增长趋势,2012年的"scientific inquiry"、2013年的"data share website"、2016年的"na tech event",以及2017年的"data collection"等都是新兴代表。在此阶段,学者尝试利用先进的理论、科学技术、工具与政策等去实现生物医学领域的科学数据共享,如提出共享生物医学大数据的政策框架[35]、突破科技实现共享人类样本和患者数据[36]等。

直到2019年公共卫生事件发生后,随之而起的热门主题是"covid-19 pandemic""scientific research""social medium""public health""biologica research""surveillance system""data management"等。该阶段的研究,一方面是为了处理随公共卫生事件而来的大量新鲜数据;另一方面是为了解决受公共卫生事件影响带来的数据共享滞缓及恢复的问题。例如,提倡及时共享试验数据[37],获得一手的医疗临床数据,从而更快地实现对covid–19乃至其他疾病的科学理解;有团队研究发现,抗击公共卫生事件最有效的方法之一就是国

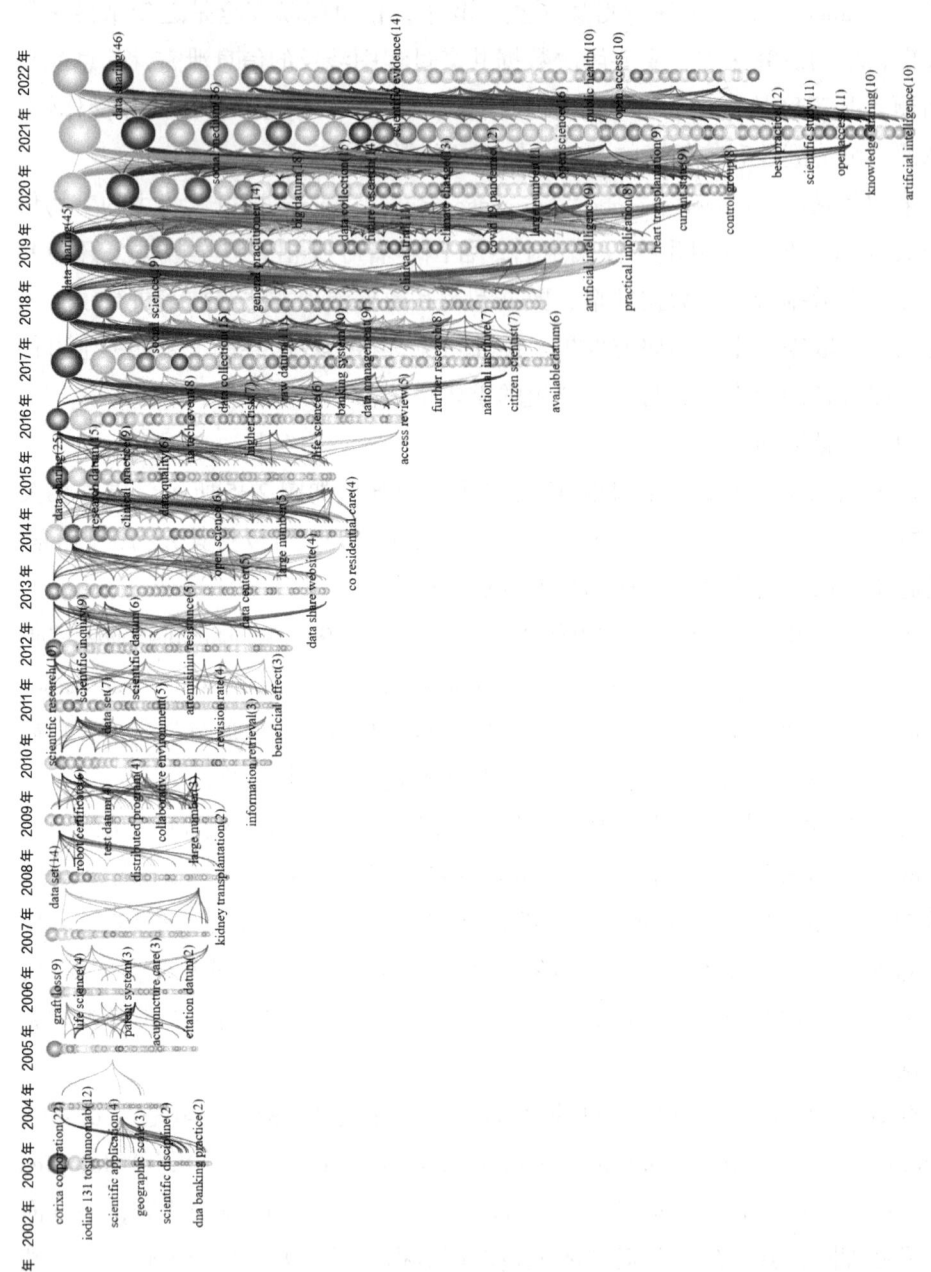

图 2-5 国外主题词演化网络（见书末彩插）

际 covid-19 信息共享，这种国际共享需要在一定条件的基础上[38]；科学界在抗击 covid-19 方面取得了几项重要进展，并在全球注册了 2500 多项临床试验，这些数据有望被共享[39]。该阶段整体处于快速发展阶段，尽管 2022 年的主题词有所减少（或与研究成果发表的时滞性有关）。随着公众逐渐认识到数据共享的重要性及共享实践在多领域推进，针对科学数据共享的研究必将迎来更大的突破。

列举国外排名前 20 的高频主题词，以便进一步分析该领域下的研究前沿及热点，从而推测未来研究发展趋势，如表 2-2 所示。

表 2-2 国外排名前 20 的高频主题词

序号	国外主题词	词频	序号	国外主题词	词频
1	research question	904	11	scientific data	273
2	data sharing	784	12	open data	240
3	social medium	573	13	data set	227
4	corixa corporation	484	14	general practitioner	222
5	scientific community	461	15	nonsmoking mother	211
6	primary care	359	16	scientific literature	209
7	climate change	353	17	land plot	200
8	scientific research	344	18	data reuse	196
9	social network	323	19	citizen science	187
10	research data	299	20	scientific workflow	184

在科学数据共享领域，国外热门主题主要集中于研究问题、数据共享、社交媒体、Corixa 公司（医药研发公司）、科学共同体、基础医疗全科医生、气候变化、开放数据、数据重用等方面。相较于国内，国外在医学领域、生物科学领域的科学数据共享研究更为突出，也更加倾向于人类的生命健康科学研究。事实上，相较于人文社会科学和自然科学，特别是医学、生物学领域的数据共享实践也更为广泛与深入。

2.4 国内外对比

通过对国内外科学数据共享研究进行可视化分析发现，国内外在关键词同现和主题词演化方面的表现不尽相同，如表2-3所示。接下来，将进一步对比分析、深入挖掘国内外在各维度下的异同，进而为我国未来相关研究提供新思路。

表2-3 国内外对比结果

维度	国内（中文文献）	国外（外文文献）
关键词同现	关键词聚类明显 各词之间同现率偏高 更倾向于数据管理	关键词聚类模糊 各词之间同现率偏低 更倾向于数据利用
主题词演化	"S"形演化趋势 跨领域、跨学科 以实现数据共享为主轴 新领域：地球科学、信息安全等	"J"形演化趋势 跨领域、跨学科且学科交叉明显 以共享数据应用为主轴 新领域：生物、医学等

关键词同现在极大程度上反映了研究重点和研究方向。国内的关键词有较高的同现率，且关键词之间聚类明显，说明国内相关研究的重点清晰、方向明确。进一步分析后发现，其在总体上更偏向于数据管理。相较于国内，国外的关键词同现率偏低且各关键词之间的聚类较为模糊，说明国外在科学数据共享领域的研究范围跨度广、方向多，进一步分析后发现，其在总体上更偏向于数据利用这一类。

国内外的主题词演化均有明显的路径特点。国内研究呈现跨领域、跨学科的特征，且主要围绕如何高效实现数据共享这一目的开展，总体呈"S"形演化趋势，近阶段主题词多集中于地球科学、数据管理、数据安全等方面。国外研究的跨领域、跨学科性更明显，且学科之间具有较强的交叉性，研究主要围绕如何实现对共享数据的利用这一目的展开，总体呈"J"形演化趋势，近阶段主题词多集中于生物、医学等。

基于ITGInsight可视化分析软件，利用文献计量和对比分析相结合的方法，从关键词同现和研究主题维度，对国内外科学数据共享的相关研究进行深度挖掘，揭示了国内外研究现状和方向，总结了国内外研究的不同特征，对了解和预测该领域的研究重点及未来发展方向具有一定的参考意义。主要研究发现：第一，国外研究发展迅速，关键词聚类模糊，主题词分布广泛且学科交叉性强，研究多偏向于共享数据利用；第二，国内研究发展平缓，关键词聚类明显，主题词具有跨学科、跨领域的特点，研究多偏向于数据管理。我国仍面临诸如对科学数据共享的重视度不足、科学数据主权流失、科学数据共享技术不成熟和范围不广等问题[40]，这可能与国内外政策、经济、技术等差异有关。

2.5 研究评论

通过对国内外文献进一步分析后发现，相较于国外，我国信息资源管理领域对科学数据共享的研究起步较晚但发展迅速。目前，已经积累了较为丰硕的研究成果，研究主题正在从宏观层面的平台建设、中观层面的数据整合共享模式转向微观层面以人为中心的科学数据共享行为机理。目前，自然科学数据共享研究的问题和内容涵盖范围广泛，初步揭示了数据共享意愿的特点、规律与主要影响因素，但对人文社会科学数据的关注还不够，研究成果相对较少，且对科研人员科学数据共享的系统探讨较少。有少数研究多借助于网络调查，通过规范的实证研究和定量分析较少，因而得出的部分结论缺乏必要的实证支持。在新文科背景下，信息资源管理领域研究逐渐向"以数据为驱动、以方法为导向"的新型研究模式转型，亟待建立透明、开源和可信任的科学数据共享机制，使研究成果可以得到验证和进一步拓展，从而促进学术研究的繁荣与发展。已有理论与实践进展为本书提供了重要参考，但还有一些需要进一步思考和探讨的问题。

第一，鲜有研究对使用者与提供者双重视角下科研人员科学数据共享需求的分析与探讨。识别科学数据共享需求是科学数据管理与共享工作的起点与依据。不同于生产性服务或产品的需求，科研人员对科学数据共享的需求（不是对科学数据本身的需求）通常是临时决定的，波动也更为剧烈与频繁。同一科学人员作为使用者与提供者，考虑问题的角度不同，其共享需求也不一样。当前，只有少数研究关注了科研人员作为数据使用者对科学数据本身的需求，从两个身份视角研究科研人员的共享需求及关联是非常必要的。

第二，大量的实证研究主要基于计划行为理论关注科学数据提供者视角下

"共享意愿—共享行为"这一作用路径,并不能很好地揭示科学数据共享的驱动机制。虽然共享意愿对共享行为的作用毋庸置疑,但共享数据意愿之间的关联并不能直接转化为实际共享行为之间的关联。现实中也存在不愿意共享,但最终共享的情况,这可能是因为数据共享受多种因素的影响。其不仅根植于个体的行为,还源于个体与个体之间的相互作用。除了被证实的制度、个人和资源因素,其他众多因素的作用也应受到关注。

第三,以往关于科学数据管理与共享模式的研究内容比较零散,缺少对自下而上共享模式的系统探讨。大多数研究基于特定领域的科学数据共享实践,从理论上对共享模式的组织形态、激励措施、治理依据、共享情景进行揭示。这些模式基本上是自上而下的中心化模式,且不同模式存在交叉融合现象,还未形成具有普遍指导意义的完整分类,对去中心化的、自下而上的共享模式关注与研究还不够。

第四,演化博弈理论与方法在相关研究中已得到广泛应用,这些研究可为科学数据共享的三方演化博弈提供一定参考。有学者基于主体间性理论阐述科学数据共享的存续机制,从科研主体的内在动机和整体的获益分配方面分析其共享行为产生的原因[41]。然而,现有针对科学数据共享演化博弈的研究较少,且多关注科研人员之间的两方博弈,未能很好地适应科学数据共享的发展趋势。

第3章 科学数据共享的理论基础

近年来，关于科学数据共享的研究不断涌现。在系统文献调研的基础上，本章首先筛选出152篇密切相关的实证文献，并从社会学、心理学、管理学3个视角回顾其研究重点，进而分析比较各视角下相关研究的优势和局限性；其次，从理论基础、研究方法、研究对象、研究内容4个方面构建整合理论框架，并对科学数据共享的动因、方式与价值展开进一步讨论；最后，归纳现有研究的不足之处，并指出未来可能的研究方向。

我国对科学数据共享高度重视，从21世纪初就开始全面加强了科学数据开放共享服务工作，在较短时间内得以迅速发展，并不断缩小与欧美国家的差距[4]。近年来，众多学者意识到科学数据共享的重要意义，并基于不同理论对其模式、行为、驱动机制等展开了系列探索。其中，研究多从内容角度对影响因素进行归类，分析产生差异的原因，鲜有学者从理论视角对相关实证文献进行分类与整合，且不同学科视角下的理论框架尚不清晰。鉴于此，本章从理论视角出发，对现有实证文献进行系统梳理，分析其在社会学、心理学、管理学视角下的优势和局限性，从而构建整合理论框架，并指出未来可能的研究方向，以期为后续学者提供一定的理论参考。本章选择以CNKI、坤舆发现、NSSD、Web of Science、Emerald、Elsevier、Wiley为主要检索数据库，中文以"科学数据""科研数据""研究数据"分别与"开放共享"组配为主题词；外文以"scientific data""scientific research data""research data""scientists' data"分别与"sharing""open"组配为主题词，检索时间为2022年7月1日，最终筛选得到中文实证研究63篇，外文实证研究89篇。逐一研读152篇实证文献，并从社会学、心理学、管理学视角对各变量及研究结论展开论述。此外，由于理论具有一定的普适性，个别理论在应用中存在交叉现象，如社会交换理论可被称为行为主义心理学理论，根据其在科学数据共享研究中的具体应用，本研究将其归为社会学视角。

3.1 社会学视角

社会学视角下的研究主要从外部环境和人际关系交互两个方面展开，并将科学数据共享视为社会化交互的过程，应用的理论主要有社会交换理论、制度理论、仿真理论。

3.1.1 社会交换理论

社会交换理论源于经济学交换理论在社会学中的应用和发展，布劳将其界定为当别人做出报答性反应就发生，当别人不再做出报答性反应就停止行动[42]。基于社会交换理论的科学数据共享研究，将共享行为视为人与人之间资源交换的社会活动，通过实用价值衡量报酬和代价对行为产生的影响。报酬不仅包括金钱、信息等直观的回报，还包括社会地位、服务、情感价值等抽象的回报，而代价往往是社会活动中所产生的消极结果，在科学数据共享中可能存在数据泄露、观点盗取等情形。实用价值强调个人的行为受自我价值利益的引导[43]，科研人员在数据共享活动前考虑报酬大于代价，因此，实用价值驱动科研人员的科学数据共享。

相关研究多关注于感知成本和收益，如李逸飞[44]在考察绩效期望对高校科学数据共享意愿的影响时，将自我效能和预期回报作为具体的表现形式，把预期回报作为个体特征变量的测量项[45]。互惠作为社会资本创造和再生的基本驱动力[46]，其与预期回报具有相似性，是指在付出后期望有相应回报的心态，不同之处在于互惠的规则是相互受惠，在科学数据共享中主要表现为提供者共享自身的科学数据所获得的回报与付出的价值相匹配。邹威威[47]研究发现，学术互惠对科学数据共享行为意愿的影响并不显著；Kim[48]的研究显示，学术互惠对韩国生物技术研究人员的共享意愿有显著影响，且学术声誉对其有显著的调节作用。不同国家学术奖励系统的发展和完善程度可能存在较大差异，互惠作为影响科学数据共享意愿的争议因素，需要通过学术奖励系统呈现具体的形式。

3.1.2 制度理论

Bell[49]将制度定义为一种规则、守则或塑造行为的默契，制度理论的核心是为实现自身稳定而对组织施加压力，以期优化组织的结构和流程。制度理论将科研人员的科学数据共享行为根植于大的体制背景下，依靠结构化的社会期望和行为规范培养科研人员的共享行为，在奖励机制和惩罚机制的双重作用下塑造履行规则的社会行动者。制度理论下的科学数据共享受到体制力量的影响,不同体制环境下的社区文化是学者关注的一个情境因素[43]。面对不同制度和规则,科学数据共享情境会随之变化,如科研人员受到资助机构和刊物出版商的调控压力,以及行业规范性压力等影响[50]。

不同科学领域之间的科学数据共享比较难实现。由于科学数据类型和大小的多样性,以及学科文化的差异性,科研人员对科学数据共享的看法和实践会随着研究环境的不同而有所差异,如天文学等大型科学领域将数据共享作为标准实践,而社会科学领域的科研人员则未广泛参与共享活动。Kim等[51]针对生物科学领域科研人员的数据共享行为,探讨了制度环境对科学数据共享的影响,包括资助机构和期刊出版商的监管压力及机构资源等因素。孙晓燕[50]研究发现,科研人员的共享行为受行业规范压力的影响显著,但资助机构压力和刊物出版商压力对共享行为的影响并不明显。目前,随着相关资助机构和刊物出版商提出了一系列对数据共享的强制要求,如《数据分析与知识发现》编辑部要求投稿论文必须提交支撑研究结论的科学数据,并对所录用的论文支撑数据进行公共保存[52]。因此,在新的制度环境下,科研人员受到的影响可能会发生转变,有必要进一步展开探讨。

3.1.3 仿真理论

博弈论将科研人员的科学数据共享行为分为共享科学数据和不共享科学数据两种,并将这两种行为放入演化博弈的理论框架中进行双方博弈,进而分析科研人员的共享行为和共享策略。庄倩等[53]构建了科研人员之间进行科学数据共享的博弈模型,将信任作为影响科学数据共享的关键因素,发现在信任程度高的情况下,双方共享数据可达到收益最大化。反之,共享一方会较不共享一方付出更大的代价,且不利于信任互惠的形成,极大地降低了科学数据共享所发挥的作用。李思宇[54]从成本和收益的角度,用进化博弈模型研究科学数据共享的充分条件,对数据共享提出了"成本侧"和"收益侧"的促进策略。

系统动力学理论与博弈理论均是对科学数据共享的过程进行仿真模拟,通过动态的方式展现科学数据共享受相关因素影响的程度,而系统动力学理论更强调从系统的角度研究影响因素的作用、机理。是沁等[55]对科学数据共享保障机制展开研究,通过模型仿真过程发现,政策法规建设、组织服务、技术支持、资金支持等均对科学数据共享有正向影响。目前，科学数据共享处于发展阶段，建立高度的信任关系需要科研人员参与共享活动，合理使用科学数据，形成信任互惠的良性互动，从而衍生出更高层次需求的新数据。

3.2 心理学视角

心理学视角下的相关研究重点关注科研人员的心理状态及个人动机对科学数据共享意愿及行为的影响，应用的理论主要有社会认知理论、计划行为理论和双路径理论。

3.2.1 社会认知理论

心理学家最早提出的社会学习理论主要用于解释人类的间接学习行为。此后，为了解释具有复杂动机的人类活动，有学者引入自我效能，将其发展为社会认知理论[56]。该理论阐释了人类行为、个体认知和外部环境之间的因果关系，并认为个体和环境共同决定着人类的意愿和行为。在科学数据共享过程中，无论是提供者还是使用者，都会受到认知因素的影响。

相关研究中，通常将组织氛围作为外部环境因素，积极情绪和自我效能作为个体认知因素[57]。个体认知因素也可以从感知职业收益、感知风险、感知努力等方面进行微观考察，如 Kim 等[58]研究了科学、技术、工程和数学领域科研人员的科学数据共享行为，发现个体认知因素对相关领域科研人员的数据共享态度具有显著影响。此外，个体的认知能力和调节能力可以概括为自我效能，具体表现为结果预期和效果预期。不同的利益相关者在结果预期方面存在较大差别，如提供者多关注奖励与荣誉，同时考虑数据泄露、观点盗取等问题；科学数据使用者则更关注及时获取数据、方便学术交流等问题。因此，针对不同的利益相关者，有必要分别探讨自我效能对共享意愿的影响。

3.2.2 计划行为理论

计划行为理论源于 Ajzen 对理性行为理论的发展，也是预测和解释人的行为改变研究中一个较为成熟的理论，认为人的行为是经过深度思考做出的选择，核心要素是意愿对行为产生影响[59]。然而，意愿又受到感知行为控制、主观规范及态度的影响。该模型认为进行某项活动的难易程度属于感知行为控制，与社会认知理论中的效果预期具有相似之处，属于认知驱动的主要因素。进行某项活动时个人感受到的外部压力属于主观范式和社会价值驱动的主要因素，而态度主要是指对进行某项活动正面评价或负面评价的程度。

诸多学者依据计划行为理论，探讨了个人层面的影响因素。早期研究发现，社会科学领域科研人员的主观规范对共享行为和共享意愿有显著的正向影响[60-61]，而 Kim 等在后期的研究中打破了这一假设[62]。因此，主观规范因素对科学数据共享的影响具有争议性，感知行为控制对科学数据共享的影响也未形成统一观点[63-64]，其对意愿的影响会根据不同的研究环境发生改变[65]，主观规范和感知努力也会受到数据重用经验的影响[66]。早期对科学数据共享的研究，无论是制度环境还是主观规范方面，与当下研究环境存在较大差异，随着强制策略的提出，以及人们的数据素养和共享意识不断提高，科研人员的感知行为控制可能会发生改变。

3.2.3 双路径理论

双路径模型也称精细加工可能性模型（Elaboration Likelihood Model，ELM），最早由 Petty 等[67]于 1986 年提出。个体在接触某信息时，如果需要对其进行精密的认知思考和理性研究，从而形成对目标行为的认知判断，属于中枢路径的范畴；如果仅通过对信息外在表象特征的简单分析和推理来判断目标行为，不涉及深度的认知思考，则属于边缘路径的范畴。精细加工的可能性是人们对接收到的消息进行深度理解和理性思考的可能性。可能性越大，中枢路径发挥的作用越大；反之，边缘路径发挥的作用越大。人们进行科学数据共享活动时，对其进行精密的认知思考和理性研究，或者对外在表象特征进行简单分析和推断，最终可通过中枢路径和边缘路径计算发生共享的可能性。

双路径模型在知识共享领域的实证研究中应用较多，在科学数据共享领域的应用较少，该模型在判断科研人员科学数据共享意愿和行为方面具有较好的适用性。支凤稳等[68]从数据使用者的角度调查共享意愿和共享行为，将科学数据质量和来源可信度作为关键变量。研究结果显示，来源可信度间接、正向影响科学数据共享意愿和共享行为，而科学数据质量对共享意愿的影响并不显著。事实上，科研人员在使用科学数据的过程中需要对数据质量进行甄别。面对不同类型的研究数据，甄别过程可能比较复杂，需要科研人员在具备良好的数据素养及专业知识能力的条件下，通过合理使用科学数据发现其质量的参差情况，且数据的真实性、完整性、权威性、价值性等一般在获取数据之后才能有效甄别。

3.3 管理学视角

管理学视角下的相关研究，重点关注科研人员在数据共享过程中对相关技术的接受程度及不同参与主体的利益诉求和行为逻辑，基于技术接受模型、利益相关者理论进行实证分析。

3.3.1 技术接受模型

技术接受模型（Technology Acceptance Model，TAM）由 Davis[69]于 1989 年提出，认为人们接受信息系统的行为是由态度和感知有用性决定的，而态度受到两大重要因素（感知有用性和感知易用性）的影响，并在有关新事物接受的预测中得到广泛应用。

诸多学者引入了技术接受模型，感知有用性作为其中的一个关键因素，对科学数据共享的影响作用存在争议[70-71]。王春晓等[72]构建了科学数据共享接受模型，发现感知有用性对共享意愿的影响不显著，仅对共享态度有正向影响，且多数被调查者认为共享科学数据对提高自我学术地位具有很大帮助。与前期何琳等[71]的研究相比，被调查者不仅感知到获取科学数据所带来的回报，还感知到提供科学数据所带来的价值。由此可见，随着社会环境及政策制度的发展，人们对于科学数据共享有用性的感知得到了明显提高。

3.3.2 利益相关者理论

利益相关者理论的核心思想是组织中的利益相关者直接影响组织目标的实现，应充分考虑和满足不同层次利益相关者的诉求[73]。该理论可以用来明确科学数据共享中不同利益主体的身份特征，如科学数据提供者、使用者、管理者等，进而根据主体间的差异性和互补性，解释各主体参与共享的驱动因素。

相关学者针对不同利益主体在科学数据共享中的不同表现进行了探讨。如盛小平等[74]从不同利益相关者角度分析驱动因素，划分了科学数据生产者、利用者、管理者、资助者、组织者、传播者、发布者7类利益相关主体。有学者对多元主体驱动机制展开研究，基于各主体定位和诉求总结了利益共赢拉动力、制度环境引导力、社会环境推动力、组织环境支持力、技术环境保障力5个方面的驱动因素[75]。李宜展等发现提供者在数据共享过程中具有自愿参与权，同时遵守知情同意的伦理道德准则[76]，数据安全和数据隐私也需要得到保障。由此可见，利益相关者理论视角的研究体现了利益主体的身份特征不同，其责任、诉求与动机也有所差异。

3.4 不同理论视角的比较分析

不同视角下的研究均对科学数据共享意愿或行为进行了一定的探索，但各视角下的理论依据与具体因素不尽相同，且各种理论既有优势又有自身的局限性，具体如表3-1所示。

表3-1 理论视角比较分析

视角	理论基础	具体因素	优势	局限性
社会学	社会交换理论、制度理论、仿真理论	绩效期望、精神奖励、互惠、资助机构压力、刊物出版商压力、行业规范压力、信任、技术支持等	从团队或组织的角度考虑社会因素，关注人与人之间构成的社会网络关系及相互作用	忽略了个人心理特征变化的动态性及技术因素
心理学	社会认知理论、计划行为理论、双路径理论	组织氛围、自我效能、结果预期、效果预期、主观规范、数据质量、数据来源可信度等	关注科研人员心理因素的动态变化在科学数据共享中的主导作用	忽略了社会环境、利益、技术平台等客观因素
管理学	技术接受模型、利益相关者理论	感知有用性、感知易用性、系统特征、数据安全、数据隐私等	从信息系统和组织的角度对科学数据共享进行客观性分析	研究角度较为单一，因素较少，结论易受到主观感知的影响

学者从社会学、心理学、管理学视角的多个理论出发，如基于制度理论、计划行为理论构建模型，用于解释和预测社会科学领域的科学数据共享行为[50]。因此，在相关研究中存在不同视角共同发挥作用的情况。然而，也有学者基于某一视角下的单个或多个理论构建理论模型，如基于理性行为理论揭示科研人员获取科学数据的信念、主观规范及态度对共享意愿的影响作用[61]。接下来，本研究将从社会学、心理学、管理学视角进行比较分析，从而为未来研究根据不同需求进行视角融合提供借鉴。

社会学理论体现了科研人员的社会互动和利益关系，如绩效期望表现为科研人员认为自身参与科学数据共享可获得有利结果，无论是经济效益，还是信任关系的建立，都是科研人员考虑社会因素选择参与共享活动得到的益处。该视角研究的优势在于科研人员或科研团队可以从社会整体角度充分考虑人际关系和社会网络的影响，其局限性在于容易忽略科研人员个人心理的动态变化及系统或平台方面的客观问题。

心理学理论关注了科研人员的情感认知和能力认知，主要从主观心理感受出发判断是否参与科学数据共享活动。例如，自我效能表现为科研人员对自身实际完成科学数据共享行为的能力和信心的主观估计情况。该视角研究的优势在于充分考虑了科研人员自身情感因素，更加深入地探寻了不同身份特征下心理动态对共享意愿和行为产生的影响，其局限性在于研究的影响因素较为主观，且不同个体对自身情况的估计可能会出现高估或低估的情况，难以揭示社会环境、政策文化及技术平台等客观条件的作用。

管理学理论体现了科研人员参与科学数据共享活动的难易程度，以及不同利益主体的责任与诉求，主要从系统或组织的角度分析利益主体的共享态度与意愿之间的关系。该视角研究的优势在于分析了系统平台等客观因素的作用，强调不同利益主体的意愿与行为之间的差异，但研究结论过于依赖利益主体的主观感知。

综上所述，各视角下的理论虽具有一定的适用性，也存在一些自身的局限性。科学数据共享是一个较为复杂的过程，仅基于某一视角下的理论进行研究，容易忽略实践中面临的一些问题。例如，以仿真理论为基础的研究主要通过构建两方博弈模型及系统动力学模型，对科学数据共享进行动态展示。由于建模过程中对模型各方面条件的限制，多采用假设条件达到技术要求，可能忽略了实际共享过程中的一些突发情况，不能从实际样本中反映科研人员的真实状况。此外，科学数据共享既存在个人行为，又存在团体行为，而团队成员间心理状态的变化因素也不能通过仿真实验很好地模拟出来。因此，在特定场景下多理论的融合使用有助于取长补短，更好地解释与预测科学数据共享行为。

3.5 科学数据共享的动因、方式与价值

3.5.1 科学数据共享的动因

基于相关理论的内涵特点，以及在揭示科学数据共享意愿或行为影响因素中的具体应用，本章把科学数据共享的动因归纳为价值、认知和情境 3 个维度。

从哲学角度来讲，价值属于关系范畴，泛指客体对主体反映出来的积极意义和有用性。在科学数据共享中，感知价值是科研人员对这一活动的主观评价，具体可分为共享时所体验到的价值和共享结果所带来的价值。社会交换理论主要通过绩效期望、预期回报等反映科研人员对活动的评价。具体来讲，科研人员的学术声誉，共享过程中形成的人际信任，以及共享结果所带来的互惠效益，均可反映价值因素的作用。

自我效能是社会认知理论的核心要素，反映了科研人员能否成功进行共享的主观判断，与计划行为理论中的感知行为控制具有相似性。科研人员无论是对自身能力、情绪的认知，还是对外部环境的认知，均对其共享行为有一定影响。同时，诸多因素的划分也存在交叉现象。例如，自我效能在社会交换理论和社会认知理论中均有体现，在社会认知理论中，具体表现为结果预期和效果预期，在相关研究中常用于考察认知因素的作用。

除了价值、认知维度的因素，情境因素对科学数据共享也有一定影响。制度理论通过资助机构压力、刊物出版商压力、行业规范压力等反映科研人员遇到的管理情境。在技术接受模型中，感知有用性和感知易用性是衡量科研人员感知技术平台的关键变量，对科学数据平台和系统的接受程度，体现了科研人员对数据来源的信任程度。此外，双路径模型中的数据质量和来源可信度也属于情境因素。

3.5.2 科学数据共享的方式

相关研究表明,科学数据可以在科研人员间直接进行共享,也可以通过第三方机构或平台进行共享,主要呈现出 4 种共享方式。

第一,基于信任关系的直接共享。科研团队成员间开展长期的科研合作,建立了良好的信任关系,科学数据可作为团队科研成果在成员间共享。

第二,基于数据集市的间接共享。提供者和使用者通过数据集市完成科学数据的发布与获取,这一过程需要数据中心和数据存储库的支持。由于该方式主要依靠经济效益驱动,数据共享的广度和深度会受到限制。

第三,基于学术期刊和数据存储库的共享。近年来,学术期刊对论文中研究数据的共享提出了明确要求,科研人员需要通过期刊发表将科学数据存放到数据存储库。在相关政策与文化的驱动下,提供者根据个人身份特征和数据应用范围,可将科学数据存放到机构存储库、学科存储库和通用存储库[77]。虽然数据存储库会对提交的科学数据进行必要的质量控制,但机构存储库和学科存储库面向的用户群体较为有限,同时通用存储库的专业性和覆盖范围具有局限性。

第四,基于数据门户的共享。科研人员可以按照相关标准和规范将科学数据进行集中注册,由第三方数据门户负责连接注册科学数据资源,为使用者提供"一站式"检索服务。在科学数据共享政策的驱动下,广域的合作协议与合作计划推动了分布式数据服务系统的建立和完善,旨在为全球数据用户提供免费数据获取服务。

3.5.3 科学数据共享的价值

由于科学数据共享本身无法直接满足主体需求,需要主体通过数据共享构建和挖掘数据资源[78]。因此,不同利益相关者进行科学数据共享的结果并不相同,可根据科学研究效率、绩效及科学数据共享实现的效果衡量共享结果。

在科学数据共享中,提供者通过提供自己的科学数据寻求身份认同,识别相关群体,并在互动过程中进行身份构建。当受到期刊政策、同行规范或经济效益的驱动时,提供者将自己的科学数据共享到数据存储库或直接提供给科研合作者，在保证科学数据质量的前提下，不仅可以获得相应的经济效益，还可以提高自身的学术影响力及在科研领域的名誉和声望等。使用者通过获取数据满足科研需求，以参与者间的数据流动为基础建立信任关系。当受到自我效能、结果预期的驱动时，合作者通过科研直接获取，或从数据集市、数据存储库中有偿获取所需数据，不仅可以建立科研合作者间的信任关系，还可以节省科研的时间和精力。同时，科学数据共享也离不开科学数据管理者，如图书情报机构、数据中心、政府等[74]。科学数据管理者汇集了大量的科学数据，可通过专业人员监测以增加科学研究的透明度，并根据科学数据的研究主题和应用领域实现语义关联，丰富共享资源。

3.6 整合理论框架构建

基于前文理论视角总结与内容分析，本章从理论基础、研究方法、研究对象、研究内容4个方面构建科学数据共享研究的整合框架，如图3-1所示。

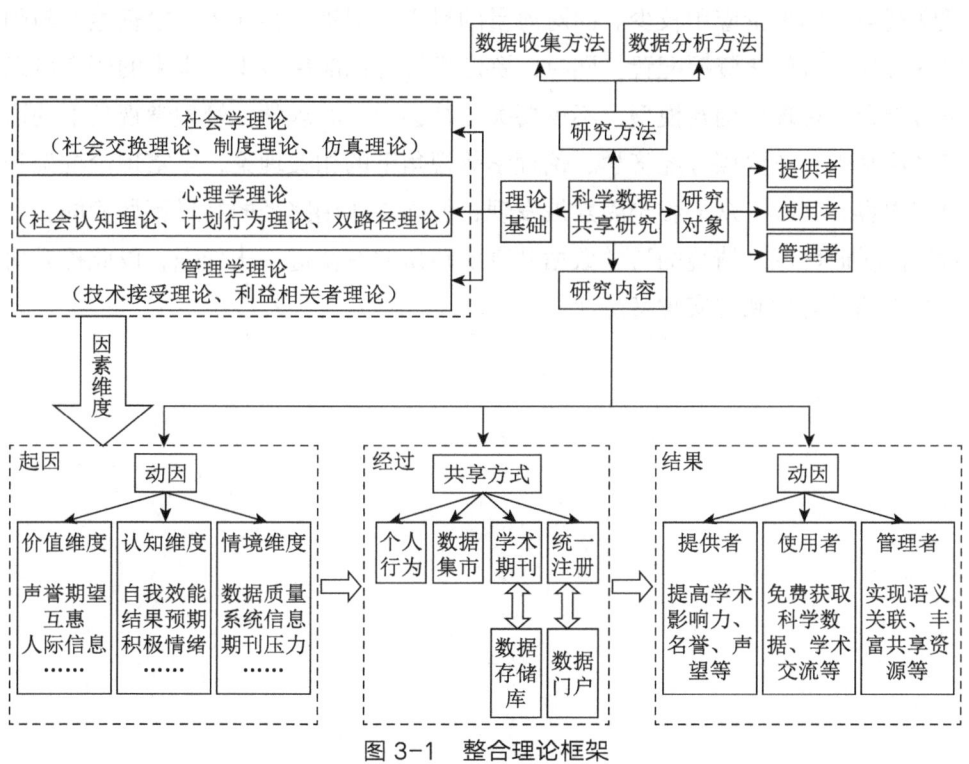

图3-1 整合理论框架

在图 3-1 中，科学数据共享研究的理论基础包括社会学、心理学和管理学 3 个视角下的 8 种理论。研究方法可以简单地划分为数据收集方法和数据分析方法，其中，前者主要有文献调研、问卷调查、访谈等，后者主要有描述性分析、相关分析、因子分析、多元回归分析、结构方程建模、文本分析等。从研究对象来看，数据提供者、使用者、管理者等不同主体的行为特征被不少研究所关注，又因为共享参与主体是多元与动态的，其动机是个体理性而非集体理性的。从研究内容来看，学者遵循"起因—经过—结果"的基本逻辑思路，研究重点集中于科学数据共享的动因、实现方式与各主体的共享结果。本章从社会学、心理学、管理学 3 个视角回顾研究重点，对比分析各视角的优势和局限性，并从理论基础、研究方法、研究对象、研究内容 4 个方面构建了整合理论框架，研究成果有望为后续相关学者提供一定的理论参考。

科学数据共享的研究成果比较丰富，形成了较为完善的理论框架，但还存在一些问题，需要未来研究持续关注与探索。首先，理论基础依然不够丰富。已有研究主要应用社会学、心理学、管理学视角下的相关理论构建模型，且管理学视角下的理论应用较少。面对海量的科学数据资源存在重复投资生产与闲置的现象，应优化资源配置。同时，资源配置理论应用极少。未来的研究可以考虑融合多种理论构建模型，不仅要关注社会学、心理学、管理学视角下的诸多理论基础，还要探寻经济学、伦理学等视角下的相关理论，丰富理论框架和研究内容。其次，众多影响因素被发现，但同一作用路径的结果不尽相同。针对不同科研领域、情境的科学数据共享实践研究有待进一步加强，以此提升研究结果的针对性和现实意义。

第二篇

需求篇

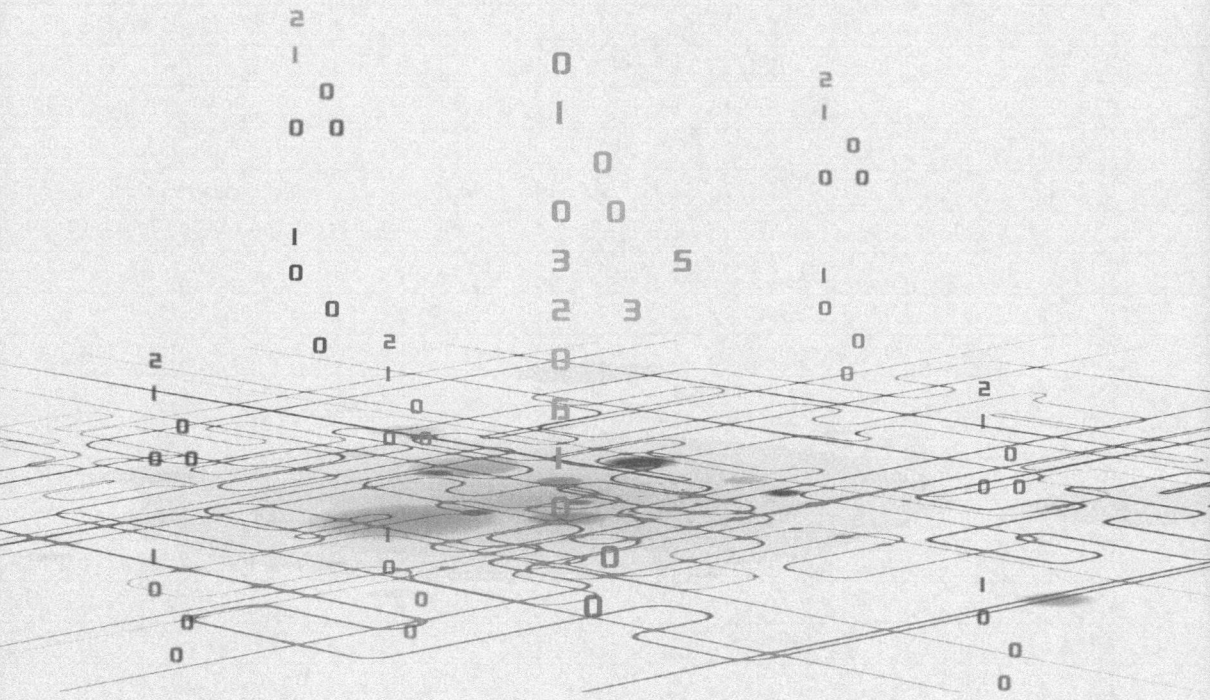

第4章 提供者的科学数据共享需求分析

科学数据具有一定的稀缺性，且局部存在分布不平衡等问题，从而引发了弥补资源稀缺的需求，而共享则是一种重要的配置手段[2]。因此，科学数据共享逐渐成为现代科学研究的重要特征，主要是指通过多种形式发布的科学研究数据为他人所用[79]，如对共享数据进行各种操作与分析[80]等。此举不仅可以促进科学数据的流动与使用，降低科研成本，还能规避科研过程中因数据谬误等所造成的失败风险[81]，从而充分发挥科学数据的价值，提高科学研究的效率和质量。科学数据共享活动涉及提供者、使用者、管理者等众多利益相关主体[74]，其本质是源于科研主体在科研工作中对科学数据资源的共同需求。其中，科学数据提供者（简称提供者）对于共享科学数据所产生的需求是该活动能够顺利进行的前提。满足提供者的共享需求，在一定程度上能够促进数据使用者向提供者角色的转变，对形成"人人都是数据使用者和提供者"的数据共享氛围，促进科研人员相互协作、提升科研效率，进而对提高科技水平、经济发展、社会效益具有重要推动作用。因此，及时发现提供者在科学数据共享活动中存在的各类需求是非常必要和迫切的。

科学数据共享的概念一经提出，便引起各学科领域研究者的关注和探索。通过对国内外大量相关文献的研读和梳理，发现相关研究主要是从数据使用者与提供者两个视角探讨其数据共享需求。在数据使用者视角下，Chen等[82]调查了中国科学院化学研究所的119名研究人员和研究生对化学数据管理与共享的态度和需求，发现其对数据共享服务的需求主要为简单易用性和安全性。在提供者视角下，Enke等[83]通过调研发现生物领域的大部分科研人员均愿意参与数据共享，但对共享所需的时间花费、统一标准、数据被曲解与错用、数据保密、法律条件等方面存在较大的担忧。

总体来看，不同学科的研究人员均存在数据获取需求与数据共享行为，并在这一领域的相关研究方面取得了初步成果。其中，国内外研究主要针对不同领域的科研人员，发现其存在的共享需求和数据共享过程中的影响因素，且多数研究主要围绕主观规范、个人因素与共享意愿、共享行为之间的关联。显然，其中部分内容与提供者的数据共享需求存在一定联系，但未能系统地从提供者视角研究其数据共享需求,且已有研究缺乏对提供者各类需求的梳理与概括。此外,提供者作为科学数据的主要生产者,也是数据共享平台提供服务的对象,是否积极倡导并参与数据共享将直接影响科学数据共享过程的顺利进行。基于此,本章将设计提供者视角下科学数据共享需求的初步测量量表,通过对不同年龄、学历、职称、学科背景等科研人员在科学数据共享方面的需求展开问卷调查,使用 SPSS 与 AMOS 软件对获取的数据进行因子分析,得到提供者的科学数据共享需求最终量表,并结合各因子对应的需求指标的实际意义展开分析讨论,以期为相关的理论研究和实践应用提供参考与借鉴。

4.1 调查问卷设计与数据收集

4.1.1 调查问卷设计

在文献调研的基础上,设计提供者视角下科学数据共享需求量表,然后征求相关专家的修改意见,形成初始问卷。在正式调查之前首先进行预调研工作,将问卷链接发放在某高校的教职工研讨群,群内成员主要是高校教师或科研工作者,共回收问卷 533 份。根据反馈意见,团队成员经过不断讨论,对问卷进行多次修改与完善,最终形成完整的调查问卷。问卷由两部分组成,第一部分是关于被调查者的基本情况,涉及性别、年龄、学历、职称、工作单位、学科背景等;第二部分则为需求量表,包含利益回报、社交、自我价值实现、数据安全、数据管理平台需求 5 个维度,共 23 个测量题项。采用 Likert5 级量表进行数据共享需求测量,数值 1 至 5 依次代表非常不同意、不同意、一般、同意、非常同意,分数越高表示被调查者的需求程度越高。

在量表设计中,参考了大量相关文献。借鉴 Stanley 等[84]、张晋朝[61]的研究,将利益回报需求(Interest Return Demand)维度细分为以下题项:获得一定的经济报酬(IR1)、获取他人的数据(IR2)、优先发表论文(IR3)、增加研究成果的被引率(IR4);借鉴 Chen 等[82]、傅天珍等[85]的研究,将社交需求(Social Contact Demand)维度细分为以下题项:与其他学者交流学术经验(SC1)、寻找科研合作者(SC2)、帮助同领域的科研人员解决问题(SC3)、增加信任以维系社交关系(SC4);借鉴 Sayogo 等[86]、陈欣等[87]的研究,将自我价值实现需求(Self-Value Realization Demand)维度细分为以下题项:提高个人的学术自信（SVR1）、获得他人尊重提升自豪感和成就感（SVR2）、提高个人的学术地位（SVR3）、提升个人的社会声望（SVR4）；借鉴 Enke[83]、包秦雯等[88]的研究，将数据安全需求（Data Security Demand）维度细分为以下题项：数据不被他人曲解或误用（DS1）、数据不被他人恶意篡改（DS2）、数据不被他人剽窃（DS3）、数据不泄露个人隐私（DS4）、数据分析结果不会引发争议（DS5）、研究思路不被他人窃取（DS6）；借鉴万立军等[89]、刘桂锋等[90]的研究，将数据管理平台需求（Data Management Platform Demand）维度细分为以下题项：平台的知名度高（DMP1）、平台的安全性高（DMP2）、平台的稳定性高（DMP3）、平台的界面舒适友好（DMP4）、平台简单易操作（DMP5）。

4.1.2 数据来源与预处理

调查对象主要为具备一定科研能力和科研工作经历的高校师生，以及相关科研院所的专家教授。高校师生包括参加过科研项目的硕士研究生、博士研究生和教职工，还有少数参加"互联网＋创新创业大赛""挑战杯"等比赛，发表过学术论文的本科生。在正式调查之前进行了预调研，并根据反馈对问卷进行了修改完善。正式调查主要通过线上调研的方式进行。首先，利用问卷星形成最终问卷链接，结合微信、QQ、邮箱主要社交工具进行问卷发放，共回收问卷 533 份；其次，对问卷进行预处理，将填写时间过短和对科学数据共享了解程度填写为"完全不了解"的问卷剔除，并通过 SPSS 软件筛选出填写不完整和题项重复率过高的问卷。最终得到有效答卷 479 份，有效答卷回收率为 89.9%。

4.1.3 样本特征描述性统计

对调查对象的性别、年龄、学历、学科背景、科研工作年限、职称等基本信息进行统计，结果如表 4-1 所示。其中，调查对象的男女比例约为 4.5∶5.5。由于问卷主要发放在各高校相关专业班群和教师科研讨论组里，被调查者年龄主要集中在 40 岁以下，其中，30 岁及以下占 60.5%，31～40 岁占 23.6%。学历主要集中在硕士研究生（46%）和博士研究生（36.5%），少部分是有一定科研项目和竞赛经历的本科生（17.3%）；其学科背景主要有管理学（58.8%）、工学（19.2%）、理学（9.8%）等。在科研工作年限方面，5 年及以下占 63.8%，

6~20年占29.2%；工作单位则主要为各高校（58.4%）和科研院所（19.6%）。此外，接近半数的被调查者无职称，然后依次是高级职称和中级职称；被调查者的工作单位则多分布于高校与科研院所。最后，对于提供者是否愿意在一定条件下向他人提供自己的科学数据，调查结果发现，共有62.8%的被调查对象表示愿意，32.8%的被调查对象为不确定，不愿意的被调查对象则为4.4%。

表4-1 样本特征描述性统计

统计变量	选项	人次（人）	比例（%）
性别	男	214	44.7
	女	265	55.3
年龄	30岁及以下	290	60.5
	31~40岁	113	23.6
	41~50岁	44	9.2
	51~60岁	28	5.9
	61岁及以上	4	0.8
最高学历	大专及以下	1	0.2
	本科	83	17.3
	硕士研究生	220	46.0
	博士研究生	175	36.5
职称	初级	44	9.2
	中级	87	18.1
	高级	111	23.2
	无	237	49.5
工作单位	高校	280	58.4
	科研院所	94	19.6
	企业	37	7.8
	政府部门	23	4.8
	其他	45	9.4
学科背景	管理学	282	58.8
	工学	92	19.2
	理学	47	9.8
	其他	58	12.2

续表

统计变量	选项	人次（人）	比例（%）
科研工作的年限	5年及以下	306	63.8
	6～10年	83	17.3
	11～20年	57	11.9
	21年及以上	33	7.0
在一定条件下，愿意向他人提供自己的科学数据	愿意	301	62.8
	不确定	157	32.8
	不愿意	21	4.4

4.2 数据分析

4.2.1 信度检验

本书使用 SPSS21.0 对样本数据进行信度检验。在学术界相关实证研究中，信度检验一般采用 Cronbach's Alpha 系数作为检验标准，以考察问卷各项目内部的一致性，总量表 α 系数>0.8 且分量表 α 系数>0.7 为最低信度满足标准[91]。同时，根据"校正项目的总计相关性（CITC）"和"项目已删除的 Cronbach's α 系数（CAID）"判断量表项目的质量，对 CITC 系数<0.4 且 CAID 系数>量表整体 α 系数的项目，应予以剔除[92]。通过表 4-2 可知，总量表的 Cronbach's α 值为 0.930，利益回报维度下 IR1 项目的 CITC 系数（0.305<0.4）、CAID 系数（0.932>0.930）存在异常。从指标内容来看，IR1 项目为"获得一定的经济报酬"，而科研人员主要潜心从事于学术研究，对于共享数据以获得经济报酬的需求较小。根据数据的计算结果验证了该题项存在信度问题，因此删除 IR1 项目。此外，除了利益回报的 Cronbach's α 值为 0.692，其他变量的系数均在 0.8 以上，说明该问卷的测量题项设计较为完善，具有较好的内在一致性和可靠性，基本符合本次研究的要求。

表 4-2　各变量的信度系数

变量维度	测量项目	CITC 系数	CAID 系数	Cronbach's Alpha
利益回报（IR）	IR1	0.305	0.932	0.692
	IR2	0.430	0.930	
	IR3	0.442	0.930	
	IR4	0.419	0.930	
社交（SC）	SC1	0.648	0.926	0.846
	SC2	0.663	0.926	
	SC3	0.646	0.926	
	SC4	0.510	0.928	
自我价值实现（SVR）	SVR1	0.628	0.926	0.881
	SVR2	0.612	0.927	
	SVR3	0.593	0.927	
	SVR4	0.530	0.928	
数据安全（DS）	DS1	0.691	0.925	0.927
	DS2	0.705	0.925	
	DS3	0.702	0.925	
	DS4	0.611	0.927	
	DS5	0.668	0.926	
	DS6	0.598	0.927	
数据管理平台（DMP）	DMP1	0.615	0.926	0.888
	DMP2	0.655	0.926	
	DMP3	0.659	0.926	
	DMP4	0.615	0.926	
	DMP5	0.621	0.926	
总量表		—		0.930

4.2.2　效度检验

效度即有效性,是指测量工具或手段能够准确测量出所需测量事物的程度。本书主要对量表测量题项的内容效度、结构效度及区分和聚合效度进行相关参数的检验。内容效度是指测试量表的内容或题项的适当性与代表性,常以题项分布的合理性进行判断,属于命题式的逻辑分析。本研究所设计问卷的测量题项具有严谨的参考依据,并得到了相关专家的认可,因而可以说明该问卷的量表具有内容效度。结构效度是指测量结果所体现出来的某种关系或结构与预期值之间的对应程度。基本一致则说明该量表结构效度良好,一般使用探索性因子分析进行验证。区分和聚合效度本质上也是一种结构效度,通常使用验证性因子分析进行验证。此外,同时使用探索性因子分析和验证性因子分析需要用不同的数据源[93-94]。因此,作者通过SPSS21.0将整体样本数据(479份)随机分为两个样本集合,即样本集合A(239份)和样本集合B(240份),其中,集合A用作探索性因子分析,集合B用作验证性因子分析。

(1)探索性因子分析

探索性因子分析的目的是验证量表的结构效度,揭示测量项目的主要维度,以此建立量表的内部结构。在进行探索性因子分析之前,先对样本A是否适合进行因子分析进行了相关检测。第一,计算了样本A容量与测试项目的比率(10.8∶1),远大于参考标准4∶1[95]。第二,通过对样本集合A进行KMO样本测度和Bartlett球形检验,经计算得出样本集合A的KMO值为$0.906>0.9$,KMO值越接近1说明该样本越适合做因子分析;Bartlett球形检验的卡方近似值为3997.088,自由度为231,对应的P值(显著度)为$0.000<0.05$,这是检查样本中各变量是否独立,结果显示通过检验。

本章使用SPSS21.0软件在进行公因子提取的计算时默认为主成分分析法,采用最大方差法对原始因子进行因子旋转,并选择具有Kaiser标准化的正交旋转方法探索量表内在结构[96],计算旋转后的因子载荷结果,最终得到影响提供者进行科学数据共享需求的各个因子表达式。由表4-3可以看出,共提取了5个因子,其提取平方和载入累计贡献率为73.529%,代表这5个因子能共同解释原始变量73.529%的信息,可以较充分地反映作为提供者在进行数据共享的需求因素,故选用这5个因子作为公共因子,即主因子。

表 4-3 解释的总方差

成分	初始特征值			旋转后的平方和载荷		
	特征值	方差贡献率（%）	累积方差贡献率（%）	特征值	方差贡献率（%）	累积方差贡献率（%）
1	10.006	45.481	45.481	4.782	21.737	21.737
2	2.587	11.761	57.242	3.493	15.877	37.614
3	1.425	6.477	63.720	3.114	14.156	51.769
4	1.298	5.902	69.622	2.586	11.757	63.526
5	0.860	3.908	73.529	2.201	10.003	73.529
6	0.766	3.481	77.010			
…	…	…	…			
22	0.093	0.422	100.000			

注：提取方法为主成分分析。

为了更好地解释各公因子的意义，将因子成分矩阵，即正向初始因子载荷矩阵进行方差最大化正交旋转，经过 7 次迭代后收敛，得到如表 4-4 所示的旋转成分矩阵（旋转后因子载荷矩阵）。因子载荷即每个原始变量和每个因子之间的相关系数，反映了变量对因子的重要性，通过因子载荷可发现变量在对应因子中的实际意义。同时，因子负荷截取点位为 0.5，应删除在任意一个因子上负荷都小于 0.5 或在多个因子上负荷都大于 0.5 的题项，显然所有测量项目均符合要求。同时，说明该量表具有良好的结构效度，最终保留 5 个维度、22 个测量项目的修正量表进入验证性因子分析阶段。

表 4-4 旋转成分矩阵

需求指标	成分				
	1	2	3	4	5
DS2	**0.866**	0.248	0.148	0.123	0.058
DS3	**0.864**	0.260	0.118	0.104	0.122
DS1	**0.840**	0.256	0.131	0.130	0.025
DS4	**0.798**	0.113	0.055	0.204	0.218
DS5	**0.742**	0.296	0.165	0.133	0.134

续表

需求指标	成分				
	1	2	3	4	5
DS6	**0.693**	0.299	0.173	0.117	0.171
DMP4	0.239	**0.835**	0.218	0.152	0.032
DMP5	0.267	**0.823**	0.210	0.091	0.082
DMP1	0.324	**0.764**	0.226	0.070	0.131
DMP3	0.365	**0.694**	0.077	0.269	0.173
DMP2	0.417	**0.592**	0.072	0.252	0.255
SVR2	0.188	0.141	**0.800**	0.240	0.190
SVR3	0.107	0.179	**0.788**	0.212	0.289
SVR1	0.250	0.203	**0.776**	0.232	-0.011
SVR4	0.013	0.182	**0.646**	0.365	0.233
SC4	0.113	0.086	0.220	**0.808**	0.116
SC2	0.224	0.213	0.314	**0.700**	0.256
SC1	0.216	0.217	0.375	**0.662**	0.166
SC3	0.287	0.222	0.414	**0.578**	0.055
IR4	0.099	0.080	0.121	0.203	**0.831**
IR3	0.183	0.177	0.138	0.008	**0.823**
IR2	0.171	0.083	0.271	0.227	**0.562**

（2）验证性因子分析

在前文探索性因子分析的基础上，使用样本集合 B 的数据，通过 AMOS23.0 软件对修正后的测量模型进行验证性因子分析，目的是检验该量表的区分效度、聚合效度及模型的拟合度，进一步修正量表结构。

首先，计算量表模型的拟合度。主要有量表整体结构的绝对适配指标（RMSEA、GFI、RMR、AGFI）、增值适配指标（NFI、TFI、IFI、CFI）和简约适配指标（$CMIN/DF=\chi^2/df$）。根据表 4-5 拟合检验结果的观测值可以看出，存在少数指标未达到检验的标准[97]。对此，作者根据 AMOS 提供的 M.I.（修正指数）进行优化，用以表示增加该条路径后整体模型将会减少的最小卡方值[98]，结构方程模型中卡方值越小越好。因此，尝试将模型中残差 M.I. 值较大的各路径，按照大小依次进行双向相关关系的连线，直至各路径的 M.I. 值均小于 15，得到第一次优化的指标计算结果。发现仍存在个别指标不满足条件的情况，且 SC4 组成的多条路径 M.I. 值较大，考虑通过删除该题项来观察适配度指标值的变化程度。计算结果证明，在删除 SC4 测量题项再进行 M.I. 优化后，整体量表结构的上述指标均得到优化，达到检验标准。根据 Anderson 等[93]学者的建议，为验证目前量表五维度的结构模型是否为提供者的科学数据共享需求最佳模型，本章将对量表的 5 个因子进行不同组合，通过比较量表整体结构模型的拟合适配指标确定最佳的测量模型[99]。其中，单因子模型可以验证共同方法偏差分析，如果计算结果的各项指标不满足要求，表示该模型结构不佳，说明所有的测量指标不应同属一个维度，即研究数据通过该检验，无共同方法偏差问题。根据表 4-5 单因子模型的计算结果，显然不存在共同方法偏差问题，且五因子结构（第二次优化）为该量表的最佳模型。

表 4-5 拟合检验结果

指标	CMIN/DF	RMSEA	RMR	GFI	AGFI	NFI	IFI	TLI	CFI
标准值	1～5	≤0.08	≤0.05	≥0.8	≥0.8	≥0.8	≥0.8	≥0.8	≥0.8
观测值	3.920	0.111	0.04	0.744	0.675	0.798	0.842	0.814	0.840
第一次优化	2.936	0.09	0.038	0.820	0.762	0.854	0.899	0.877	0.898
删除 SC4	2.562	0.081	0.034	0.850	0.798	0.880	0.923	0.905	0.922
第二次优化	2.365	0.076	0.032	0.858	0.806	0.891	0.934	0.917	0.933
四因子模型	2.920	0.090	0.039	0.823	0.765	0.862	0.905	0.884	0.904
三因子模型	3.846	0.109	0.052	0.784	0.718	0.815	0.856	0.827	0.855
双因子模型	3.971	0.111	0.050	0.774	0.708	0.807	0.848	0.820	0.846
单因子模型	5.802	0.142	0.061	0.674	0.582	0.716	0.753	0.709	0.750

注：四因子模型合并了 F4 和 F5；三因子模型分别合并了 F4 和 F5、F2 和 F3；双因子模型分别合并了 F1、F2、F3、F4 和 F5。

其次，检验量表模型的聚合效度和区分效度。以极大似然估计法作为参数估计方法，计算测量项目的标准化回归系数（因子标准化载荷），并计算出 5 个维度的组合信度（CR）和平均方差抽取量（AVE）[100]，结合因子载荷系数对量表聚合效度进行分析。区分效度的检验一般采用 AVE 平方根与相关系数值比较的方法，AVE 平方根大于潜在变量之间相关系数绝对值说明区分效度高。效度检验结果如表 4-6 和表 4-7 所示，发现仅 IR2 的因子载荷量值为 0.414，考虑到该项在科研人员中具有一定价值，且因子载荷值的最低标准并非强制性，可根据具体情况来看[101]，故选择不剔除该指标。由此可见，平均方差抽取量除 IR 维度的值为 0.467 外，其余均大于 0.5；组合信度为 0.7～1，均大于 0.7；AVE 平方根均大于该因子与其他因子的相关系数值。综上所述，表明修正量表具有较好的区分或聚合效度。

表 4-6　聚合效度检验结果

指标	公因子	因子标准化载荷	AVE 平均方差抽取量	CR 组合信度
IR4	F5	0.687	0.467	0.709
IR3		0.871		
IR2		0.414		
SC3	F4	0.826	0.704	0.877
SC2		0.877		
SC1		0.812		
SVR3	F3	0.755	0.649	0.880
SVR2		0.903		
SVR1		0.868		
SVR4		0.677		
DMP3	F2	0.764	0.535	0.851
DMP2		0.710		
DMP1		0.728		
DMP4		0.671		
DMP5		0.778		
DS3	F1	0.889	0.655	0.917
DS2		0.936		
DS1		0.906		
DS4		0.764		
DS5		0.748		
DS6		0.549		

表 4-7 区分效度检验结果

变量	数据安全	数据管理平台	自我价值实现	社交	利益回报
数据安全	0.810				
数据管理平台	0.766***	0.731			
自我价值实现	0.462***	0.405***	0.806		
社交	0.629***	0.567***	0.595***	0.839	
利益回报	0.297**	0.303***	0.343**	0.333***	0.684

注：对角线数据为 AVE 的平方根，*** 表示 $P<0.001$，** 表示 $P<0.01$。

4.3 信度重测与最终量表

综合考虑探索性因子分析和验证性因子分析的结果，决定将测量指标 IR1 和 SC4 这两项剔除，修正量表后剩余 21 项。此时，还需再次对修正后的整体量表进行信度重测[102]，以形成最终量表。结果显示，最终量表的 Cronbach's α 系数为 0.933，利益回报、社交、自我价值实现、数据安全、数据管理平台 5 个维度的 Cronbach's α 系数分别为 0.702、0.861、0.881、0.927、0.888，21 个测量项目 CITC 系数均大于 0.4，CAID 系数小于量表整体 Cronbach's α 系数，表明最终量表具有良好的信度。综上所述，经过量表开发过程，最终构建了提供者科学数据共享需求测量量表，该量表包含 5 个维度、21 个题项，如表 4-8 所示。整个过程严格按照科学的量表开发程序进行，具有良好的信度和效度，能够适用于提供者视角下科学数据共享需求的测量研究。

表 4-8 共享需求最终量表

需求维度	测量指标					
数据安全	DS1	DS2	DS3	DS4	DS5	DS6
数据管理平台	DMP1	DMP2	DMP3	DMP4	DMP5	
自我价值实现	SVR1	SVR2	SVR3	SVR4		
社交	SC1	SC2	SC3			
利益回报		IR2	IR3	IR4		

4.4 需求分析与讨论

本章构建的提供者视角下科学数据共享需求量表兼顾数据安全、数据管理平台、自我价值实现、社交、利益回报 5 个维度、21 个测量指标。由表 4-3 可知，上述 5 个维度分别解释所有题项变量的信息百分比，在一定程度上反映了该维度对于总量表的重要性。结合各维度具体测量指标的因子负荷量和均值得分，对提供者的科学数据共享需求特点及不同意愿下的需求情况展开分析讨论。

4.4.1 提供者的共享需求特征

根据解释的总方差和因子载荷量的计算结果可知，数据安全维度对应探索性因子分析中主成分方法提取的第一成分，说明该维度是这个需求量表中最关键的一部分，其具体需求题项的因子载荷也都比较高。显然，提供者在科学数据共享中最为重视共享数据的安全性，这也是最基本的需求。相关研究发现，提供者共享数据最主要的障碍就来自对数据滥用、剽窃、误读和泄露隐私的担忧。例如，带有商业性质的开发滥用、因误解数据得出错误的结论等都会对提供者的名誉产生一定的负面影响。若这些潜在风险越少，提供者对数据共享的态度就越积极，进而参与的可能性也就越大。数据管理平台维度为第二成分，该维度也受到了提供者较大的关注，说明提供者对数据管理平台的功能存在一定要求，并不希望在进行数据共享时面对不易理解、操作要求高的平台。自我价值实现维度为第三成分，该维度需求的表现形式偏向于隐性、潜移默化的变化，在其内涵上也存在许多联系和相似性，且基本得到了提供者的认可，说明提供者对数据共享的自我价值实现需求逐渐重视，个人价值实现意识日益增强。社交维度为第四成分，提供者期望通过共享与其他科研人员交流经验或进行科研合作，不仅可以提升科学数据共享双方的科研实力，还可以加快科学数据共享的发展进程，同时促进整体科研社区的发展及各学科专业之间的融合发展。利益回报维度为第五成分。这里的利益回报并非经济层面，而是指提升科研成果的影响力和提供者自身的学术影响力。因此，尽管该维度需求的表达方式比较直接，大部分提供者作为科研人员，存在这方面的需求也在情理之中。

4.4.2 不同共享意愿提供者的需求对比

结合样本描述性统计分析中的相关结果，下面将提供者的共享意愿分为"愿意""不确定""不愿意"3类，并按照最终量表对不同共享意愿提供者的需求展开对比，结果如表4-9所示。可以发现，所有需求题项的均值得分都大于3，说明提供者在科学数据共享中普遍存在这些需求。从"愿意"提供者的需求均值来看，较高的需求依次是"DMP2 平台的安全性高""DS4 数据不泄露个人隐私""DS3 数据不被他人剽窃""DS2 数据不被他人恶意篡改""DMP3 平台的稳定性高"，这也凸显了数据安全的重要性；较低的需求则是"IR3 优先发表论文""SVR4 提升个人的社会声望""IR2 获取他人的数据"，说明大部分提供者愿意共享其数据的主要依据并非这几项需求。此外，需求程度排名与提供者整体均值的情况基本一致。从"不确定"提供者的均值来看，较高的需求依次是"DMP2 平台的安全性高""DMP3 平台的稳定性高""DS3 数据不被他人剽窃""DS4 数据不泄露个人隐私""DS2 数据不被他人恶意篡改"，与"愿意"提供者的需求情况相似，都非常注重数据共享平台的安全性，其余需求仅在排名上存在些许差异。从"不愿意"提供者的需求均值来看，较高的需求依次是"DS3 数据不被他人剽窃""DS4 数据不泄露个人隐私""DMP2 平台的安全性高""DS1 数据不被他人曲解或误用""DS2 数据不被他人恶意篡改""DS6 研究思路不被他人窃取"，同样存在与前两者相似的迫切需求，且更为重视"DS3 数据不被他人剽窃""DS1 数据不被他人曲解或误用""DS6 研究思路不被他人窃取"。显然，"不愿意"提供者更加注重数据安全维度的需求。

表 4-9　不同共享意愿提供者的需求均值

意愿需求	愿意	不确定	不愿意	整体
	均值	均值	均值	均值
IR2	3.860	3.624	3.762	3.779
IR3	3.957	3.828	4.286	3.929
IR4	4.083	3.866	3.905	4.004
SC1	4.020	3.949	4.000	3.996
SC2	4.027	3.981	3.905	4.006

续表

意愿需求	愿意	不确定	不愿意	整体
	均值	均值	均值	均值
SC3	4.023	4.006	3.857	4.010
SVR1	4.050	4.025	3.667	4.025
SVR2	4.060	3.962	3.952	4.023
SVR3	3.987	3.892	3.905	3.952
SVR4	3.897	3.758	3.619	3.839
DS1	4.329	4.318	4.429	4.330
DS2	4.402	4.357	4.333	4.384
DS3	4.425	4.433	4.619	4.436
DS4	4.535	4.420	4.476	4.495
DS5	4.243	4.217	4.143	4.230
DS6	4.306	4.318	4.333	4.311
DMP1	4.063	4.204	4.095	4.111
DMP2	4.538	4.478	4.429	4.514
DMP3	4.395	4.452	4.286	4.409
DMP4	4.090	4.185	4.048	4.119
DMP5	4.140	4.248	4.191	4.177

总之，不同共享意愿的群体均十分重视与共享数据安全性相关的需求，但也存在些许差异。共享意愿为"愿意"和"不确定"的群体都十分重视"平台的安全性高"的需求，而"不愿意"群体则更注重"数据不被他人剽窃"。通过比较前者与后者的高均值需求项发现，"不愿意"群体非常注重数据的剽窃、误用、隐私泄露、篡改等问题，可能因担忧而使其选择"不愿意"共享。因此，为促进"不确定和不愿意"共享群体向"愿意"共享群体转化，应着重提高共享过程中科学数据的安全性。

科学数据共享既是数据密集型科研范式下获取数据的重要途径，也是推进科技进步与创新的必然选择，更是国家创新驱动发展战略的要求。只有充分了解并满足提供者的共享需求，才能推动科学数据共享的普及与应用，促进科学数据的充分利用。本章在借鉴现有研究的基础上，构建和验证了提供者视角下的科学数据共享需求量表，得到包括5个维度、21个题项的量表，并分析需求特征。研究发现，提供者对各维度普遍存在需求，但程度有所不同。其中，需求程度最大的是数据安全维度，其次是数据管理平台维度、自我价值实现维度及社交维度，而利益回报维度的需求则相对较小。此外，不同共享意愿群体对于共享数据的安全性比较关注，但"愿意"与"不确定"这两个共享意愿的群体更注重数据管理平台的高安全性，而"不愿意"共享群体则更重视数据不被他人剽窃。因此，充分识别并满足提供者的共享需求，推动科学数据共享的普及与应用，促进科学数据的充分利用，需要政府、科学数据平台、科研资助机构、科研单位、科研人员等主体各尽其职，通力合作。上述结论可以为推动科研人员积极参与科学数据共享活动提供指导，并为进一步开发其他利益相关者的数据共享需求量表提供有益参考和借鉴。

第 5 章　使用者的科学数据共享需求分析

当前,尽管海量的数据在不断产生,但可用数据缺乏的现象却普遍存在,科学数据共享是解决这一问题、提高科学研究的效率和质量的重要途径之一。实现科学数据的共享,科学家就不再受限于数据的来源、格式及国界等因素,也不必质疑科学技术对于数据处理与存储的能力,便可以在全球海量的科学数据中发掘创新的潜力[103]。如果科学数据无人获取和使用,那么管理和共享也将没有意义[104],因此,识别用户需求显得尤其关键。随着"以人为本"的理念不断渗透到科学数据共享领域,用户需求激发了学术界的研究热情,不少富有成效的研究成果相继发表,主要集中在以下 3 个方面。第一,共享需求内容。例如,Chen 等[82]对中国科学院化学研究所 119 名科研人员进行调查发现,其作为提供者更关注数据完整性、数据安全及知识产权问题。第二,共享动机或障碍。例如,Melero 等[105]发现西班牙食品科学技术领域的科研人员共享数据的最重要动机是增加文章被引用的可能性,促进研究的可重复性。第三,需求的满足策略。例如,Kim[106]提出调整学术信用机制以减少科学家对数据共享中涉及职业风险的担忧,并大力投资技术基础设施建设(如数据存储库等),促进各种形式的数据共享行为。

当前,相关研究已经取得初步成果,但仍存在一些问题。首先,从成果数量来看,学术界在共享意愿或行为的影响因素研究方面取得了丰硕的成果,但对用户数据共享需求的关注不够,而把握用户需求是科学数据共享活动开展的前提,也是数据共享平台提供服务的关键。其次,从研究内容来看,现有研究大多围绕不同领域主体的共享需求内容、共享动机或障碍及需求满足策略 3 个方面展开,且研究主体局限于自然科学领域,如天体物理、生物、化学等学科,鲜有学者构建使用者视角下的数据共享需求内容框架,不同类型用户的具体需求差异尚未被发现。最后,从研究方法来看,当前绝大多数研究都采用了文献分析与问卷调查的方法,研究方法较为单一,未能揭示数据共享需求的特点、规律及关联性,研究结论的针对性略显不足,其指导意义也有所减弱。

在图书情报领域,形式概念分析方法主要用于构建本体、用户画像和知识组织等方面,尚未有学者将其运用在科学数据共享需求的研究中,尽管其在挖掘概念之间关联关系中具有明显优势。进一步探讨使用者的科学数据共享需求，有助于促进科学数据共享活动的有效开展，更好地发挥科学数据的价值。基于此，本章将设计数据使用者视角下科学数据共享需求的 Likert 量表，通过对不同年龄、学历、职称、学科背景的科研人员在科学数据共享方面的需求进行问卷调查，获取基础数据，结合形式概念分析的方法，构建形式背景与概念格并提取关联规则，进而挖掘不同类型用户的需求特征及关联关系，以期为有关科学数据共享的理论研究和实践应用提供参考与借鉴。

5.1 科学数据共享需求调查

5.1.1 问卷设计

采用问卷调查法收集数据，问卷共包括 3 个部分。第一部分是关于科学数据、科学数据共享概念的简要说明。第二部分是被调查者的基本信息，包括性别、年龄、学历、职称、所在城市、工作单位、学科背景、研究领域、科研工作年限及对科学数据共享的了解程度。第三部分是使用者视角下科研人员的科学数据共享需求，采用 Likert 五级量表的形式呈现，主要包括数据内容、来源可信度、数据管理平台、获取方式、科学研究 5 个维度，共计 24 个题项，具体量表及代表性支撑文献如表 5-1 所示。

表 5-1 使用者共享需求量表

维度及题项数量	代码	题项	支撑文献
数据内容 （6项）	D1	数据内容的完整性	闫鑫等[107] 孙俐丽等[108] 张克永等[109]
	D2	数据内容的准确性	
	D3	数据内容的相关性	
	D4	数据内容的适用性	
	D5	数据内容的时效性	
	D6	数据内容的权威性	
来源可信度 （4项）	D7	参与数据共享的相关人员的专业性可信赖	曹树金等[110]
	D8	数据共享平台的权威性可信赖	
	D9	数据共享的流程可信赖	
	D10	通过共享获得的数据可靠	

续表

维度及题项数量	代码	题项	支撑文献
数据管理平台 （5项）	D11	平台的安全性高	万立军等[89] 张一涵等[111]
	D12	平台的稳定性高	
	D13	平台的知名度高	
	D14	平台的界面舒适友好	
	D15	平台简单易操作	
获取方式 （4项）	D16	数据获取的方便性	郑磊等[112] 刘桂锋等[90]
	D17	数据获取的高效性	
	D18	数据获取的安全性	
	D19	数据获取的低成本	
科学研究 （5项）	D20	提高科学研究的效率	傅天珍等[85]
	D21	节省时间和精力	
	D22	节省获取数据的经济成本	
	D23	加快科学发现和创新	
	D24	促进与其他学者的交流和合作	

5.1.2 数据收集与样本特征

形成初始问卷后开始预调研，共收集到422份问卷。根据预调研结果，对部分题项进行反复修改，最终形成正式问卷。通过问卷星的方式发放问卷，共回收问卷422份。经过筛选，将非数据使用者身份和对科学数据共享完全不了解者填写的问卷剔除，最终得到使用者视角下的有效问卷323份，有效回收率为76.5%。

统计调查对象的性别、年龄、学历、学科背景等基本信息，如表5-2所示。323名科研人员来自全国20多个省（直辖市）的高校与科研院所，地区分布广泛。男女比例接近1∶1，女性略多于男性。年龄大多集中在30岁及以下和31~40岁，分别占比47.7%和34.1%。94.4%的调查对象具有研究生学历，符合科研人员高学历的特点。学科背景丰富，管理学居多，其次是工学和理学。从事科研工作在5年及以下的科研人员最多，占比49.5%；其次是6~10年，占比25.7%。调查显示，虽然调查对象对科学数据共享都有一定的了解，但仅有3.4%的人是非常了解，占比较低，说明还需加强对科学数据共享的宣传力度。

5.1.3 数据分析与预处理

运用 SPSS 软件对整个量表的 24 个项目进行 Cronbach's Alpha 信度分析，得到总的内部一致性信度系数为 0.92，表明量表具有较高的内部一致性，可信度良好。量表结果是调查对象根据自身的实际情况与题项的描述是否相符而做出选择，分为非常同意、同意、一般、不同意、非常不同意。由于问卷数据量庞杂，需要根据科研人员对科学数据共享需求的支持程度进行筛选。针对某个题项，如果调查对象选择"非常同意"或"同意"，则认为其有此项需求，使用者共享需求预处理结果如表 5-2 所示。

表 5-2 使用者共享需求预处理结果

分类标准及类型			数量	需求点				
				D1	D2	D3	...	D24
				290	293	284	...	274
性别	男	U1	142	126	127	123	...	117
	女	U2	181	164	166	161	...	157
年龄	30 岁及以下	U3	154	136	139	136	...	130
	31~40 岁	U4	110	100	100	96	...	91
	41~50 岁	U5	55	51	51	50	...	49
	50 岁及以上	U6	4	3	3	4	...	4
学历	本科及以下	U7	18	16	17	15	...	17
	硕士研究生	U8	145	126	128	124	...	120
	博士研究生	U9	160	148	148	145	...	137
学科背景	管理学	U10	222	202	205	199	...	185
	理学	U11	21	21	21	19	...	20
	工学	U12	48	41	41	41	...	41
	其他	U13	32	26	26	25	...	28
科研工作年限	5 年及以下	U14	160	141	145	138	...	134
	6~10 年	U15	83	76	75	73	...	69
	11~20 年	U16	62	57	57	57	...	55
	20 年及以上	U17	18	16	16	16	...	16

续表

分类标准及类型			数量	需求点				
				D1	D2	D3	...	D24
				290	293	284	...	274
对科学数据共享的了解程度	非常了解	U18	11	10	10	11	...	8
	比较了解	U19	86	78	80	80	...	72
	基本了解	U20	102	90	93	85	...	85
	不太了解	U21	124	114	113	111	...	109

科研人员对24项科学数据共享需求的程度不尽相同，前10项依次是平台的安全性高（91.6%）、平台的稳定性高（91.3%）、数据内容的权威性（91.0%）、数据内容的准确性（90.7%）、数据获取的高效性（90.4%）、节省时间和精力（90.4%）、数据获取的方便性（90.1%）、提高科学研究的效率（90.1%）、数据内容的完整性（89.8%）、参与数据共享的相关人员的专业性可信赖（89.8%）。还可以进一步分析每种类型的科研人员中有多少人提出某项需求，如有88.7%（126/142）的男性对数据内容的完整性提出需求等。

5.2 形式背景与概念格

5.2.1 形式背景导出

为了便于提取科学数据共享需求特征，需要设置合适的阈值对表5-2的数据进行处理。如果阈值太大，则仅能包含极少数的需求特征；如果阈值过小，一些重要的需求特征则会被抹除。通过对各项需求数量的对比与计算，发现阈值为86%时最合适，即如果用户子群中有超过86%的用户同意某项科学数据共享需求是需要的，则认为该用户子群具有该需求特征。结合形式背景的概念，以21个用户子群的集合作为对象的集合（用U表示），以24个科学数据共享需求点的集合作为属性的集合（用D表示），其中U={U1，U2，…，U21}，D={D1，D2，…，D24}。由于ConExp在概念关系呈现和关联规则挖掘方面具有很大优势，因此，选用ConExp1.3软件作为建格工具。为了更加直观地分析对象和属性，对原始形式背景进行"净化（Clarify）"，得到简化后的形式背景（表5-3）。

表5-3 共享需求的形式背景

类别	D1D2	D3	D4	D5	D6D17	D7	D8	D9	D10	D11	D12D23	D13D19	D14	D15	D16	D18	D20	D21	D22	D24
U1	×	×			×	×			×	×	×					×	×	×	×	
U2U21	×	×	×	×	×	×	×	×	×	×	×			×	×	×	×	×	×	×
U3	×	×		×	×	×	×	×	×	×	×			×	×	×	×	×	×	
U4	×	×	×		×	×	×	×	×	×	×			×	×	×	×	×	×	×
U5			×	×			×	×	×	×	×		×	×	×	×	×	×	×	×
U6	×		×		×	×	×	×	×	×	×		×			×	×	×	×	×
U7	×	×		×	×			×	×	×	×			×	×	×		×		
U8	×	×				×	×	×		×	×		×	×	×	×	×		×	
U9U15	×	×	×		×	×	×	×	×	×	×		×	×	×	×	×	×	×	×
U10	×	×	×		×	×	×	×	×	×	×			×	×	×	×	×	×	
U11U16	×		×	×		×	×	×		×				×	×	×	×			×
U12	×		×	×	×	×	×	×	×	×	×		×		×	×	×	×	×	×
U13	×	×		×	×	×		×	×	×	×			×	×		×	×	×	×
U14	×	×	×	×	×		×	×		×							×	×	×	
U17	×	×	×		×	×	×	×	×	×	×		×	×			×	×	×	
U18	×	×	×		×				×	×	×				×	×	×			
U19	×	×	×		×	×	×	×	×	×	×			×		×	×	×	×	
U20	×	×	×		×	×	×	×	×	×	×					×	×	×	×	

表 5-3 中的"×"表示某对象具有某属性，如第 6 行与第 2 列交汇处的"×"表示 U6 具有 D3 这一属性，即"50 岁及以上"的科研人员具有"数据内容的相关性"这项需求。同样，第 9 行与第 1 列交汇处的"×"表示 U9 和 U15 具有相同的属性 D1 和 D2，即"学历为博士研究生"和"科研工作年限为 6~10 年"的科研人员，同时提出"数据内容的完整性"和"数据内容的准确性"两项需求。

5.2.2 概念格生成

根据形式概念、层次序及概念格的理论[113]，利用 ConExp1.3 绘制使用者视角下科研人员的科学数据共享需求概念格。由表 5-3 形式背景导出相应的科学数据共享需求聚类结果的 Hasse 图，如图 5-1 所示。

图 5-1 中，每一个节点代表一个概念，图中共包含 153 个概念。上半圆为灰色的节点，代表该概念具有一个属性；下半圆为黑色的节点，代表该概念具有一个对象。最上端的节点是拥有全部对象的概念，即对 D11 属性进行了最大频繁项的聚类，意味着 21 种类型的数据使用者均提出了"平台的安全性高"这一科学数据共享需求。此外，大多数使用者具有"数据内容的权威性""数据获取的高效性""平台的稳定性高"等需求，且占使用者总体比例的 90% 以上，说明作为数据使用者——科研人员对于上述几种科学数据共享的需求最为强烈。最

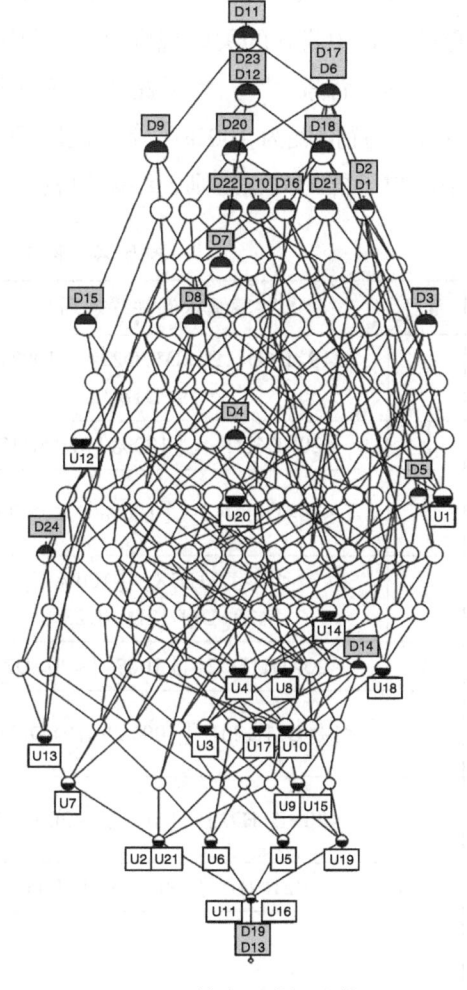

图 5-1 共享需求概念格

下端的节点是拥有全部属性的概念，意味着除 D19 和 D13 两个属性以外，其他的需求均被提出，说明作为数据的使用者——科研人员对于"数据获取的低成本"和"平台的知名度高"两项需求最不强烈。同理，可以通过识别每个节点的信息及节点间的关系，掌握科研人员的科学数据共享需求。

5.3 关联规则

5.3.1 总体关联规则挖掘

ConExp1.3 中的"Calculate Association Rules"工具可以帮助用户挖掘当前形式背景中隐含的关联规则[114]。利用"Transpose Context"功能可以得到转置后的形式背景[115]。为了提高关联规则的确定性，减少数据冗余，设置支持度为 19，置信度为 100%，分别提取到 8 条科学数据共享需求间关联规则和 12 条用户子群间关联规则，结果如表 5-4 所示。

表 5-4 总体关联规则的挖掘结果

序号	共享需求间关联规则	用户子群间关联规则
1	<19>D6D11D12D17D23＝［100%］<19>D18	<19>U2U9U11U15U16U19U21＝［100%］<19>U10
2	<20>D6D11＝［100%］<20>D17	<21>U2＝［100%］<21>U11U16U21
3	<20>D11D17＝［100%］<20>D6	<19>U3＝［100%］<19>U2U11U16U19U21
4	<19>D11D18＝［100%］<19>D6D12D17D23	<21>U5＝［100%］<21>U11U16
5	<20>D11D12＝［100%］<20>D23	<19>U7＝［100%］<19>U2U11U16U21
6	<19>D11D20＝［100%］<19>D6D17	<20>U9＝［100%］<20>U11U15U16U19
7	<20>D11D23＝［100%］<20>D12	<19>U10＝［100%］<19>U2U9U11U15U16U19U21
8	<21>{}＝［100%］<21>D11	<22>U11＝［100%］<22>U16
9		<20>U15＝［100%］<20>U9U11U16U19

续表

序号	共享需求间关联规则	用户子群间关联规则
10		<22>U16=［100%］<22>U11
11		<21>U19=［100%］<21>U11U16
12		<21>U21=［100%］<21>U2U11U16

关联规则表述为"<N>P=［C］<N'>C'",其中,N为满足前提条件的对象数量,P为前提条件,C为关联规则的信度,N'为满足前提条件和结论的对象数量,C'为结论[116]。以科学数据共享需求间关联规则的第2条为例,其可以理解为有20个用户子群提出D6和D11两项需求,且这20个用户子群还提出了D17这项需求,其信度为100%。这也意味着如果某个用户子群同时提出"数据内容的权威性"和"平台的安全性高"需求,那么其一定会关注"数据获取的高效性"。

同理,以用户子群间关联规则的第4条为例,说明在所有具有显著性特征的需求点中,有21个科学数据共享需求点被U5（41～50岁）这一用户子群所关注。这部分被U5用户子群所关注的需求点还全部被U11（理学）和U16（科研工作年限为11～20年）两个用户子群所关注,信度为100%。此外,从关联规则还可以看出,U11和U16两个用户子群间存在较强的相关性。这也意味着作为数据使用者,学科背景为理学的科研人员与科研工作年限为11～20年的科研人员,在科学数据共享过程中的需求极为相似,可能是因为理学背景的科研人员大多拥有11～20年的科研工作经历。

由此可见,基于关联规则可以揭示不同用户子群间科学数据共享需求的相似性与差异性,从而进一步挖掘科研人员在数据共享过程中的潜在需求。在一定情况下,还可以帮助相关机构对用户的科学数据共享需求进行精准预测,从而提高科学数据共享的服务水平。

5.3.2 不同类型关联规则挖掘

为了更清楚地了解不同用户群体之间科学数据共享需求的相似性和差异性,将科研人员分别按性别、年龄、学历、学科背景、科研工作年限及对科学数据共享的了解程度,划分为 6 个用户群体作为对象集合,用 $U_1 \sim U_6$ 表示,其中,U_1={U1,U2},U_2={U3,U4,U5,U6},U_3={U7,U8,U9},U_4={U10,U11,U12,U13},U_5={U14,U15,U16,U17},U_6={U18,U19,U20,U21}。以 24 种需求作为属性集合,用 D 表示。利用 ConExp1.3 生成不同类型的形式背景与概念格,并在此基础上设置合适的支持度和置信度,提取相应的关联规则(4 条以内全部列示,若超过 4 条,只列示前 3 条与最后 1 条),如表 5-5 所示。

表 5-5　不同用户类型共享需求间关联规则

标准	序号	共享需求间关联规则
性别	1	<1>D1D2D3D4D6D7D10D11D12D17D18D20D21D22D23 =［100%］<1>D5D8D9D16D15D24
	2	<1>D1D2D3D5D6D7D10D11D12D17D18D20D21D22D23 =［100%］<1>D4D8D9D16D15D24
	3	<1>D1D2D3D6D7D10D11D12D16D17D18D20D21D22D23 =［100%］<1>D4D5D8D9D15D24
	4	<2>{} =［100%］<2>D1D2D3D6D7D17D10D11D12D18D20D21D22D23
年龄	1	<3>D1D3D6D9D10D11D12D15D16D17D18D20D21D22D23 =［100%］<3>D2D7
	2	<3>D2D3D6D9D10D11D12D15D16D17D18D20D21D22D23 =［100%］<3>D1D7
	3	<3>D3D6D7D9D10D11D12D15D16D17D18D20D21D22D23 =［100%］<3>D1D2
	4	<4>{} =［100%］<4>D3D6D9D10D11D12D15D16D17D18D20D21D22D23
学历	1	<2>D1D2D6D7D8D9D10D11D12D15D16D17D18D20D21D23 =［100%］<2>D4D22
	2	<2>D1D2D4D6D7D8D9D10D11D12D16D17D18D20D21D23 =［100%］<2>D15D22
	3	<2>D1D2D6D7D8D9D10D11D12D16D17D18D20D21D22D23 =［100%］<2>D4D15
	4	<3>{} =［100%］<3>D1D2D6D7D8D9D10D11D12D16D17D18D20D21D23

续表

标准	序号	共享需求间关联规则
学科背景	1	<3>D6D7D9D11D12D15D23=［100%］<3>D8D10D16D17D18D20D22
	2	<3>D7D9D11D12D15D16D23=［100%］<3>D6D8D10D17D18D20D22
	3	<3>D7D9D11D12D15D17D23=［100%］<3>D6D8D10D16D18D20D22
	4	<4>{}=［100%］<4>D7D9D11D12D15D23
年限	1	<3>D1D2D3D4D6D9D11D17D20D21D22=［100%］<3>D15
	2	<3>D1D2D3D6D9D11D16D17D20D21D22=［100%］<3>D7D8D10D12D18D23
	3	<3>D1D2D3D6D9D11D17D18D20D21D22=［100%］<3>D7D8D10D12D16D23
	4	<4>{}=［100%］<4>D1D2D3D6D9D11D17D20D21D22
了解程度	1	<3>D1D2D6D11D12D16D17D18D20D23=［100%］<3>D8D9D10D21D22
	2	<3>D1D2D6D11D12D16D17D18D21D23=［100%］<3>D8D9D10D20D22
	3	<3>D1D2D6D11D12D16D17D18D22D23=［100%］<3>D8D9D10D20D21
	4	<4>{}=［100%］<4>D1D2D6D11D12D16D17D18D23

对于 A_1 来说，由第 4 条规则可知，有 14 项需求被两个用户子群同时提出。进一步分析发现，除 D13、D14、D19 3 项需求，其他均是两个用户子群需求程度较高的类型。对于 A_2 来说，4 个用户子群共同提出了 14 项需求，且 D1、D2、D7 经常被同时需要，可见三者之间的关联性很强。同理，对其他用户群体科学数据共享需求间的关联规则分析可得，D4、D15、D22 3 项需求及 D20、D21 两项需求总是同时出现，说明它们之间也存在一定的关联关系。

对形式背景进行转置，采用同样的方法得到不同类型用户子群间关联规则（只列示可以较好地揭示关联关系的 3 条），如表 5-6 所示。从性别来看，男性提出 14 项需求，女性提出 21 项需求，两者相似度为 67%，且女性需求多于男性需求。从年龄来看，各年龄阶段用户的需求都很多，且 30 岁及以下和 31～40 岁的用户需求相似度高达 95%，41～50 岁与 50 岁及以上的用户需求相似度高达 94%，由此可见，科研人员的年龄与需求之间存在关联关系，且年龄越接近，需求的相似度越高。从最高学历来看，本科及以下、硕士研究生、博士研究生用户群分别提出 19 项、16 项、20 项需求，其中，15 项为共同需求，说明三者的相似度较高。从学科背景来看，6项需求同时被4个用户子群，即所有学科的用户提出，19项需求同时被理学和管理学用户提出，相似度为86%，且理学＞管理学＞其他＞工学，说明不同学科背景下科研人员的需求有相似性，也有差异性。从科研工作年限来看，11～20年的用户提出的需求最多，为22项。其中，17项、20项、14项分别被5年及以下、6～10年、20年以上的用户提出，其与6～10年用户的需求相似度较高，达91%，说明工作年限与需求相关性不强。从用户对科学数据共享的了解程度来看，不太了解的用户提出21项需求。其中，12项、20项、15项分别被非常了解、比较了解和基本了解的用户提出，与比较了解的用户需求相似度较高，达95%，说明了解程度与需求的相关性不强。

表5-6 不同类型用户子群间关联规则

序号	标准	关联规则	标准	关联规则
1	性别	<14>U1=［100%］<14>U2	学科背景	<6>U12=［100%］<6>U10U11U13
2	性别	<21>U2=［67%］<14>U1	学科背景	<15>U13=［100%］<15>U11
3	性别	<24>{}=［88%］<21>U2	学科背景	<22>U11=［86%］<19>U10
1	年龄	<19>U3=［95%］<18>U4	科研工作年限	<17>U14=［100%］<17>U15U16
2	年龄	<18>U6=［94%］<17>U5	科研工作年限	<14>U17=［100%］<14>U16
3	年龄	<18>U3U5=［94%］<17>U4	科研工作年限	<22>U16=［91%］<20>U15
1	学历	<15>U7U8=［100%］<15>U9	了解程度	<12>U18=［100%］<12>U19U21
2	学历	<19>U7=［95%］<18>U9	了解程度	<15>U20=［100%］<15>U19U21
3	学历	<16>U8=［94%］<15>U7U9	了解程度	<21>U21=［95%］<20>U19

5.4 结果分析与讨论

根据常规统计结果、概念格及关联规则进行综合分析发现，作为数据使用者——科研人员对于科学数据共享的需求具有以下特征。

第一，在数据内容和来源可信度方面，共享数据的可靠性和准确性是科研人员关注的焦点。数据表明，有91%的数据使用者均提出"数据内容的权威性"这一需求，且"参与数据共享的相关人员的专业性可信赖"与"数据内容的权威性、准确性"之间存在较强的关联性。由此可见，数据来源是否真实可信，在一定程度上会影响数据内容的可靠程度和准确程度。当共享的科学数据来源可信度高时，说明获取到的数据是真实可靠的，科研人员会更有信心将其用于自己的研究中。因此，要求提供者在共享科学数据时要保证数据质量，在确定数据准确的基础上，提高内容的真实性和可靠性，这样才能使更多的优质数据被发现和利用，从而实现科学数据的价值最大化。

第二，在数据管理平台方面，平台的安全性受到了使用者的广泛关注。所有用户子群均提出"平台的安全性高"需求，说明科研人员对于数据管理平台的安全性十分重视。相比较而言，"平台的知名度高"和"界面舒适友好"并不是用户关注的重点。据调查结果显示，作为数据使用者——科研人员大多是通过公共数据仓储库和机构知识库两种渠道获取研究所需数据，只有少部分人通过个人网站或直接索取获得，科学数据管理平台目前已拥有大量的科研用户群体。因此，平台应充分考虑用户需求，建立规范的数据共享制度，构建数据安全支持系统，利用技术手段加强对平台的有效监管，切实保障数据管理平台的安全性。

第三，无论是在数据获取还是科学研究方面，效率都是大多数据使用者共同关注的核心，而不是经济成本。据统计，有90%以上的科研人员具有"数据获取的高效性""提高科学研究的效率""节省时间和精力"3项需求，这三者恰恰是效率的直接体现，按了解程度划分的关联规则也体现了三者之间的关联关系。相反，科研人员对于"数据获取的低成本"和"节省获取数据的经济成本"两项需求程度较低。这可能是因为大多数科研用户有了国家或机构政策、科研经费的支持，并且随着科研人员共享意识的提高，科学数据逐渐走向开放存取，数据获取的经济成本在慢慢降低。这也从侧面说明了在科学研究的过程中，经济成本已不再是阻碍科研人员获取数据的主要因素。

第四，不同分类标准下用户群体的科学数据共享需求存在相似性和差异性，性别与学科背景是导致需求存在差异的主要因素。年龄和科研工作年限越接近的用户，科学数据共享需求的相似度越高，理学背景的用户和科研工作年限为11～20年的用户具有相似的需求。不同学科背景的用户科学数据共享需求差异性较大，相比其他学科，理学背景的科研人员更注重数据内容的时效性，可能与其学科特点有关。理学往往需要对大量的试验、观测数据等进行动态统计与分析，对数据时效性要求较高，在一定程度上体现了理学研究的严谨性。

在总结相关研究进展的基础上，本章设计了科学数据共享需求内容框架，利用 5 级 Likert 量表收集数据，使用 FCA 方法挖掘不同用户子群及需求之间的关联。结果发现，数据内容质量、数据获取效率及平台的安全性等需求是用户关注的焦点，而数据获取成本和平台知名度的被关注程度相对较低；不同用户群体的科学数据共享需求既有相似性也有差异性，性别与学科背景是导致用户需求存在差异性的主要因素，年龄、学历、科研工作年限及了解程度对用户需求虽有一定影响，但不具有明显的规律性。本章有望丰富科学数据共享需求内容的指标体系，并为科学数据提供者、数据管理平台及相关机构挖掘并满足用户需求提供参考。

第三篇

机理篇

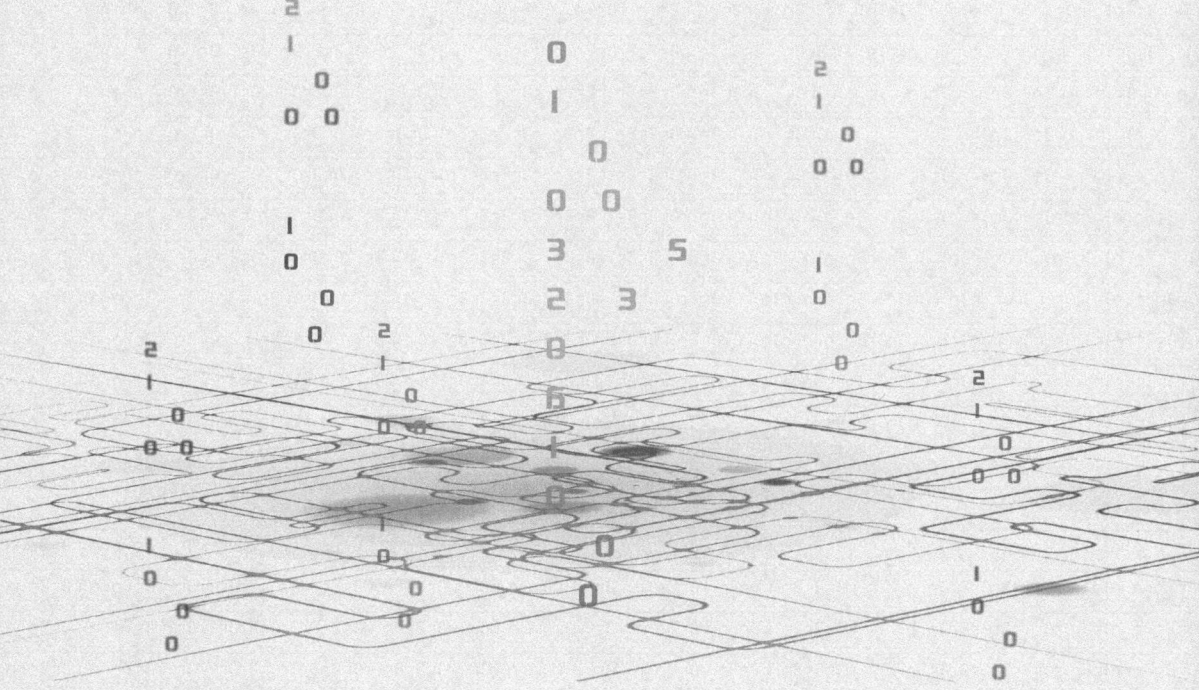

第6章 提供者科学数据共享意愿影响因素实证——基于TSC与TPB

科学数据共享是指科学数据在提供者和使用者之间,通过各种形式的交流、分享和再利用行为,其目的是提高科学数据在学术和商业中流通再利用的规模和水平,实现科学数据内在价值最大化[23]。科学数据的开放共享可以实现数据重用,促进科研人员利用现有研究和数据提出新的观点和问题,从而降低科研成本,使公共资助研究的结果为公众所用。同时,还可以推进各领域数据交叉利用,从而更好地发挥科学数据的价值。然而,科学数据在不同学科领域中的表现形式、收集目的及研究背景存在较大差异,且有科研人员认为共享数据存在潜在的风险,包括失去未来出版机会、误用或曲解数据、暴露隐私等,导致数据共享实践在许多学科领域尚未普遍开展[117]。科学数据提供者(简称提供者)是科学数据共享的基础条件[118],科研人员作为科学数据的主要产出者,其共享意愿非常重要。然而,目前,愿意使用科学数据的科研人员较多,但愿意提供数据者较少。

许多学者从不同层面对科学数据共享意愿的影响因素进行了系列探讨,发现众多影响因素,以及在不同学科领域的差异性。这些影响因素可归纳为制度、技术、机构、个人、数据5个层面,其中,个人层面的因素包括性别、年龄、性格等基本特征;主观规范、感知行为控制、感知风险等行为预测因素;信任、共同愿景等社会互动因素。已有成果为本书提供了丰富的理论基础和经验证据,但尚存一些值得探讨的问题。目前,已有不少理论与实证研究,但大部分实证研究的调查对象仅限定为科研人员,对科学数据提供者、使用者及管理者的划分较为模糊,未能面向特定群体展开深入研究,且针对特定领域的关注依然较少。

6.1 理论进展

6.1.1 社会资本理论

社会资本是指嵌入个人或社会单位所拥有的关系网络中,通过该网络获得并从中衍生出来的实际和潜在资源的总和[119]。根据社会资本理论(TSC),个体之间的社会关系构成了生产性资源。在科学数据共享的背景下,社会资本代表了由参与科学数据共享的科研人员之间的相互关系而产生的集体价值。TSC 的核心内容是社会资本的度量,Nahapiet 等[119]提出的结构维度、认知维度和关系维度被广泛应用于科学研究中,许多学者对 3 维度中的度量指标进行了补充和完善。结构维度是指个人在社会关系网络中与他人的相互联系,并因此而产生优势的能力,表现为社会互动;认知维度是指个人对于所处社会关系网络的认同程度,表现为共同愿景;关系维度是指个人在社会关系网络中与其他人之间的社会关系,表现为信任和互惠。

随着知识社区、信息分享平台的发展,TSC 被广泛应用于知识共享、信息分享等领域。例如,Chung 等[120]从知识提供者的角度,证实社交互动、互惠、自我形象展现和网络外部性影响社交网络中的知识共享。Ganguly 等[121]发现,关系社会资本、认知社会资本均与隐性知识共享呈正相关关系,而结构社会资本对隐性知识共享的影响不显著。彭昱欣等[122]发现,信任、共享意愿、利他主义、声誉显著影响医学专业用户知识共享意愿,而社会联结、认同和互惠的影响不显著。

6.1.2 计划行为理论

计划行为理论(TPB)源于 Ajzen 对理性行为理论的发展,在不少研究中被用来预测和解释人的行为改变,认为人的行为是经过深度思考做出的决定,其核心是意愿对行为的影响[59]。实际上,意愿也会受到感知行为控制、主观规范及态度的影响,该模型认为进行某项活动的难易程度属于感知行为控制,在进行某项活动时个人感受到的外部压力属于主观范式,态度主要是指对进行某项活动正面或负面的评价。

TPB 广泛应用于社会、医疗、教育等多个领域，许多学者在对科学数据共享的研究中引入了 TPB，以探讨个人层面的影响因素。张晋朝[61]在对科研人员科学数据共享意愿的研究中，运用 TPB 构建理论模型证实主观规范对共享意愿有显著影响，而感知行为控制对共享意愿的影响不显著。马玲[64]通过对科学数据共享的研究进行梳理发现，主观规范和感知行为控制影响共享态度。余玲[57]将 TPB、社会交换理论和社会认知理论相结合，发现主观规范、感知行为控制和共享态度对科学数据共享意愿有显著影响。

从理论视角来看，TSC 已被广泛应用于知识共享、信息分享等领域，在科学数据共享中的应用较少；TPB 作为解释和预测行为意愿的成熟理论，在科学数据共享中应用较多，鲜有学者将二者结合应用于科学数据共享中。事实上，科学数据作为一种基础性战略资源，与信息、知识提供的社会价值具有一定的相似性，且科学数据共享与信息分享、知识共享之间存在多种联系，均是由人的参与而形成了一定的社会关系，结合 TSC 与 TPB 研究科学数据共享意愿的驱动因素具有一定的可行性。在相关研究中，数据质量经常作为影响科学数据共享的关键因素，鲜有学者研究其对不同影响路径的调节作用。

为此，在明确科学数据共享主体的前提下，本章结合 TSC 与 TPB 探讨提供者角度的共享意愿驱动因素及相互作用，并将数据质量作为调节变量，研究其对不同影响路径的调节作用，以期为科学数据共享的研究和实践提供一定的参考。

6.2 研究假设与理论模型

6.2.1 社会资本与共享态度

作为 TSC 中关系维度的核心，信任是指个体基于承担风险的意愿，对其他个体言论和行为可信赖程度的预期[123]。Hamari 等[124]认为信任是影响用户提供、使用与分享服务意愿的主要因素，郑万松等[125]发现信任对知识共享态度有显著正向影响。在科学数据共享中，信任是科研人员共享数据的基础，不仅包括对数据本身价值的信任，对数据共享途径、平台及工具的信任，还包括对相关制度保障有效性及使用者的信任。在社会人际网络中，信任决定了人与人之间关系交互的行为选择，其在营造科学数据共享氛围中发挥着关键作用。提供者与使用者之间如果没有信任，科学数据共享就很难发生；相反，信任水平越高,提供者对共享活动及他人行为的可信赖程度越高,共享态度也会更积极。因此,提出以下假设。

H1:信任显著正向影响提供者的共享态度。

互惠作为社会资本创造和再生的基本驱动力[46],是指在付出后期望有相应回报的心态。在本章中,互惠的规则是相互受惠,主要表现为提供者共享自身的科学数据,所获得的回报与付出的价值相匹配。Scott[126]认为没有互惠作为驱动力,员工就会降低知识共享的主动性。孙晓雅等[123]研究发现,互惠对知识共享具有明显的推动作用。然而,彭昱欣等[122]证实互惠对医学专业用户知识共享意愿的影响不显著。在互惠的前提下,提供者和使用者共享数据,不仅能使双方的科研效率得到提升,还能获得长久的互惠。因此,提供者在共享自己的科学数据并能得到相应回报时会对科研工作更有信心,同时,认为共享自己的科学数据是有价值的,也会对数据共享持有更积极的态度。因此,提出以下假设。

H2:互惠显著正向影响提供者的共享态度。

共同愿景属于社会资本的认知维度,是指不同个体对某一事物具有相同的看法和理解,共同希望达到的愿景。共同愿景是合作伙伴间知识交换的必要条件[127],对医学专业用户的知识共享有积极作用[128]。同一领域的科研人员更容易产生共同的学术志向和愿望,在科研方面的联系更为密切。共同愿景不仅可以增强科研人员的凝聚力,促进科研人员之间的学术交流,还可以建立合作关系,提高数据共享的可能性。因此,提供者对科学数据共享的认知度越高,对共享数据的看法越相近,就越可能对数据共享持有积极态度。因此,提出以下假设。

H3:共同愿景显著正向影响提供者的共享态度。

社会互动是人与人之间进行信息交换的通道,提供者通过与使用者、管理者等的频繁互动,可建立其在专业领域内的影响力。研究表明,虚拟社区中用户与他人互动越强,越容易发生合作和集体行为[128]。科学数据共享更强调科研人员之间的行为交互[129]。为降低科学成本,加速科学成果产出,科研人员开展合作研究的需求日益增加[130]。根据社会资本理论,社会互动会影响人类的行为,在科学数据共享中,社会互动的密切程度对科学数据共享也具有重要影响。科研人员更容易选择与自己互动关系密切者进行合作,并提供自己的科学数据以帮助其解决科研中的问题。此时,提供者会认为数据共享是有价值的,也会对数据共享持有积极态度,并以此建立更为密切的社会互动关系。因此，提出以下假设。

H4：社会互动显著正向影响提供者的共享态度。

6.2.2　计划行为与共享意愿

感知行为控制是指科研人员认为进行科学数据共享活动的难易程度，能够反映出科研人员是否具有科学数据共享所需的资源，以及是否把握共享相关机遇。TPB 认为感知行为控制是影响行为意愿最直接的因素[65]。当科研人员接受过科学数据共享的教育或培训，掌握了相关技能并具备数据共享的知识与经验时，更有可能进行科学数据共享。相反，科研人员不具备科学数据共享的基础条件，感知到数据共享比较困难，就难以参与科学数据共享。因此，提出以下假设。

H5：感知行为控制显著正向影响提供者的共享意愿。

共享态度是指科研人员对于科学数据共享行为主观上的积极或消极程度，共享意愿是提供者愿意共享数据的程度。在传统技术接受模型中，共享态度对共享意愿具有积极影响[131]。该结论也被相关研究证实，如何琳等[71]发现，科研人员科学数据的共享态度对共享意愿有显著正向影响。毕达天等[132]发现，态度是直接影响人文社会科学数据共享意愿的因素。当科研人员对科学数据共享持积极态度时，理论上更可能参与科学数据共享；反之，共享意愿就会降低。因此，提出以下假设。

H6：共享态度显著正向影响提供者的共享意愿。

主观规范是指科研人员在选择是否进行科学数据共享活动时感知到的社会压力，其反映出专家、同事或合作者对科研人员科学数据共享决策的影响。TPB 认为主观规范是行为意愿的直接影响因素之一，有研究以高校科研人员为样本，证实了该结论[63]。当科研人员受到专家、同事及合作者行为或建议的影响时，会产生遵从动机而更可能进行数据共享。因此，提出以下假设。

H7：主观规范显著正向影响提供者的共享意愿。

6.2.3　数据质量的调节作用

数据质量是指在特定条件下使用数据时，数据特性满足明确和隐含要求的程度。科学数据质量是科研人员进行数据共享时关注的焦点[133],其难以被直接观察,通常使用真实性、完整性、权威性、可用性和有效性等指标进行测量。科研人员会出于对数据质量的担忧而不愿意共享数据[134],也有一部分是出于对数据源的权威性、数据获取方法科学性不自信而拒绝共享。也有学者认为数据质量是数据共享能力的重要指标[118],数据质量越高,提供者就越对自己的数据有信心,也更倾向于接受数据共享的教育或培训,以便更好地掌握共享数据的知识和技能,从而更愿意共享自己的数据。因此,提出以下假设。

H8:数据质量正向调节感知行为控制与提供者共享意愿的关系。

科学数据共享中存在邻避现象,科研人员的共享态度和共享意愿存在较大的反差[135],即科研人员虽然认同数据共享的益处,但共享意愿不高。这主要是科研人员出于对共享风险和自身利益的考虑,对数据共享的愿景认识不够清晰。数据质量越高,在一定程度上可以减轻提供者对共享数据的消极态度,有助于其深刻认识数据共享的重要价值,从而减轻邻避冲突,提高共享意愿。因此,提出以下假设。

H9:数据质量正向调节共享态度与提供者共享意愿的关系。

具有统计学上显著性意义的文章更容易被接受,因此,有一部分科研人员会修改原始数据,以获得发表机会。出于对数据质量及研究结果被推翻的担忧,提供者很可能拒绝数据共享;即使未修改原始数据,也害怕自己的数据有误差而引起争议。当数据质量得到保证时,提供者共享数据的风险会降低,感受到的社会压力也会减轻,就越容易接纳专家、同事或合作者的行为或意见,共享意愿也会提升。因此,提出以下假设。

H10:数据质量正向调节主观规范与提供者共享意愿的关系。

6.2.4 理论模型

基于上述假设,结合 TSC 与 TPB,将信任、互惠作为关系维度因素,将共同愿景作为认知维度因素,将社会互动作为结构维度因素,将数据质量作为调节变量,构建理论模型,如图 6-1 所示。

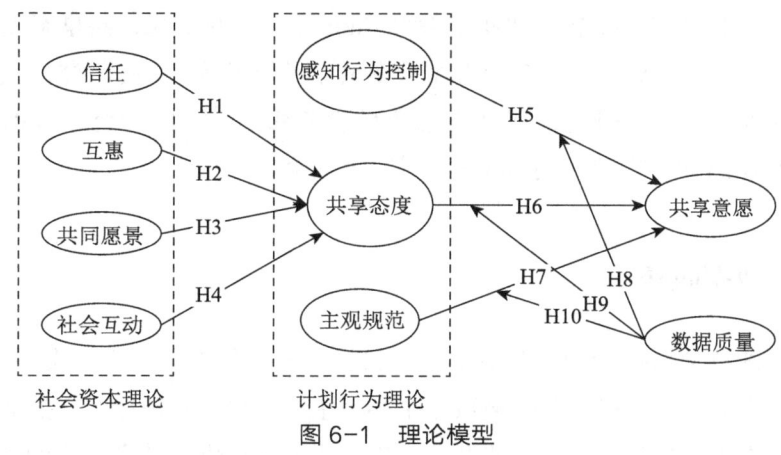

图 6-1 理论模型

6.3 问卷设计与数据收集

6.3.1 问卷设计

采用问卷调查的方法获得样本数据。根据先前研究[68]确定变量,针对一些关键问题多次向领域内专家咨询并形成初始问卷。在正式调查之前进行预调研,将问卷链接发放在某高校的教职工微信群,群内成员主要是高校教师与科研工作者。针对调查对象在问卷填写过程中提出的问题与建议,研究团队对部分调研对象进行了回访与确认,并展开了多轮小组讨论与修改,最终形成正式的调查问卷。

本问卷由 3 部分构成,第一部分是问卷说明,介绍了科学数据及科学数据共享的概念,说明了调查对象的范围及问卷填写规则,有助于调查对象了解问卷内容,增强问卷的有效率。第二部分是基本信息,包括性别、年龄、最高学历、职称、工作单位及所在城市、学科背景、研究领域、科研工作年限、所生产的数据是否受到过相关机构的资助、对数据共享的了解程度、提供数据的意愿、希望通过何种方式共享数据等,主要用于统计调查对象的基本信息,并通过相关问题筛选符合要求的样本。第三部分是量表,包含 9 个潜变量及 36 个题项。采用 5 级 Likert 量表进行测量,1 代表非常不同意,2 代表不同意,3 代表一般,4 代表同意,5 代表非常同意。信任变量参考 Chang 等[136]和吴丹等[137]的研究,互惠变量参考 Chiu 等[138]的研究,共同愿景变量参考

Tsai等[139]的研究,社会互动变量参考Chiu等[138]的研究,共享态度变量参考王春晓等[72]的研究,感知行为控量变量参考何琳等[71]的研究,主观规范变量参考余玲[57]的研究,共享意愿变量参考郭宇[140]的研究,数据质量变量参考Wixom等[141]和McKinney等[142]的研究。

6.3.2 数据收集

中国的科学数据管理、共享实践与科学研究相伴而生,不断发展。目前,已形成以政府、行业机构和领域数据中心为主体的数据管理体系。然而,数据共享尚未在中国各学科领域普遍开展,进一步关注提供者共享意愿的影响因素有助于补充中国证据。为此,本章以国内高校、科研院所、企业等单位的科研人员为调查对象,主要采用线上方式收集数据,通过问卷星生成链接,借助微信、邮箱、QQ等多种工具进行发放,最终回收问卷532份。经过筛选去除问卷填写不完整、题项重复率过高、填写时间较短、对科学数据了解程度较低,以及对科学数据共享意愿较低的答卷,最终获得479份有效答卷,有效答卷回收率为90.0%。

6.4 数据分析与模型检验

6.4.1 描述性统计分析

利用SPSS21.0对479份样本进行描述性分析,样本特征统计如表6-1所示。在479名被调查者中,女性多于男性,30岁及以下者占比68.3%,学历为研究生者占比79.7%,具有初级及以上职称者占比43%。有77.5%的被调查者来自高校或科研院所,尽管大部分从事科研工作在5年及以下,但均有一定的科研经历。被调查者来自管理学、理学、工学、经济学、医学等11个学科领域,其中,管理学居多。大部分被调查者对科学数据共享有较深入的了解,并愿意共享自己的数据,少部分被调查者表示不愿意共享数据,这也是数据共享实践未能普遍开展的原因之一。

此外,量表部分的36个题项经过统计,极小值为1,极大值为5,样本均值在3.278~4.2211,标准差在0.644~1.051,表明样本具有较好的离散程度,能够满足研究需要。

表 6-1 样本特征统计

统计变量	指标	人数（人）	比例	累计比例
性别	男	192	40.1%	40.1%
	女	287	59.9%	100%
年龄	30 岁及以下	327	68.3%	68.3%
	31～40 岁	111	23.2%	91.4%
	41～50 岁	33	6.9%	98.3%
	51～60 岁	8	1.7%	100%
学历	大专及以下	2	0.4%	0.4%
	本科	95	19.8%	20.3%
	研究生	382	79.7%	100%
职称	初级	49	10.2%	10.2%
	中级	89	18.6%	28.8%
	高级	68	14.2%	43%
	无	273	57%	100%
工作单位	高校	305	63.7%	63.7%
	科研院所	66	13.8%	77.5%
	企业	38	7.9%	85.4%
	政府部门	23	4.8%	90.2%
	其他	47	9.8%	100%
从事科研工作的年限	5 年及以下	349	72.9%	72.9%
	6～10 年	80	16.7%	89.6%
	11～20 年	39	8.1%	97.7%
	21 年及以上	11	2.3%	100%
学科背景	管理学	306	63.9%	63.9%
	工学	86	18%	81.9%
	理学	37	7.7%	89.6%
	其他	50	10.4%	100%
是否愿意提供数据	非常愿意	44	9.2%	9.2%
	愿意	233	48.6%	57.8%
	不确定	174	36.3%	94.2%
	不愿意	24	5.0%	99.2%
	非常不愿意	4	0.8%	100%
是否共享过科学数据	是	113	23.6%	23.6%
	否	366	76.4%	100%

6.4.2 信效度分析

信度能够较好地反映量表的稳定性、一致性和可靠性。学者常用 Cronbach's α（简称 α）检验，α 值在 0~1，其值越大，表明信度越高。当 α 值 > 0.7 时，一般可认为量表具有较高的信度。利用 SPSS21.0 对量表 9 个潜变量进行信度检验，α 值均大于 0.7，如表 6-2 所示。此外，量表的总体 α 值为 0.961，说明量表信度较好，可以满足进一步研究需要。

表 6-2 信效度分析结果

潜变量	观测指标	标准化因子载荷	Cronbach's α	AVE	CR
信任	TR1	0.656	0.905	0.667	0.909
	TR2	0.861			
	TR3	0.866			
	TR4	0.855			
	TR5	0.827			
互惠	RE1	0.799	0.875	0.643	0.878
	RE2	0.865			
	RE3	0.747			
	RE4	0.793			
共同愿景	SV1	0.879	0.891	0.736	0.893
	SV2	0.899			
	SV3	0.792			
社会互动	SI1	0.861	0.847	0.67	0.858
	SI2	0.738			
	SI3	0.850			
感知行为控制	PBC1	0.857	0.941	0.804	0.943
	PBC2	0.911			
	PBC3	0.875			
	PBC4	0.942			

续表

潜变量	观测指标	标准化因子载荷	Cronbach's α	AVE	CR
共享态度	AS1	0.813	0.908	0.715	0.909
	AS2	0.845			
	AS3	0.851			
	AS4	0.872			
主观规范	SN1	0.879	0.926	0.76	0.927
	SN2	0.893			
	SN3	0.903			
	SN4	0.809			
共享意愿	WS1	0.828	0.883	0.668	0.889
	WS2	0.728			
	WS3	0.873			
	WS4	0.833			
数据质量	DQ1	0.812	0.921	0.713	0.925
	DQ2	0.825			
	DQ3	0.763			
	DQ4	0.919			
	DQ5	0.894			

效度分析能够较好地反映观测指标测量潜变量的程度。效度一般包括内容效度和结构效度，后者又包括聚合效度和区分效度。在设计量表时，参考了相关研究中的成熟量表，并针对多轮专家反馈意见进行了反复修正与完善，让量表具有良好的内容效度。

聚合效度用于判断某一潜变量下的多个观测指标能否代表其特质。采用SPSS21.0对数据进行 KMO 和 Bartlett 检验，结果显示 KMO 值为 0.945，Sig 为 0.000，近似卡方值为 15230.473，说明适合做因子分析。利用 AMOS23.0 进行验证性因子分析，各题项的标准化因子载荷及潜变量的平均方差抽取量（AVE）均大于 0.5，组合信度（CR）均大于 0.7，说明量表具有较好的聚合效度。

区分效度能够反映各潜变量之间的相关性，通常用潜变量的 AVE 算数平方根和潜变量之间的相关系数的大小进行判断。结果显示，AVE 的算数平方根均大于潜变量间的相关系数，说明量表具有较好的区分效度。

6.4.3 模型拟合检验

采用 AMOS23.0 对结构模型拟合度进行检验，具体如表 6-3 所示。各指标观测值均在标准值范围内，说明模型具有较好的拟合度。

表 6-3 结构模型拟合参数

指标	χ^2/df	GFI	AGFI	NFI	IFI	CFI	RMSEA
标准值	≤5	≥0.8	≥0.8	≥0.8	≥0.8	≥0.8	≤0.08
观测值	3.098	0.845	0.813	0.902	0.932	0.931	0.066

在模型拟合良好的基础上，对 H1–H10 进行检验，具体如表 6-4 所示。根据 P 值的大小判断路径成立的显著性水平，其中 *** 代表 $P<0.001$，表示相关性非常显著；** 代表 $P<0.01$，表示相关性比较显著；* 表示 $P<0.05$，表示相关性显著；$P>0.05$，表示相关性不显著。标准化路径系数（β）代表影响强度，结果显示除 H3 和 H7 外，其余假设均成立，且均为显著正向影响。

表 6-4 假设检验结果

假设	路径	β	P 值	结论
H1	信任—共享态度	0.169	**	成立
H2	互惠—共享态度	0.338	***	成立
H3	共同愿景—共享态度	0.049	0.533	不成立
H4	社会互动—共享态度	0.222	***	成立
H5	感知行为控制—共享意愿	0.113	***	成立
H6	共享态度—共享意愿	0.856	***	成立
H7	主观规范—共享意愿	-0.025	0.616	不成立
H8	数据质量—感知行为控制与共享意愿的关系	0.137	**	成立
H9	数据质量—共享态度与共享意愿的关系	0.211	***	成立
H10	数据质量—主观规范与共享意愿的关系	0.175	**	成立

6.4.4 调节效应检验

H5、H6、H7 的自变量分别是感知行为控制、共享态度、主观规范,因变量是共享意愿。为检验数据质量的调节作用,需要通过 SPSS21.0 计算调节变量和自变量的均值,并进行中心化处理。采用 AMOS23.0 进行验证性因子分析,比较自变量和调节变量的因子载荷,选取因子载荷排在前 3 位的观测指标,遵循大配大、小配小的原则计算交互项(int)[143]。具体公式为:

$$\text{int}(DQ*PBC) = (DQ-DQ\_mean)*(PBC-PBC\_mean); \quad (1)$$
$$\text{int}(DQ*AS) = (DQ-DQ\_mean)*(AS-AS\_mean); \quad (2)$$
$$\text{int}(DQ*SN) = (DQ-DQ\_mean)*(SN-SN\_mean)。 \quad (3)$$

模型拟合结果显示,调节变量、因变量、交互项和自变量构建的模型适配度良好,如表 6-4 所示。H8、H9、H10 的 P 值显著,标准化路径系数(β)大于 0,说明 H8-H10 均成立。

6.5 实证结果分析

实验结果表明,本章提出的 10 个假设,有 8 个通过检验,2 个未通过。

H1、H2、H4 通过检验,说明提供者的信任、互惠、社会互动显著正向影响数据共享态度。诸多基于 TSC 的知识共享研究得到了相近观点[123, 144]。从社会资本的关系维度来看,互惠对提供者共享态度的影响($\beta=0.338$,$P<0.001$)较信任($\beta=0.169$,$P<0.01$)更强烈一些,是更为关键的驱动因素。信任是提供者科学数据共享的必要前提,互惠是在信任的基础上能够进一步提升共享积极性的驱动力。相关主体可以通过提升科研人员对数据共享途径、平台及相关制度保障等的信任感,使其因数据共享而获得益处,从而引导其数据共享的积极性。提供者若通过共享数据提升了自身科研效率及学术影响力,就更可能与他人建立长期的合作关系,从而更好地促进数据共享。从社会资本的结构维度来看,社会互动的影响($\beta=0.222$,$P<0.001$)介于信任和互惠之间,表明提供者可以通过与数据共享的其他参与者进行互动,以此建立密切联系引导数据共享。相关机构和部门也可以创办学术交流平台,引导更多的科研人员进行学术交流,从而提升科研人员间的互动频率。

H3 未通过检验，说明共同愿景对数据共享态度的影响不显著。该结果与已有研究存在一定差异[122]，可能的原因有两点：第一，共同愿景代表未来发展的理想、目标，通过努力一般可以实现，却不一定包含具体的行动方案或行动策略。这在一定程度上影响了科研人员对数据共享的认知，进而对数据共享的态度也不明确。已有研究证实，研究生的数据共享经历对数据共享态度具有重要影响[72]。第二，共同愿景要求提供者和使用者具有共同的学术志向和愿望，但数据共享双方的身份与立场有所不同。一方面，不利于共同愿景的形成；另一方面，即使是同一科研人员，若以不同的身份参与数据共享，其共享态度也会发生变化。

H5、H6 通过检验，说明提供者的感知行为控制和共享态度显著正向影响共享意愿。该结论支持了 TPB 的观点，感知行为控制对意愿的影响会根据具体的研究环境而发生改变。因此，相关机构可以鼓励科研人员接受数据共享的教育或培训，从而具备数据共享的知识、经历或者相关技能，最终提升其数据共享意愿。已有研究证实，高校科研人员的科学数据共享态度对共享意愿具有积极影响[63]。如果科研人员认为数据共享是有价值的，会对此持有积极的态度，也更愿意与他人共享自己的数据。因此，相关机构应积极宣传科学数据共享的重要性，在一定程度上削弱有关数据共享的消极评价，从而提高数据共享的参与度。

H7 未通过检验，说明主观规范对数据共享意愿的影响不显著。该结论虽然与 TPB 的观点存在偏差，但与 Kim 等[60]的研究结果具有相似之处。Kim 等研究结果显示，资助机构压力、期刊压力对科学数据共享意愿的影响不显著。主观规范泛指个体对于是否采取某项特定行为所感受到的社会压力，有学者发现其同时还受共享经验的影响[66]。从研究样本来看，虽然有 57.8% 的科研人员愿意共享自己的数据，但仅有 23.6% 的科研人员真正参加过数据共享。其原因可能是大部分人缺乏共享经验，主观规范存在不足，对共享意愿的影响也不显著。此外，一些期刊可能因为版面所限，不能提供较多的数据细节，也缺少可操作的数据共享政策，在一定程度上影响了主观规范的形成。因此，可以考虑采用基于全媒体的增强出版方式，更好地促进数据呈现与共享。

H8、H9、H10 通过检验，说明数据质量正向调节感知行为控制、共享态度、主观规范与共享意愿之间的关系，可以强化三者对共享意愿的影响。当数据质量提升时，H5 与 H6 更显著，而 H7 由不显著变为显著，说明共享意愿不仅受到感知行为控制、共享态度的影响,还受到数据质量的影响。该结论证实了数据质量的重要作用,支持了黄国彬等[145]的观点。科学数据在一定程度上决定了科学研究的质量,有效的数据质量控制有助于促进可信任的数据集产生与数据重用。当前,众多学者与机构已对数据质量控制的必要性达成共识,并提出同行评议方法,但并未做强制性要求。事实上,海量的数据来源于不同领域,且类型丰富,评议专家不仅要审核原始数据、衍生数据,还要审核元数据,需要付出很多时间与精力。同时,一些评议专家还面临论文评议的压力。与论文评议相比,数据评议专家不仅需要具备专业知识,还要具备数据结构、元数据标准、数据收集方法与工具方面的知识。如何高效地找到合适的评议专家很关键,但也极其困难,因此,保障数据质量主要依靠提供者。提供者应充分意识到高质量数据的便捷之处,不仅要确保数据满足 FAIR 原则,即可发现(Findable)、可访问(Accessible)、可互操作(Interoperable)、可重用(Reusable),还要保证其准确性、真实性、有效性等。作为提供者互动的主要对象,数据用户可以通过反馈数据重用过程中的问题,助力数据质量的提升,其浏览、下载、引用行为等痕迹也是反映数据质量的重要依据[146]。因此,数据用户要科学地使用数据,并及时进行客观反馈,从而为数据提供者、其他用户与平台等提供参考。

  本章以 TSC 与 TPB 为理论依据,将信任、互惠、共同愿景、社会互动、感知行为控制、共享态度、主观规范、共享意愿、数据质量整合到一个理论框架之中,构建科学数据共享意愿影响因素模型,并用中国提供者的样本进行实证检验。实证结果表明:除了共同愿景,TSC 中的信任、互惠、社会互动均可以提升共享态度,且互惠的作用最强。除了主观规范,TPB 中的感知行为控制、共享态度均可以提升共享意愿,且共享态度的作用较强。数据质量正向调节计划行为与共享意愿之间的关系。

第 7 章 提供者科学数据共享意愿影响因素实证与仿真——基于 SOR 和 SD

随着科学研究的深入发展，大量的科学数据不断产出，科研人员拥有的丰富数据资源是开展科学研究的基石，也是展现科研人员研究价值的重要产物。科学数据共享是将科学数据从个人私有物转变为科技公共财富的重要手段[147]，已成为数据密集型范式下驱动研究的重要保障。2020年12月，中国科学文献情报中心举办了"FAIR 原则和科学数据管理与应用服务"的研讨会，提出了对于科学数据存储、管理、共享的明确要求。科学数据共享可以促进科研人员利用现有研究数据提出新的观点和问题，最大限度地提高研究透明度，有助于降低科研成本，使公共资助研究的结果为公众所用，还可以实现对各领域数据交叉利用，提升研究和创新水平，更好地发挥科学数据的价值。

提供者是科学数据共享的基础条件[118]，科研人员作为科学数据的主要生产者和提供者，其共享意愿直接影响共享行为的发生和数据价值的发挥。有研究表明，愿意使用共享数据的科研人员较多，而愿意提供科学数据的人员较少[68]。因此，有必要进一步关注个体科研人员的数据共享活动，理解其在科学研究中的数据共享决策。科学数据在各领域中的表现形式、收集目的及研究背景存在较大差异，部分科研人员担心共享的数据不能被合理解释，也有人担心共享的数据质量存在问题，故科学数据共享尚未在各领域普遍实现。尽管科研人员数据共享意愿的一些影响因素已被发现，还有一些问题值得深入探讨。例如，是否可以从新的理论视角解释数据共享意愿的影响因素？这些因素间的相互作用呈现怎样的变化趋势？如何进一步促进共享意愿？为此，从提供者视角出发，结合刺激机体反应理论构建科学数据共享意愿影响因素的理论模型，并进行实证与仿真分析，进而揭示影响因素及其动态变化规律，讨论科学数据共享的对策，为后续研究提供理论参考和实证支持。

7.1 理论进展

7.1.1 共享意愿影响因素

意愿是人们进行某项活动之前的心理趋向，能够对行为进行预测，科学数据共享意愿是指科研人员将科学数据进行共享的主观意愿的强烈程度[71]。共享态度通过共享意愿间接影响共享行为[68]，因此，共享意愿在科学数据共享过程中发挥着重要作用，许多学者结合多个维度对其影响因素展开研究。

在个体维度中，王丹丹等[6]发现年龄、性别、学科背景影响科学数据共享意愿，且女性的共享意愿较男性强烈，气候、生态、生物等领域的共享意愿较社会科学和医学领域更强烈。基于心理账户理论，沈婷婷[148]发现熟人之间与陌生人之间的科学数据共享意愿存在差异。Mltgen[149]发现态度、共享经验影响社会学与政治学领域作者的数据共享意愿。此外，也有学者考虑了其他维度。张晋朝[61]从个体与制度维度研究发现，主观规范和信念对科学数据共享意愿有正向影响，对感知行为控制的影响不显著。从资源维度来看，数据来源可信度通过感知有用性和感知易用性正向影响科学数据共享意愿[68]。刘嫣[45]从个人、政策、环境、资源等多个维度对高校科研人员的共享意愿展开研究，发现影响因素包括自我价值实现、信任、主观规范、机构政策、学科领域要求、平台系统安全性及易操作性。结合个人、制度、成本维度的研究发现，利益回报、数据素养、团体氛围、期刊出版压力、资助机构压力等会推动科研人员共享数据[150-151]。

7.1.2 刺激机体反应理论

刺激机体反应理论（Stimulus Organism Response，SOR）是环境心理学家Mehrabian提出广泛应用于行为预测的理论模型[152]。该模型解释了外部环境刺激对机体认知和心理产生作用的过程，并进一步对机体行为意愿和实际行为进行预测。

近年来，SOR理论开始应用于信息行为领域的相关研究中，特别是在信息共享、知识共享等方面对个体行为进行了很好的解释。张海等[153]借鉴SOR理论,从系统刺激和环境刺激出发,构建科学数据开放意愿的理论模型;彭丽徽等[154]将动机、机会、能力作为刺激因素,将知识创新行为作为反应因素,研究虚拟社区知识创新行为。科学数据作为科学研究的重要产出,在共享的过程中同样会受到外部刺激的影响,而提供者在做出相应反应前也会经历认知和情感状态的改变。因此,SOR 理论为科学数据共享意愿研究提供了坚实的理论基础。

通过梳理文献发现,现有研究主要基于计划行为、技术接受、双路径等理论构建科学数据共享意愿和行为的理论模型,虽然理论模型在不断发展,但理论视角较为单一。大多数学者基于计划行为理论构建相对静止的模型,探究科学数据共享意愿和行为的影响因素[62,155]。这些研究虽然充分考虑科研人员自身因素,较为深入地探寻了不同身份特征下心理状态对共享意愿和行为产生的影响,但研究的影响因素比较主观,且不同个体对自身情况的估计可能会出现高估或低估的情况,忽略了个体行为过程中所产生的信任、依赖情感等情绪感受因素。SOR 理论可以体现外界刺激对机体认知和心理产生作用的过程,更好地解释了个体受外部因素影响而产生的情感变化,进而影响个体行为的动态过程。此外,系统动力学仿真有助于分析影响因素间的动态演化规律,并已被应用于预测科学数据共享安全系统的研究中。鉴于科学数据共享的复杂性和持续性,有必要从系统动力学的角度探究科学数据共享意愿的动态演化规律。然而,仅采用系统动力学仿真难以保证存量流量图和仿真数据的科学性,因此,以 SOR 理论为依据,采用结构方程技术与系统动力学仿真相结合的方法,构建科学数据共享意愿的系统动力学模型,可以揭示各影响因素之间的关系及对共享意愿演化的影响,有望丰富现有研究成果,完善国内相关研究的理论和方法,为促进科学数据共享提供参考。

7.2 研究假设与理论模型

7.2.1 刺激与机体

互惠作为社会资本创造和再生的基本驱动力[46],是指在付出后希望得到相应的回报。互惠的原则是对等,在科学数据共享中主要表现为提供者共享自身的科学数据所获得的回报与付出的价值相匹配。诸多研究证实了信任对互惠的正向影响,如李静等[156]从社会网络关系视角发现,人际信任通过互惠的中介作用影响中青年的心理健康。科研人员作为独立的个体，同样是社会关系网络中的一员，在外部刺激到机体反应的过程中，互惠作为外部刺激因素，不仅可以培养科研人员之间的信任关系，还可以增强提供者对数据共享平台和共享工具可靠性的信任。因此，提出以下假设。

H1：互惠显著正向影响提供者的信任。

社会互动是人与人之间进行信息交换和传播的通道，提供者通过与使用者、管理者等频繁互动，建立其在专业领域内的信任。个体对某一活动的认知和判别取决于个体所接受到的刺激，这个刺激可以被视为外部刺激（如社会互动等）。根据社会资本理论，社会互动会影响人类的行为。在科学数据共享中，社会互动的密切程度对数据共享具有重要影响。随着科研人员开展合作研究的需求日益增加[130]，数据共享更强调科研人员之间的行为交互[129]，以此降低科研成本，加速科研成果产出。因此，提出以下假设。

H2：社会互动显著正向影响提供者的信任。

数据质量是指在特定条件下使用数据时，数据特性满足明确和隐含要求的程度。科学数据的质量是科研人员进行数据共享关注的焦点[133]，其属性多种多样，包括真实性、完整性、权威性、可用性和有效性。刘桂锋等[157]发现，数据质量是最重要、最基础的影响因素。当数据质量较高时，可能会增强提供者对共享数据可靠性的信任；反之，可能会降低对数据共享的信赖程度。因此，提出以下假设。

H3：数据质量显著正向影响提供者的信任。

7.2.2 刺激与反应

主观规范是指科研人员在选择是否进行科学数据共享活动时感知到的社会压力，反映出专家、同事或合作者对共享决策的影响。有学者发现，计划行为理论认为主观规范是行为意愿的直接影响因素之一，其对我国科研人员的数据共享意愿有积极影响[63]。当科研人员受到专家、同行或合作者行为或建议的影响时，会产生遵从动机并更有可能进行科学数据共享。因此，提出以下假设。

H4：主观规范显著正向影响提供者的共享意愿。

感知行为控制是科研人员对科学数据共享活动难易程度的感知，反映了科研人员是否具有科学数据共享所需的资源,以及能否把握共享机遇[158]。依据计划行为理论,感知行为控制是影响行为意愿的最直接因素。当科研人员接受过科学数据共享的教育或培训,掌握了相关技能,并具备数据共享的知识与经验时,更可能进行数据共享;相反,若科研人员不具备数据共享的基础条件,感知到数据共享比较困难,参与数据共享的可能性则会降低。因此,提出以下假设:

H5:感知行为控制显著正向影响提供者的共享意愿。

7.2.3 机体与反应

在社会交换理论中,信任是人们进行社会交换的基础条件,影响人们参与某项活动的意愿和行为。在对知识获取和分享的研究中,Andrews 等发现信任比知识获取及分享的方式、操作程序更为重要,如果参与者对该活动的信任程度较低,那么知识共享行为就不会发生[159]。在调查服务业员工的知识共享态度和意愿的基础上,郑万松等发现信任对知识共享态度有显著正向影响[125]。科学数据共享是一种社会交换行为,当提供者对使用者及共享平台产生信任时,对数据共享的态度也会更积极。因此,提出以下假设:

H6:信任显著正向影响提供者的共享态度。

7.2.4 共享态度与共享意愿

共享态度是科研人员在主观上对科学数据共享行为持有积极或消极的心理倾向,共享意愿是提供者愿意共享数据的程度。在传统技术接受模型中,共享态度对共享意愿具有积极的影响[131]。该结论也在后续研究中得以证实,如何琳等[71]发现科研人员科学数据的共享态度对共享意愿有显著正向影响。当科研人员对科学数据共享持积极态度时,理论上更有可能参与科学数据共享;反之,其共享数据的可能性就会降低。因此,提出以下假设:

H7:共享态度显著正向影响提供者的共享意愿。

SOR 理论可以体现科研人员面对外部刺激时个体认知和心理状态的变化。基于 SOR 理论与前文的研究假设,构建理论模型,如图 7-1 所示。

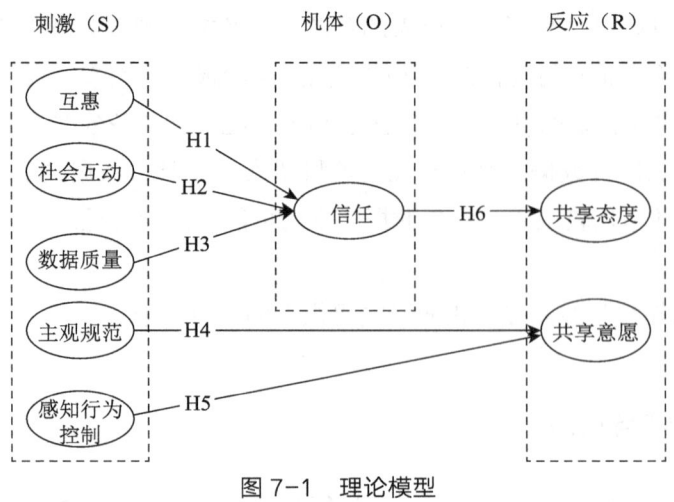

图 7-1 理论模型

7.3 实证检验

7.3.1 数据获取

主要采用问卷调查方法获得样本数据。问卷第一部分是调查对象的基本信息，第二部分是量表，采用 5 级 Likert 量表进行测量，包含 8 个潜变量及 33 个题项。参考 Chiu 等[138]的研究，互惠变量设置科研效率（RE1）、学术影响力（RE2）、经济效益（RE3）、长期合作关系（RE4）4 个题项；社会互动变量设置花费时间交流（SI1）、建立密切联系（SI2）、主动进行互动（SI3）3 个题项。参考 Wixom 等[141]和 Mckinney 等[142]的研究，数据质量变量设置真实性（DQ1）、完整性（DQ2）、权威性（DQ3）、可用性（DQ4）、有效性（DQ5）5 个题项。参考余玲[57]的研究，主观规范变量设置专家行为或建议（SN1）、同事行为或建议（SN2）、合作者行为或建议（SN3）、学术界宣传和倡导（SN4）4 个题项。参考何琳等[71]的研究，感知行为控量变量设置教育或培训（PBC1）、数据共享的知识（PBC2）、数据共享的经历（PBC3）、数据共享的相关技能（PBC4）4 个题项。参考 Chang 等[136]和吴丹等[137]的研究，信任变量设置数据价值（TR1）、共享途径或平台可靠性（TR2）、工具安全性（TR3）、制度保障有效性（TR4）、合理利用数据（TR5）5 个题项。参考王春晓等[72]的研究,共享态度变量设置必要性（SA1）、明智性（SA2）、成就感（SA3）、科研信心（SA4）4个题项。参考郭宇[140]的研究,共享意愿变量设置共享方式（SW1）、无偿共享数据（SW2）、数据重用（SW3）、宣传数据共享的价值（SW4）4个题项。

经过预调研和多轮讨论形成最终问卷。选取高校及科研院所的科研人员为调查对象,通过多种方式收集数据,问卷收集时间为2022年1月,最终回收问卷532份,经过筛选去除问卷填写不完整、题项重复率过高、填写时间较短、对科学数据了解程度较低的答卷,得到有效答卷435份,有效答卷回收率为81.8%。

7.3.2 描述性统计分析

参与本次调查的435名科研人员中女性偏多,占比59.9%,年龄集中在40岁及以下。学历基本在本科及以上,且大部分有科研经历。43%的科研人员具有相关职称,73.1%的人员从事科研工作的年限在5年及以下。这可能是由于一些科研人员从事科研工作时间较短,还未晋升职称。从工作单位类型来看,有77.7%的科研人员在高校或科研院所,在企业、政府部门或其他类型的工作单位较少,说明高校及科研院所是大部分从事科研工作人员的首选,基本与实际情况吻合。从学科背景来看,管理学领域占比63.9%,工学占比18.6%,理学占比7.4%,经济学占比3.0%,其他学科领域占比7.1%。从对科学数据共享的了解程度来看,被调查者均对其有所了解,而了解程度有所差别。

此外,量表各题项极小值为1,极大值为5,样本均值在3.25~4.2,标准差在0.627~1.038,表明调查对象在问卷填写过程中存在主观差异,符合现实情况。统计结果表明,样本具有较好的离散程度,可以满足研究需要。

7.3.3 信度与效度检验

信度即可靠性,是指采用同样方法对同一对象重复测量时,所得结果的稳定性、一致性和可靠性,即测量工具能否稳定地测量所测的事物或变量。学者常用Cronbach's α 对量表进行信度检验,α 系数范围在0~1。一般情况下,当 $0.7 \leqslant \alpha < 0.8$ 时,量表信度较高;当 $0.8 \leqslant \alpha < 0.9$ 时,量表信度很高;当 $\alpha \geqslant 0.9$

时，量表信度非常高。SPSS 分析结果如表 7-1 所示，8 个潜变量 Cronbach's α 均大于 0.8，说明量表各维度内部具有较高的稳定性、一致性和可靠性。

效度分为内容效度和结构效度，采用国内外相关研究中的成熟量表，并进行多轮专家咨询，以保证量表的内容效度。结构效度是量表中测量题项和被研究的理论概念一致性的程度，通常分为聚合效度和区分效度，一般使用因子分析的方法进行检验。在探索性因子分析时，采用主成分方法提取公因子方差，抽取 8 个因子，并通过最大方差法对因子成分矩阵进行旋转。结果显示，公因子方差提取值均大于 0.5，表明提取的公因子对潜变量的代表性和解释率较好。在此基础上分析旋转后的因子成分矩阵，依据因子聚类情况及测量题项的内容，剔除 RE1、TR1、SW1 3 个因子，剩余因子的聚类关系基本明确。

通过 AMOS 对量表进行验证性因子分析，结果如表 7-1 所示。聚合效度用于判断某一潜变量下的多个观测指标能否代表该潜变量的特质。标准化因子载荷、平均方差抽取值（AVE）及组合信度（CR）是衡量聚合效度的基本指标。其中，标准化因子载荷和 AVE 要大于 0.5，CR 确保在 0.7 以上。25 项指标全部符合标准，因此，量表均具有较好的聚合效度。

表 7-1 信度与效度检验结果

潜变量	观测指标	标准化因子载荷	Cronbach's α	AVE	CR
互惠	RE2	0.820	0.849	0.653	0.849
	RE3	0.791			
	RE4	0.812			
社会互动	SI1	0.861	0.839	0.655	0.850
	SI2	0.718			
	SI3	0.842			
数据质量	DQ1	0.813	0.917	0.702	0.921
	DQ2	0.808			
	DQ3	0.750			
	DQ4	0.919			
	DQ5	0.889			
主观规范	SN1	0.868	0.919	0.742	0.920
	SN2	0.887			
	SN3	0.895			
	SN4	0.792			

续表

潜变量	观测指标	标准化因子载荷	Cronbach's α	AVE	CR
感知行为控制	PBC1	0.859	0.941	0.804	0.943
	PBC2	0.912			
	PBC3	0.874			
	PBC4	0.940			
信任	TR2	0.857	0.910	0.718	0.910
	TR3	0.865			
	TR4	0.841			
	TR5	0.825			
共享态度	SA1	0.801	0.901	0.698	0.902
	SA2	0.831			
	SA3	0.842			
	SA4	0.866			
共享意愿	SW2	0.716	0.841	0.660	0.853
	SW3	0.881			
	SW4	0.832			

区分效度是为了验证不同潜变量之间的相关性，判断是否存在显著性差异，一般用变量之间的相关系数和 AVE 算数平方根的大小关系来判断。对比结果显示，AVE 的算数平方根均大于变量之间的相关系数，因此，量表具有较好的区分效度。

7.3.4 结构方程模型检验

通常用 χ^2/df、GFI、AGFI、NFI、IFI、CFI、RMSEA 等指标对模型拟合度进行检验，模型拟合参数如表 7-2 所示。比较观测值与标准值，发现理论模型可以被接受。

表 7-2 模型拟合参数

指标	χ^2/df	GFI	AGFI	NFI	IFI	CFI	RMSEA
标准值	< 3	> 0.8	> 0.8	> 0.8	> 0.8	> 0.8	< 0.08
观测值	2.660	0.855	0.826	0.908	0.940	0.940	0.062

对提出的 7 个假设进行验证分析，根据 P 值的大小得出假设路径的相关性程度。如表 7-3 所示，* 表示 $P<0.05$，表示相关性显著；** 表示 $P<0.01$，表示相关性比较显著；*** 表示 $P<0.001$，表示相关性非常显著。标准化路径系数（β）表示该假设是正向影响或负向影响，其数值越大，表示影响越显著。结果显示，除 H4（$P=0.712>0.05$）外的假设均成立，且均为显著正向影响。

表 7-3　假设检验结果

假设	路径	β	P 值	结论
H1	互惠—信任	0.435	***	成立
H2	社会互动—信任	0.185	***	成立
H3	数据质量—信任	0.222	***	成立
H4	主观规范—共享意愿	-0.022	0.712	不成立
H5	感知行为控制—共享意愿	0.190	***	成立
H6	信任—共享态度	1.031	***	成立
H7	共享态度—共享意愿	0.688	***	成立

7.4　系统动力学仿真

7.4.1　存量流量图构建

系统动力学强调从整体动态发展的视角研究系统各部分要素的内在逻辑关系，并根据要素间因果关系反馈信息，发现系统内部要素相互作用产生的影响，如阮冰颖等[160]通过系统动力学模型，探究科学数据共享系统中不同因素间的动态规律。本书初步确定科学数据共享意愿的 8 个影响因素。实证结果表明，主观规范对共享意愿的影响不显著，故最终确定除主观规范之外的 7 个影响因素。参考结构方程模型中的测量变量，确定了系统动力学模型中的 7 个状态变量、7 个速率变量、26 个常量。基于上文构建的理论模型和实证结果，构建存量流量图，为建立各要素间关系方程式奠定基础，如图 7-2 所示。

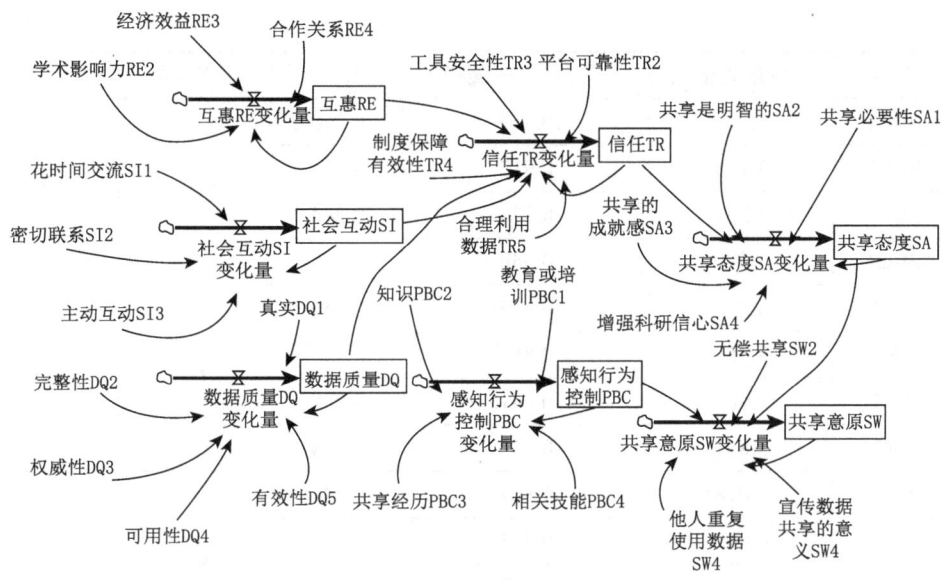

图 7-2 存量流量

在科学数据共享意愿的系统动力学模型中，各变量的相关影响系数和权重系数均参考结构方程模型实证过程中的因子载荷和路径系数。其中，常量取值为问卷中各题项的均值，状态变量依据标准化因子载荷计算权重，通过权重和常量值计算得出状态变量的初始值，具体如表 7-4 所示。

表 7-4 系统动力学模型初始参数值

常量	题项均值	标准化因子载荷	权重	状态变量	初始值
RE2	4.076	0.820	0.338		
RE3	3.908	0.791	0.326	RE	3.997
RE4	4.016	0.812	0.335		
SI1	3.871	0.861	0.356		
SI2	3.522	0.718	0.297	SI	3.770
SI3	3.867	0.842	0.348		
DQ1	4.177	0.813	0.195		
DQ2	4.014	0.808	0.193		
DQ3	3.839	0.750	0.179	DQ	4.043
DQ4	4.087	0.919	0.220		
DQ5	4.074	0.889	0.213		

续表

常量	题项均值	标准化因子载荷	权重	状态变量	初始值
PBC1	3.248	0.859	0.240	PBC	3.327
PBC2	3.423	0.912	0.254		
PBC3	3.301	0.874	0.244		
PBC4	3.329	0.940	0.262		
TR2	3.986	0.857	0.253	TR	3.947
TR3	3.968	0.865	0.255		
TR4	3.982	0.841	0.248		
TR5	3.851	0.825	0.244		
SA1	4.078	0.801	0.240	SA	3.995
SA2	4.007	0.831	0.249		
SA3	3.908	0.842	0.252		
SA4	3.993	0.866	0.259		
SW2	3.526	0.716	0.295	SW	3.757
SW3	3.828	0.881	0.363		
SW4	3.871	0.832	0.343		

学者通常在系统动力学模型仿真过程中引入逻辑斯谛模型[161]，通过对系统动力学模型进行调试，更直观地展现仿真结果。据此，设定10为科学数据共享实现的最高标准，52周为仿真时长，0.5为仿真步长。

7.4.2 自然状态下的科学数据共享意愿仿真

在进行仿真实验前，需对模型的逻辑一致性及系统稳定性进行测试，以确保模型的可靠性和稳定性。在模型通过检验后，采用Vensim对数学方程式进行计算，输出仿真结果。在仿真周期内，科学数据共享意愿随着时间变化，呈现不断上升的趋势（图7-3）。到第30周之前，增长趋势较快；30周之后逐渐放缓。在共享的前期阶段，互惠、社会互动、信任等增加，会对提供者的共享意愿产生较大的影响，上升趋势较快。经过前30周的积累，提供者掌握了丰富的数据共享知识，对科学数据使用者、共享平台、相关制度的信任达到峰值，并且对数据共享所获得的经济效益和影响力也有了充分的了解和认识。此时，提供者已具备较为成熟的数据共享能力，后期的数据共享意愿增加趋势也会相应减缓。

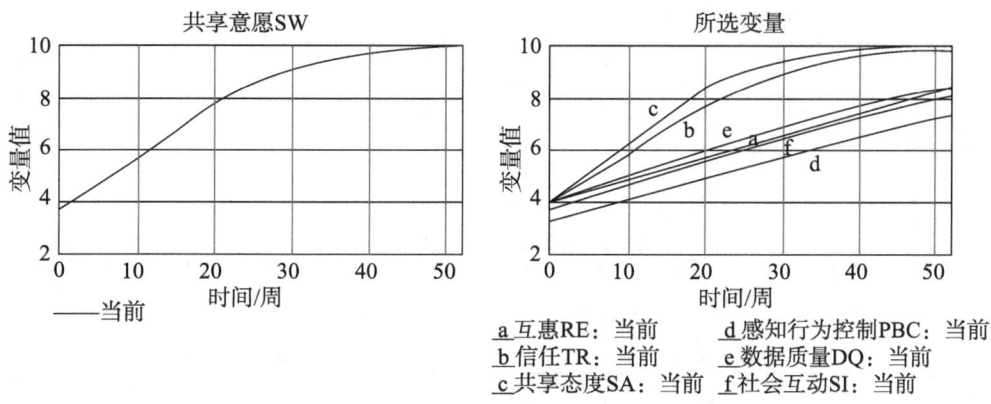

图 7-3 共享意愿及各影响因素变化趋势

由图 7-3 可知，信任和共享态度的变化趋势呈现出前期增长较快、后期增长减缓的趋势。由于信任的变化率受到互惠、社会互动、数据质量等因素的综合影响，信任的增长趋势不能形成稳定的线性关系。随着时间的增加，影响信任的各项因素达到顶峰，后期的增长趋势会相应减缓。同样，共享态度的变化率受到信任的直接影响，互惠、社会互动、数据质量也会通过信任间接影响共享态度，其增长趋势几乎呈线性增长，且短期内较为稳定。

7.4.3 不同情境下的科学数据共享意愿仿真

灵敏度分析是通过调整变量的初始值大小、变量速率等，分析不同情境下科学数据共享意愿的动态变化趋势。

（1）改变信任速率

根据 SOR 理论，机体接收到外界刺激产生变化，提供者的信任受到互惠、社会互动与数据质量的影响，不同提供者应对外界刺激的能力及产生的变化存在差异。方案一将信任受到互惠、社会互动、数据质量的影响提升 50%，初始值降低 30%；方案二将信任受到互惠、社会互动、数据质量的影响降低 50%，初始值提升 30%，观察信任、共享态度、共享意愿的变化趋势。测试对外界反应敏感但初始信任较低的提供者,以及对外界反应迟钝但初始信任较高的提供者,并对比其在应对外界刺激方面存在的差异及信任的时间变化趋势,从而进一步分析共享态度和共享意愿的差异,详情如图 7-4 所示。

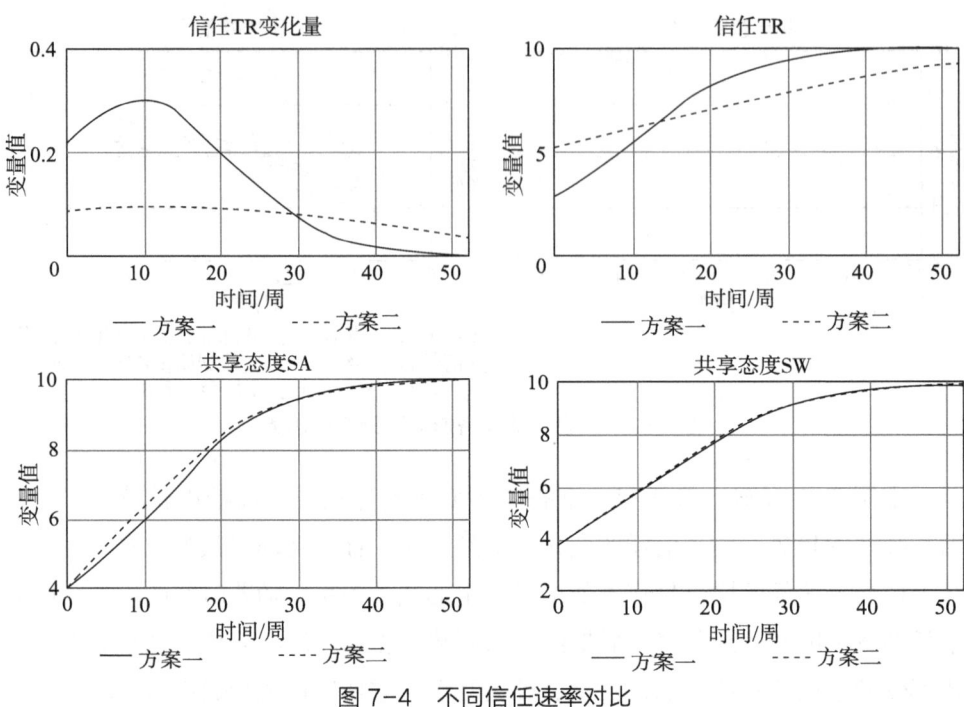

图 7-4 不同信任速率对比

在方案一中,应对外界刺激能力较强的提供者的信任增长速度在前 10 周非常快,后期速度逐渐减缓,且在前 29 周仍高于应对外界刺激能力较低的提供者。在方案二中,虽然设置的信任初始值较高,但由于应对外界刺激的能力较弱,受到互惠、社会互动、数据质量的影响程度较小,到第 14 周之后信任程度持续低于应对外界刺激能力较强的提供者。对于数据共享平台、途径、工具的信任程度较高的提供者,其共享态度和共享意愿会随着时间而增加,且一直高于信任程度较低的提供者。共享态度和共享意愿不仅受互惠、社会互动、数据质量的影响,还受信任及感知行为控制的影响,最终呈现的变化趋势与信任不太一致。

(2)改变感知行为控制初始值

感知行为控制对科学数据共享的影响未形成统一观点,本研究发现其对共享意愿具有显著的正向影响。考虑提供者在教育、知识和相关技能方面的差距,以及科学数据共享经历的差异性,设计了两个对比方案。方案一将感知行为控制的初始值设定为5,方案二将其设定为1,分别测试在科学数据共享教育或培训、知识、经历及相关技能方面相对较多与较少的提供者(图7-5)。

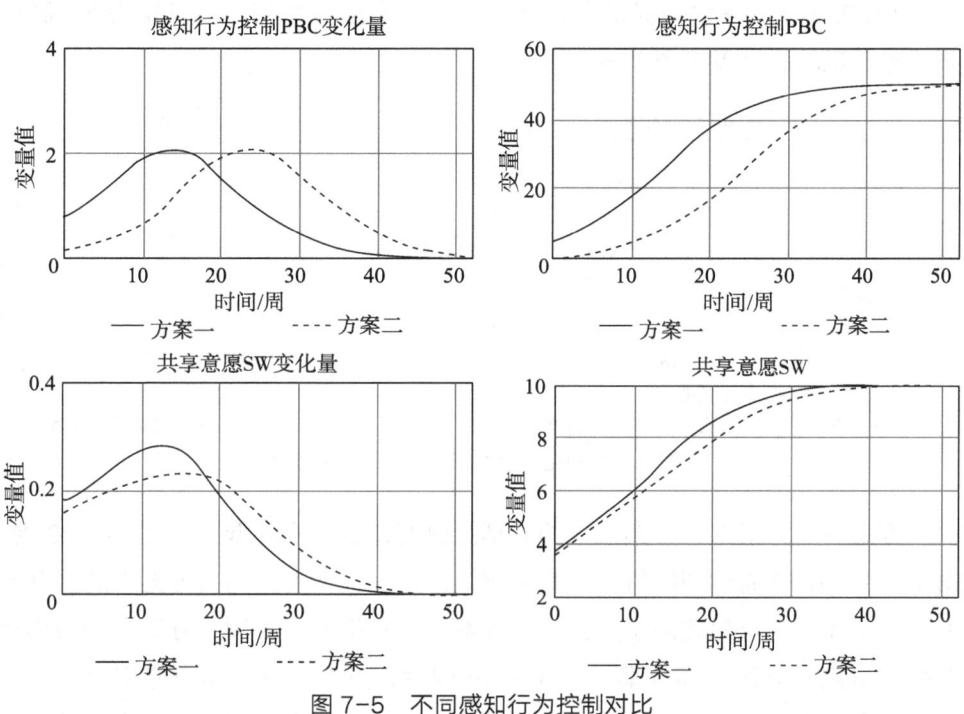

图7-5 不同感知行为控制对比

方案一中的提供者与方案二中的提供者仅在感知行为控制初始值方面存在差异,且方案一中提供者的感知行为控制初始值较高。最终仿真对比结果显示,方案一在第13周的增长速度达到高峰,而方案二在第23周到达了同样的顶峰,说明早期接受过较多共享数据教育或培训、具备丰富的共享数据知识和经历的提供者能够更快地适应数据共享活动,且共享意愿较高。由共享意愿变化量的趋势可以看出,在第19周之前,方案一中提供者的共享意愿增加量一直高于方案二;在第19周之后,呈现出与前期相反的趋势,说明到仿真周期的第19周,提供者在科学数据共享教育或培训方面已经积累了丰富的知识和经验,其共享意愿也发展到较为成熟的阶段;反之,其数据共享意愿还具备较大的提升空间。因此,在第19周之后,方案二的共享意愿变化量一直高于方案一。

(3)改变共享意愿初始值

问卷中针对"在一定条件下,您愿意向他人提供自己的科学数据吗?"这一问题设置了 5 个选项，意愿程度由强到弱。为了清晰地呈现提供者在影响因素的作用下共享意愿的时间变化趋势，设定 3 个方案。方案一将共享意愿的初始值设定为 1，测试共享意愿弱的提供者；方案二将共享意愿的初始值设定为 3，测试共享意愿一般的提供者；方案三将共享意愿的初始值设定为 5，测试共享意愿强的提供者（图 7-6）。

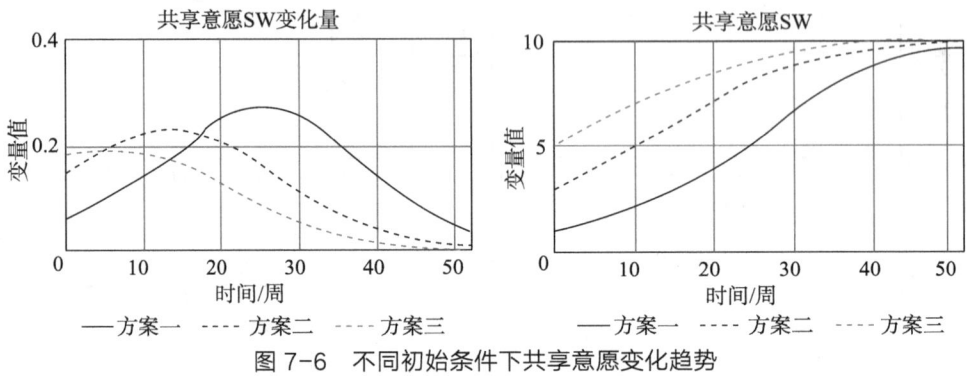

图 7-6　不同初始条件下共享意愿变化趋势

方案一、方案二、方案三中的共享意愿变化量依次降低，分别在第 22 周、第 15 周、第 10 周达到峰值。仿真对比结果显示，在前 6 周，方案三的共享意愿变化量和共享意愿均高于方案一和方案二；在第 6~16 周，方案二的共享意愿变化量高于方案一和方案三；在第 16 周后，方案一的共享意愿变化量高于方案二和方案三。方案三的共享意愿始终高于方案一和方案二。方案一的提供者受到信任、感知行为控制的影响，其在后期的共享意愿变化量较大，具有较大的数据共享潜力。

7.5　结果分析与讨论

对实证与仿真结果进行分析和讨论，并尝试提出有针对性的对策。

其一，"信任—共享态度—共享意愿"路径是驱动科学数据共享的基本逻辑。互惠、社会互动、数据质量对信任有显著正向影响，效应排序为"互惠＞数据质量＞社会互动"。

针对知识共享的相关研究发现，人们对奖励机制的感知会正向影响其信任[162]。这种奖励包括经济效益、科研影响力、数据发表机会等，科学数据共享与知识共享具有诸多相似之处。研究发现，互惠较数据质量、社会互动对信任的影响更强，互惠是科研人员科学数据共享的基础条件，信任是在互惠的基础上进一步提升共享积极性的驱动力。Kim[162]通过设置开放性问题证实了科研人员会选择可信度高的同事、合作者共享自己的数据，相关主体应重视互惠、社会互动、数据质量对信任的积极作用。此外，如果科研人员认为数据共享是有价值的，则其对此持有积极的态度，也更愿意共享自己的数据。因此，相关机构或部门应积极宣传数据共享的重要性，在一定程度上削弱科研人员对数据共享的消极评价，进而提高其数据共享的参与度。同时，还应明确各阶段的主体责任，建立统一的数据标准，确保数据的可用性和易用性，对开放共享科学数据质量高、声誉好的科研人员进行物质或荣誉奖励；反之，对其给予适当惩罚[163]。

其二，主观规范对提供者的共享意愿影响不显著。

该结论虽然与计划行为理论的观点存在偏差，但支持了 Kim 等[60]关于社会科学家数据共享行为的研究结果。在调查时还发现，虽然大部分提供者愿意共享自己的科学数据，但实际参与共享的人员相对较少。这可能是提供者周围的专家、同事、合作者缺乏科学数据共享经验，其行为或意见对提供者的影响较小，因而导致主观规范对共享意愿的解释程度偏低，甚至未达到显著水平。

其三，提供者应对外界刺激的能力越强，其对数据共享途径、平台、工具、相关制度保障及对使用者的信任水平越高，进而对科学数据共享的意愿越强烈。

问卷调查显示，科研人员对科学数据共享途径或平台可靠性的信任均值最高，对数据使用者合理利用共享数据的信任均值相对较低，表明与其他硬件设施、制度保障相比，科研人员更担心使用者不能合理利用自己共享的数据。在各个领域中，存在一些机会主义、不诚实、自私的人员，科研领域更需要实事求是的学术氛围，故信任对共享态度的影响（$\beta=1.031$）较其他路径的影响程度更强烈。此外，通过测试对外界影响敏感但初始信任较低的提供者和对外界影响迟钝但初始信任较高的提供者发现，初始信任的高低对最终的共享意愿影响较小，对互惠、社会互动、数据质量等因素保持高敏感度，有助于提高数据共享意愿。

其四，感知行为控制显著正向影响提供者的共享意愿，且初期接受过较多共享数据教育或培训，具备丰富的共享数据知识和经历的提供者，其共享意愿始终高于初期未受过此类教育或培训者。

感知行为控制对意愿的影响会根据具体的研究环境而发生改变[65]。如果科研人员接受过数据共享的教育或培训，具备数据共享的知识、经历或相关技能，会更愿意与他人共享自己的数据。科研人员可以通过积极参加相关培训与讲座，开展数据共享实践等方式，识别出自身在共享数据方面的薄弱环节，有针对性地改善数据共享行为，提高数据共享能力。相关机构和部门应加强科学数据人才培养，并把专业型人才渗透到科学数据集产生、共享、重用等各个环节，加快知识扩散的过程，以满足飞速发展的科学数据管理和服务需求[164]。

其五，初期共享意愿弱的提供者，随着时间变化，受到刺激、机体维度的因素影响，其共享意愿显著提高，具有较大的数据共享潜力。初期共享意愿强的提供者，前期的共享意愿变化量较大，始终保持较强的共享意愿。

不同意愿程度的提供者在影响因素的作用下，随时间而产生的意愿变化趋势符合事物发展的客观规律。初期共享意愿弱的提供者，随着时间变化，其共享意愿的变化量近似于正态分布，其共享意愿呈生长曲线形，具有较大的数据共享潜力。根据"信任—共享态度—共享意愿"的影响路径，提高共享意愿的关键是增强对科学数据共享的信任，对于共享意愿弱的提供者来说，其初始信任相对较低。互惠对信任的影响程度（$\beta=0.435$）表明，互惠是信任更为关键的影响因素，因此，可以通过互惠间接提高科学数据共享意愿。此外，科研资助机构和科学期刊可以制定相应的激励机制，明确提供者的贡献，并从经济效益和学术声誉等方面给予奖励，使科研人员受益于共享的数据，从而营造良好的数据共享氛围。本章基于 SOR 理论，构建科学数据共享意愿的理论模型，从提供者视角实证科研人员共享意愿的影响因素，并引入系统动力学模型，设计了 3 个不同情境下的测试方案进行仿真，探究科学数据共享意愿的动态变化规律，有望为后续研究提供一定的理论参考和实证支持。

第 8 章 使用者科学数据共享行为影响因素实证——基于 ELM 和 TAM

数据密集型科研范式下，数据对科研的基础支撑性作用日益显著，科学数据同科学出版物一样重要[165]，数据即服务（DaaS）理念下的科学数据生态系统正在优化发展[166]。国际学术界提出的 FAIR 原则也为克服数据发现和重用障碍提供了指导[167]。随着科学研究的协作性越来越强，研究者也越来越认识到数据共享的重要性。有学者指出，如果数字科技是现代科学变革的"引擎"，那么数据就是"燃料"，有很多科研领域的"燃料"存在短缺[168]，而科学数据共享是解决可用数据缺乏问题的重要途径之一。有研究表明，在心理学顶级杂志发表论文的通讯作者中，仅有 27% 的人愿意共享数据[169]。由此可见，数据共享仍未作为一种共同的研究实践在不同学科中广泛开展[170]，尽管相关指导方针明确提出，在参与者隐私被保护的前提下，应基于验证目的分享科学数据。

事实上，科学数据共享实践是一项系统工程，数据共享主体是多元与动态的，其共享行为的影响因素也是众多且复杂的，科研人员拥有数据生产者、使用者、所有者、处置者等多重角色，不同角色参与共享的动机是个体理性而非集体理性的。科学数据共享的核心问题，归根到底是数据所有权与使用权的分离[171]，信息不对称和有限理性给参与主体的数据共享决策带来了困难。伴随着科学数据的开放与共享、组织与分类、存储与发布、监管与服务、出版与引用等相关领域的实践进展，科学数据共享已引起国内外信息资源管理领域学者的广泛关注，并形成了一系列研究成果。

大量的前期研究表明，影响数据共享意愿或行为的因素可以归纳为制度、个人和资源 3 个方面。制度因素主要有公共资助机构的压力、杂志出版商的压力、与行业赞助商的合同、组织的政策等；个人因素主要有性别、年龄、性格、职业水平、感知利益、感知努力、感知风险等，且不少研究表明，在感知风险中，如失去出版和商业化的机会、数据滥用、潜在的批评是不愿意共享的主要因素；资源因素主要有元数据标准、数据存储库等。此外，科学数据共享意愿还因学科不同而有所差异，相比人文社科领域，自然科学领域的科研人员对科学数据共享的接受程度更高。这可能是因为自然科学的科研活动本身具有物理性的直观内容，体现为一种科学活动的客观描述；而人文社会科学的科研活动体现为一种学术活动的价值判断，往往不容易把握和重现。

8.1 理论进展

8.1.1 双路径模型

双路径模型也称精细加工可能性模型（Elaboration Likelihood Model，ELM），最早由 Petty 等[67]于 1986 年提出。个体在接触某信息时，如果需要对其进行精密的认知思考和理性研究，从而形成对目标行为的认知判断，属于中枢路径的范畴；如果仅通过对信息外在表象特征的简单分析和推理从而判断目标行为，而不涉及深度的认知思考，则属于边缘路径的范畴。精细加工可能性是人们对接收到的消息进行深度理解和理性思考的可能性，可能性越大，中枢路径发挥的作用越大；反之，边缘路径发挥的作用越大。

很多学者认为，人们对信息的态度主要取决于信息质量和信息源的可信度，并以信息质量为中枢路径、信息源为边缘路径进行了系列探索。在学术信息行为领域，查先进研究团队[172]基于 ELM 的实证研究表明，信息质量和信源可信度显著影响用户的认知反应和情感反应，进而对用户学术搜寻行为产生影响；同时，该团队[173]又探讨了数字图书馆环境下信息有用性和信息获取影响因素，发现信息质量对信息有用性的影响不显著，而信息源可信度对其有显著的正向影响。在健康信息行为领域，为了探讨如何设计媒体信息以劝说人们采取健康信息行为，Wilson[174]以 ELM 为理论框架，介绍了最有可能说服不同类型受众改变其态度和行为的信息来源与策略。在知识传播领域，魏武等[175]结合 ELM 和使用满足理论探讨线上用户知识付费意向，发现用户需求显著正向影响继续付费意向，且受到内容质量的显著影响，受来源可信度的影响则不显著。在网站采纳领域，Liang 等[176]提出旅游网站说服过程的 ELM 模型，发现网站设计者参与的调节作用，高参与者倾向于中枢路径，而低参与者更倾向于边缘路径进行判断，且基于中枢路径产生的态度更能预测意向和行为。由此可见，ELM 已被广泛应用于多个领域，为从中枢路径和边缘路径两个视角解释信息对人们态度及行为的影响提供了总体的理论框架。

8.1.2 技术接受模型

技术接受模型（Technology Acceptance Model，TAM）由 Davis[69]于1989年提出，认为人们接受信息系统的行为是由态度和感知有用性决定的，而态度受到两大重要因素（感知有用性和感知易用性）的影响，并在有关新事物接受的预测中得到了广泛应用。

已有学者把 TAM 引入有关科学数据共享的研究中，如王春晓等[72]结合 TAM 构建了科学数据共享接受模型，并对在校博士生和硕士生的 311 份样本数据进行了实证检验；何琳等[71]基于 TAM 和计划行为理论建立科学数据共享意愿模型，其研究结果表明，态度、主观规范是直接影响因素，而感知行为控制、感知风险、感知有用性为间接影响因素；Sussman 等[177]在拓展 TAM 的基础上，提出信息采纳模型，认为信息质量和信息源可信度是影响用户对信息感知有用性的两个重要因素。在 ELM 中，信息质量和信息源可信度分别属于中枢路径和边缘路径，也有学者将 ELM 和 TAM 进行融合，如 Bhattacherjee 等[178]发现，信息质量和信息源可信度影响用户对文档管理系统的态度。

已有文献为本研究提供了重要的理论基础与经验证据，还有一些问题值得思考与关注。从总体来看，ELM 在信息行为、知识传播与网站采纳领域中应用较多，在科学数据共享领域中应用极少；TAM 虽然已被不少学者应用于科学数据共享意愿的研究中，却鲜有学者同时关注两者在科学数据共享行为中的作用。事实上，在科学数据共享过程中，时常伴随着信息、知识的传递与分享及参与主体态度和行为的转变，数据共享与信息行为、知识传播等具有很多相似之处，因而将 ELM 与 TAM 进行融合，对研究科学数据共享也颇具借鉴意义。此外，大部分研究仅对数据共享过程中的整体影响因素进行探讨，未针对数据提供者或数据使用者进行细化分析。为此，本研究基于 ELM 与 TAM 对数据使用者视角下的科学数据共享行为的影响因素进行实证分析，以期提升科学数据共享的研究深度，为后续学者进行更深入研究提供理论参考。同时，为相关部门的科研管理工作和科学数据共享实践提供重要依据与建议。

8.2 研究假设与理论模型

8.2.1 科学数据质量与感知有用性、感知易用性

数据质量是指在特定条件下使用数据时，数据特性满足明确和隐含要求的程度[179]。科学数据是通过基础研究、应用研究、试验开发等产生的数据，以及通过观测监测、考察调查、检验检测等方式取得并用于科学研究活动的原始数据及衍生数据[1]，是大数据时代最基本、最活跃的科技资源。科学数据质量是指数据在使用过程中满足特定目的需求的程度[180]，其属性多种多样，包括真实性、完整性、有效性、权威性、价值性等，是影响科学数据开放共享效果的关键因素。感知有用性是指使用者通过科学数据共享获取所需数据时，主观上认为其所带来的工作绩效的提升程度。信息质量是影响感知有用性的重要因素，并显著正向影响用户信息搜索的态度[172]，科学数据共享过程中还伴随着大量的信息行为，可以从这个角度理解科学数据质量与感知有用性的关系。当科研人员认为通过科学数据共享获得的数据质量较高时，可以减少自己收集、处理数据的时间、精力及经济成本，有助于提升自身的科学研究效率。因此，提出以下假设。

H1：科学数据质量显著正向影响科研人员的感知有用性。

感知易用性是指个体对运用某信息技术或信息系统而付出努力程度的主观判断[69]，在科学数据共享中，其可以理解为科研人员对进行科学数据共享难易程度的认知判断。从数据的真实性、完整性、有效性和权威性来看，高质量的科学数据在内容保存和数据类型上更加准确与完整，方便计算机处理[107]，在形式上也更规范，甚至还带有详尽的使用说明。高质量的科学数据更加清晰可读，易于理解，便于科研人员描述、表示与利用。因此，提出以下假设。

H2：科学数据质量显著正向影响科研人员的感知易用性。

8.2.2 数据来源可信度与感知有用性、感知易用性

数据来源可信度是指数据接收者感知到的数据源的可信程度。数据来源可信度可以理解为使用者感知到的科学数据来源的可信程度，包括共享数据的可

靠性、参与数据共享人员的专业性、共享平台的权威性及共享流程的可信赖性。有研究表明，在数字图书馆环境下，信息源可信度对用户感知信息有用性产生显著正向影响[173]。在科学数据共享中，当数据来源可信度越高，科研人员就认为通过共享方式获取的数据越真实越有用，也更放心将其应用于自己的研究中，在一定程度上提高了科研效率。因此，提出以下假设。

H3：数据来源可信度显著正向影响科研人员的感知有用性。

在关于消费者意愿影响因素的研究中，李雪[181]发现生鲜产品在O2O平台的来源可信度与消费者的感知易用性呈正相关关系。在科学数据共享中，来源可信度越高，意味着提供者、数据质量及数据共享平台的可信赖性越强，口碑也越好，对用户的吸引力也就越强。科研人员一般倾向于选择来源可信度高的数据，认为这样不需要花费太多的时间与精力来判断数据的可靠性，可以降低获取数据的预期成本与风险。此外，大量的用户如果相互交流，有助于掌握数据共享平台的操作技巧，从而更加便捷地获取与使用数据，在一定程度上增加了感知易用性。因此，提出以下假设。

H4：数据来源可信度显著正向影响科研人员的感知易用性。

8.2.3 感知易用性与感知有用性

感知易用性对感知有用性的正相关关系已被很多学者证实，如在用户对移动游戏接受意愿的研究中，Ha 等[182]发现感知易用性正向影响感知有用性。在 TAM 中，感知易用性可以通过感知有用性间接影响使用意愿，并具有中介作用。在科学数据共享过程中，数据共享流程简单、平台易操作，在一定程度上可以节省获取数据的时间、精力及经济成本。通过数据共享获取所需数据既方便有效，又能提高科研人员的研究效率，进而加快科学发现和创新进程，促进与其他学者的交流和合作。因此，提出以下假设。

H5：科研人员的感知易用性显著正向影响感知有用性。

8.2.4 感知有用性、感知易用性与共享意愿

共享意愿是指科研人员将科学数据进行共享的主观意愿的强烈程度[71]，主要体现了科研人员对通过共享方式获取的科学数据的采纳和使用意愿。诸多研

究基于 TAM 证实感知有用性和感知易用性与用户共享意愿之间具有正相关关系，如王春晓等[72]发现科研人员对科学数据共享的意愿受到感知有用性的显著正向影响。当科研人员感知到通过共享获取的科学数据有助于自己的科学研究，并在一定程度上能够提高科研效率时，往往会对科学数据共享产生积极的看法，也更愿意通过数据共享获得所需数据并加以使用。因此，提出以下假设。

H6：科研人员的感知有用性显著正向影响科研人员科学数据共享意愿。

相关研究表明，共享意愿在一定程度上受到信息获取及平台操作难易程度的影响[181]。科研人员的感知易用性反映了共享系统或平台及数据本身的可操作性及难易程度。当科研人员认为科学数据共享流程简单、平台易操作，通过共享获取数据的成本较低时，也更愿意通过数据共享获取所需数据并加以利用。此外，科研人员对数据共享易用性的感知越强烈，就越愿意向周围同事、同学等宣传数据共享的好处，此举有利于形成良性循环，从而促进更多科研人员提升科学数据共享意愿。因此，提出以下假设。

H7：科研人员的感知易用性显著正向影响科研人员科学数据共享意愿。

8.2.5　共享意愿与共享行为

TAM 认为意愿是行为的直接决定因素，个体用户的意愿越强，实施行为的可能性就越大。有学者考察了科学数据共享意愿与共享行为之间的关系，如毕达天等[132]研究表明，人文社科科学数据共享意愿对共享行为有显著正向影响。科研人员获取共享数据的想法和意图越强烈，就越可能采取多种方式积极寻找和使用他人的数据，如通过定期浏览科学数据共享平台发现并购买数据，在一定程度上会激励其主动共享数据，从而促进共享行为的发生。由此可以认为，科研人员通过数据共享获得所需数据的意愿越强烈，产生科学数据共享行为的可能性就越大。因此，提出以下假设。

H8：科研人员科学数据共享意愿显著正向影响科研人员科学数据共享行为。

8.2.6　理论模型构建

基于前文的理论分析与研究假设，本章以科学数据质量为中枢路径，以数据来源可信度为边缘路径，构建了科学数据共享行为的影响因素理论模型，如图 8-1 所示。

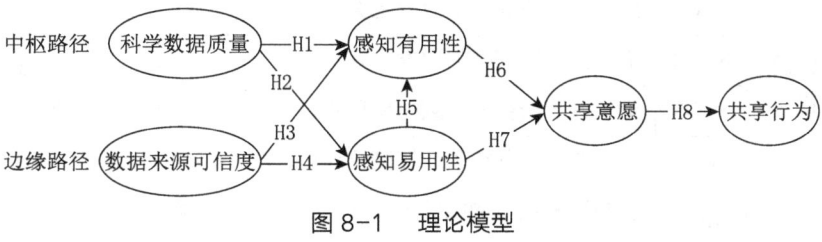

图 8-1　理论模型

8.3　问卷设计与数据收集

8.3.1　问卷设计

主要采用问卷调查方法获得样本数据。在问卷内容特别是量表的设计过程中，研究团队参考了国内外学者关于科学数据共享研究的经典文献，并针对一些关键问题多次向领域内专家咨询。在正式调查前进行了预调研，将问卷链接发送在某高校的社科类教职工微信群，群内成员主要是高校教师与科研工作管理者，共回收问卷 42 份。针对调查对象在问卷填写过程中提出的问题与建议，研究团队对部分调研对象进行了回访与确认，并进行了多轮小组讨论与修改，最后形成正式的调查问卷。

正式问卷由 3 部分组成。第一部分是问卷说明，包括基本概念的界定、调查对象的范围及填写要求，让调查对象在对问卷主题有了清晰了解的前提下进行作答，从而增强数据的可靠性。第二部分是基本信息，包括调查对象的性别、年龄、学历、职称、所在城市、工作单位、学科背景、研究领域、从事科研工作的年限及对科学数据的了解程度。第三部分是使用者科学数据共享影响因素的量表，是问卷的核心内容，包含 6 个潜变量及 25 个题项，具体如表 8-1 所示。采用 5 级 Likert 量表进行测量，邀请调查对象根据自身实际情况对每个题项进行打分，其中，1 代表非常不同意，2 代表不同意，3 代表一般，4 代表同意，5 代表非常同意。

表 8-1 量表及支撑文献

变量	编号	测量题项	参考来源
科学数据质量	SCQ1	通过共享所获得的数据是真实的	Wixom 等[141] McKinney 等[142]
	SCQ2	通过共享所获得的数据是完整的	
	SCQ3	通过共享所获得的数据是有效的	
	SCQ4	通过共享所获得的数据是权威的	
数据来源可信度	DSC1	参与数据共享的相关人员的专业性是可信赖的	Bhattacherjee 等[178]
	DSC2	数据共享平台的权威性是可信赖的	
	DSC3	数据共享的流程是可信赖的	
	DSC4	通过共享获得的数据是可靠的	
感知易用性	PEU1	数据共享流程是简易的	Davis[69]
	PEU2	数据共享的平台操作便捷	
	PEU3	通过数据共享可以方便有效地获取所需数据	
	PEU4	通过数据共享获取的数据使用方便	
感知有用性	PU1	提高科学研究的效率	Davis[69]
	PU2	节省时间和精力	
	PU3	节省获取数据的经济成本	
	PU4	加快科学发现和创新	
	PU5	促进与其他学者的交流和合作	
共享意愿	SI1	您愿意通过数据共享获取所需的科学数据	Bock 等[183] Taylor 等[184]
	SI2	您愿意多次使用其他科研人员的数据	
	SI3	您希望无偿获取科学数据	
	SI4	您愿意向周围同事、同学等宣传数据共享	
共享行为	SB1	您经常参与科学数据共享活动	Bock 等[183] Taylor 等[184]
	SB2	您会定期浏览科学数据共享平台，以发现所需的科学数据	
	SB3	您会积极获取和使用他人的科学数据	
	SB4	您会通过多种方式主动共享自己的科学数据	

8.3.2 数据收集

正式问卷采用线上形式发放,将问卷星链接发送给部分高校、科研院所、图书馆的研究团队或某学科领域的专业会议微信(QQ)群,有一些直接发给调查对象个人。依据问卷中设置的过滤题目,初步选取从使用者视角填写的 355 份问卷,剔除以提供者或其他身份填写的答卷,并对 355 份问卷进行更细致的筛选,将选项重复率 90% 以上、答卷时间过短、对科学数据共享了解程度低的问卷去除,最终得到有效问卷 325 份,有效问卷回收率为 91.5%。

8.4 数据分析和模型检验

8.4.1 描述性统计分析

样本统计结果显示,参与问卷调查的 325 名科研人员来自河北、北京、河南、山西等 27 个省(直辖市)的高校及科研院所,样本覆盖地域范围广泛,保证了调查对象的普遍性。为了更进一步了解调查对象特征,还对 325 名科研人员的性别、年龄、最高学历、职称、工作单位、学科背景、科研工作年限等信息进行统计,结果如表 8-2 所示。

表 8-2 样本特征统计结果

统计变量	指标	人数(人)	比例	累计比例
性别	男	143	44.0%	44.0%
	女	182	56.0%	100.0%
年龄	30 岁及以下	155	47.7%	47.7%
	31~40 岁	110	33.8%	81.5%
	41~50 岁	56	17.2%	98.8%
	51~60 岁	3	0.9%	99.7%
	61 岁及以上	1	0.3%	100.0%
最高学历	大专及以下	1	0.3%	0.3%
	本科	18	5.5%	5.8%
	硕士研究生	145	44.6%	50.5%
	博士研究生	161	49.5%	100.0%

续表

统计变量	指标	人数（人）	比例	累计比例
职称	高级	105	32.3%	32.3%
	中级	57	17.5%	49.8%
	初级	4	1.2%	51.1%
	无	159	48.9%	100.0%
工作单位	高校及科研院所	307	94.5%	94.5%
	企业	7	2.1%	96.6%
	其他	11	3.3%	100.0%
学科背景	管理学	224	68.9%	68.9%
	工学	48	14.8%	83.7%
	理学	21	6.5%	90.2%
	其他	32	9.8%	100.0%
科研工作年限	5年及以下	161	49.5%	49.5%
	6~10年	83	25.5%	75.1%
	11~20年	63	19.4%	94.5%
	21年及以上	18	5.5%	100.0%

由表8-2可知，在325名调查对象中，女性略多于男性，81.5%年龄在40岁及以下，94.1%以上具有研究生学历，49.8%具有中级及以上职称，94.5%来自高校及科研院所。这些人的学科背景较为丰富，涉及10大学科门类，其中，管理学占比较高，达68.9%。从事科研工作时间在5年及以下的人数较多，占比49.5%；其次是6~10年，占比25.5%。从总体来看，样本主要为各高校及科研院所的在读博士生和硕士生，年龄在30岁及以下，年富力强的研究生也是科学研究的重要力量；其次是年龄为31~40岁的科研人员，其大多具有中级及以上职称，具有正高级职称的青年人才也大有人在。这些高学历的科研人员更容易理解科学数据共享的重要性与量表内容，在一定程度上增加了数据的可靠性与代表性。

此外，为了便于描述样本及所代表的总体特征，并进行后续更复杂的分析，还对量表的25个题项进行了统计。结果显示：各题项的极小值为1，极大值为5，样本均值在3.52~4.49，标准差在1.011~1.755，说明样本具有良好的离散程度，能够满足研究需要。

8.4.2 信度分析

信度即可靠性，是指采用同样方法对同一对象重复测量时，所得结果的稳定性、一致性和可靠性，即测量工具能否稳定地测量所测的事物或变量。学者常用Cronbach's α 对量表进行信度检验，α 系数范围在 0～1，α 系数越大，量表的信度越高。一般情况下，当 $0.7 \leqslant \alpha < 0.8$ 时，量表信度较高；当 $0.8 \leqslant \alpha < 0.9$ 时，量表信度很高；当 $\alpha \geqslant 0.9$ 时，量表信度非常高。通过 SPSS21.0 对量表进行信度分析，结果显示 6 个潜变量的 α 系数值均在 0.7 以上，且总量表的 α 系数值大于 0.9，说明量表信度较高，满足研究要求。

8.4.3 效度分析

效度分为内容效度和结构效度。采用国内外相关研究中的成熟量表，并进行了多轮专家咨询，能在一定程度上保证量表的内容效度。结构效度是量表中测量题项和被研究的理论概念一致性的程度，通常分为聚合效度和区分效度。结构效度的检验一般使用因子分析方法。在因子分析之前需要对数据进行 KMO 和巴特利特（Bartlett）球形度检验，判断样本数据是否适合做因子分析。检验结果显示，KMO 值为 0.954，Sig 值为 0.000，两项数值均符合要求，说明该样本适合进行因子分析。通过 AMOS23.0 对量表进行验证性因子分析，分析量表的聚合效度和区分效度，验证性因子分析具体参数估计如表 8-3 所示。

表 8-3 信效度分析结果

指标		标准化因子载荷	t 值	AVE	CR
SCQ	SCQ4	0.876	26.858	0.8158	0.9465
	SCQ3	0.928	32.575		
	SCQ2	0.895	31.513		
	SCQ1	0.913	34.000		

续表

指标		标准化因子载荷	t值	AVE	CR
DSC	DSC4	0.909	33.271	0.7981	0.9405
	DSC3	0.883	31.089		
	DSC2	0.874	31.392		
	DSC1	0.907	32.452		
PU	PU5	0.811	28.034	0.7399	0.9342
	PU4	0.852	32.074		
	PU3	0.852	31.284		
	PU2	0.876	33.717		
	PU1	0.907	32.845		
PEU	PEU4	0.926	30.807	0.8318	0.9519
	PEU3	0.906	29.781		
	PEU2	0.900	27.897		
	PEU1	0.916	27.222		
SI	SI1	0.870	29.596	0.662	0.886
	SI2	0.810	25.522		
	SI3	0.689	22.786		
	SI4	0.872	28.198		
SB	SB1	0.838	9.218	0.7286	0.9148
	SB2	0.874	14.254		
	SB3	0.822	18.385		
	SB4	0.879	13.545		

聚合效度用于判断某一潜变量下的多个观测指标能否代表该潜变量的特质。标准化因子载荷、平均方差抽取值（AVE）及组合信度（CR）是衡量聚合效度的基本指标，其中，标准化因子载荷和 AVE 要大于 0.5，CR 确保在 0.7 以上。由表 8-3 可知，25 项指标全部符合标准，故量表均具有较好的聚合效度。

区分效度是为了验证不同潜变量之间的相关性，判断是否存在显著性差异，一般用变量之间的相关系数和 AVE 算数平方根的大小来判断。比对结果显示，AVE 的算数平方根均大于变量之间的相关系数，因此，量表具有较好的区分效度。

8.4.4 模型检验

模型拟合度通常用 χ^2/df、GFI、AGFI、NFI、IFI、CFI、RMSEA 等指标进行检验，得出主要适配指标后与标准值进行比较，显示研究模型是可以接受的，具体拟合参数如表 8-4 所示。

表 8-4 模型拟合参数

指标	χ^2/df	GFI	AGFI	NFI	IFI	CFI	RMSEA
标准值	≤5	≥0.8	≥0.8	≥0.8	≥0.8	≥0.8	≤0.08
观测值	3.092	0.833	0.795	0.912	0.938	0.938	0.08

在模型适配度良好的基础上，对提出的 8 个假设进行验证分析，根据 P 值的大小得出假设路径的相关性程度。* 表示 $P<0.05$，** 表示 $P<0.01$，*** 表示 $P<0.001$，如表 8-5 所示。通常认为 $P<0.05$ 时，相关性是显著的；当 $P<0.01$ 时，相关性比较显著；当 $P<0.001$ 时，相关性非常显著。标准化路径系数（β）表示该假设是正向影响或负向影响，其数值越大，表示影响越显著。

表 8-5 假设检验结果

假设	路径	β	P 值	结论
H1	科学数据质量—感知有用性	-0.167	0.179	不成立
H2	科学数据质量—感知易用性	0.140	0.357	不成立
H3	数据来源可信度—感知有用性	0.613	***	成立
H4	数据来源可信度—感知易用性	0.725	***	成立
H5	感知易用性—感知有用性	0.484	***	成立
H6	感知有用性—共享意愿	0.432	***	成立
H7	感知易用性—共享意愿	0.416	***	成立
H8	共享意愿—共享行为	0.701	***	成立

8.5 实证结果分析

实证结果表明，提出的 8 个假设中有 6 个通过检验，2 个未通过验证。

H1、H2 未通过检验，说明在中枢路径上，科学数据质量对科研人员的感知有用性及感知易用性影响不显著，该结论与查先进等[173]学者的观点相似。这可能是因为科学数据质量涉及科研人员在数据共享过程中对科学数据真实性、完整性、有效性及权威性等内在属性的感知，而大部分科研人员缺少数据共享意愿，真正参与共享实践的更少，缺乏对科学数据质量的正确认知。以信息质量为中枢路径的大多研究发现，信息质量对感知有用性和感知易用性有积极的影响[185-186]。科学数据质量的属性多种多样，前期一般会由提供者或相关官方数据平台进行控制或认证。当然，使用者也有自己的判断，如会依据获取的数据是否能够满足自己的需要，以此提升研究效率，促进学术成果的传播与同行交流等方式甄别数据质量。这些效果短期内一般都难以体现，需要经过时间的检验。此外，科学数据不同于一般的信息，只有具有较高数据素养与专业知识水平的用户才有可能对其质量进行有效判断。尽管本章的调研对象多为高学历的科研人员，其对科学数据质量的甄别能力还有待进一步提高。

H3、H4 通过检验，说明在边缘路径上，数据来源可信度是影响科研人员的感知有用性及感知易用性的关键因素，诸多以信息源可信度为边缘路径的研究得出了相近的结论[187-188]。科学数据共享平台的权威性、相关人员的专业性、共享流程的规范性，以及获取数据的真实性、可靠性，在很大程度上为使用者更好地获取、解读、使用数据提供了便利，也增加了其对科学数据的感知有用性与易用性。当使用者具有进行科学数据共享的动机，但自身能力不足以对数据质量进行精细加工和认真思考时，会更加注重数据来源的可信度，以边缘路径判断科学数据的有用性与易用性，进而影响共享意愿，最终引起共享行为的改变。

H5、H6、H7 通过检验，说明科研人员的感知易用性正向显著影响感知有用性，两者进一步共同影响共享意愿，有不少研究基于 TAM 得到了相近似的观点[189-190]。当科研人员感知到参与数据共享难度降低时，就会觉得数据共享能为其带来较大的效用，而感知易用性与感知有用性的增加则会增强用户参与数据共享的意愿。此外，感知易用性不仅对共享意愿有直接影响，还通过感知有用性的中介作用对其产生影响，且感知有用性对用户共享意愿的影响

（$\beta=0.432$）较感知易用性对共享意愿的影响（$\beta=0.416$）更强烈一些，这也是共享意愿更为关键的促进因素。因此，可以从提高感知易用性与感知有用性的角度，如设计操作便捷的共享平台与流程，在科学数据生命周期的每个阶段采取措施以提升数据本身的价值与效用，进而提升科研人员的共享意愿。

H8通过检验，说明科研人员的共享意愿正向显著影响共享行为。基于计划行为理论的研究支持了该结论，如包秦雯等[88]发现地球科学领域科研人员的开放科研数据态度与行为呈正相关关系。本次调查结果显示，具有共享意愿的科研人员很多，但实际参与数据共享者相对较少，如果有机会或条件允许，其实施共享行为的可能性很大。同时，这也说明共享数据意愿之间的关联，并不能直接转化为实际共享行为之间的关联，现实中不仅存在有共享意愿但没有共享的现象，不愿意共享但最终共享的情况也时有发生。数据共享受多种因素的影响，不仅根植于个体科研人员的意愿，还源于个体之间的相互作用；除了已被证实的个人、制度和资源因素，还包括身份、需求、利益、情景在内的其他众多影响因素也亟待被关注。相关主体需要在厘清其作用机理的基础上，综合统筹、详加考虑并采取积极措施，从而促进共享意愿向共享行为转变。

本章以ELM和TAM为理论基础，将科学数据质量、数据来源可信度、感知有用性、感知易用性、共享意愿、共享行为整合在一个理论框架中，构建了使用者视角下的科学数据共享行为影响因素模型，并对其进行了实证检验。结果表明，在中枢路径上，科学数据质量对感知有用性、感知易用性的影响不显著；在边缘路径上，数据来源可信度显著正向影响感知有用性和感知易用性。此外，感知易用性正向显著影响感知有用性，而感知有用性、感知易用性又显著正向影响共享意愿，共享意愿进一步显著正向影响共享行为。本章不仅可以为科学数据相关领域的研究者提供理论参考与实证支持，还可以为我国的科学数据管理与共享实践提供一定的指导。科学数据管理与共享的相关主体应重视边缘路径，保证数据来源的可信度，同时，还应鼓励利益相关者不断提升自身的数据素养与专业知识水平，提升对数据质量的判断能力，最终促进科学数据共享行为的发生。

研究还发现科研人员对科学数据共享的了解程度还不够，参与科学数据共享的比例较小。典型的科学数据共享实践大多集中于自然与工程科学领域，其中虽不乏社会科学数据共享实践，但与其科研活动的规模相比，依然有很大的提升空间，且分散于个体科研人员手中的数据黑洞依然客观存在。产生该现象的可能原因主要有两点：一是相关部门和机构尚未出台针对提供者的完善的鼓励性或强制性政策；二是数据安全技术、隐私保护措施及数据使用规范在科学数据共享平台上未能很好地发挥作用，导致科研人员害怕提供的数据出现问题、隐私泄露等对个人带来不利影响。为推动我国科学数据共享工作的顺利开展，一方面，应提高科研人员数据素养，培育以开放科学，如研究数据共享、公众参与为特征的学术评价导向[191]；另一方面，相关部门和机构可以出台关于科学数据共享的政策、法规，进一步完善科学数据共享流程中的各个环节，消除利益相关者的顾虑，并对科学数据共享活动进行宣传引导，鼓励科研人员参与共享。

第四篇

模式篇

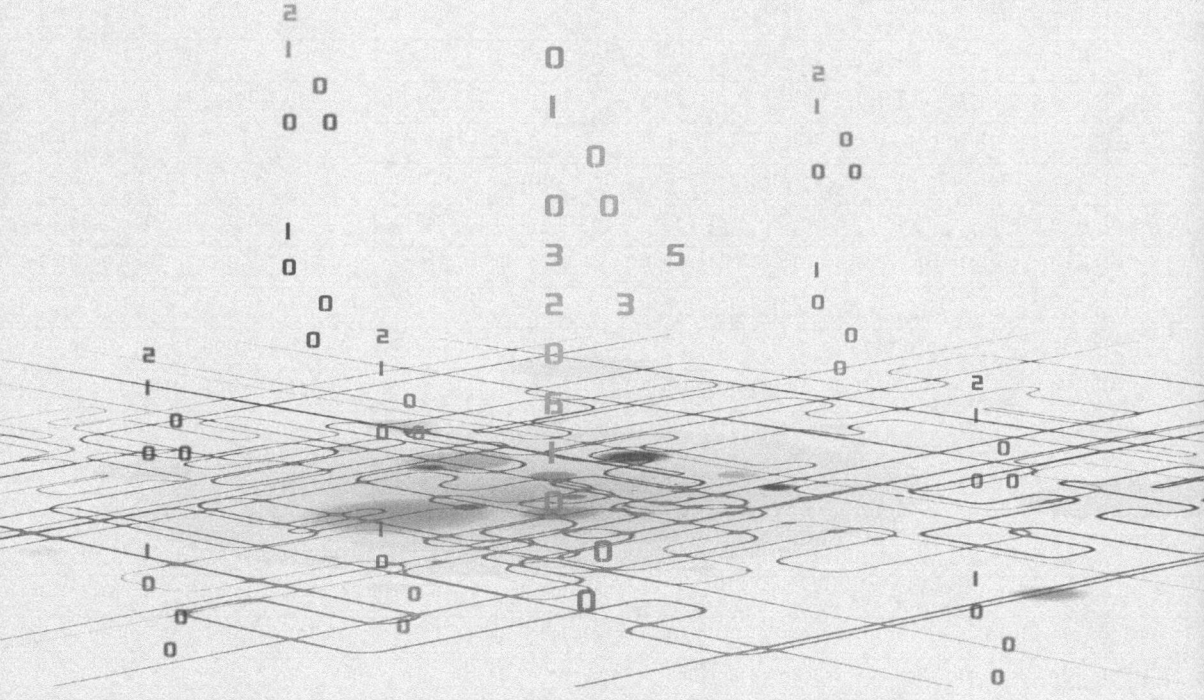

第9章 基于区块链的科学数据共享模式

科学数据是科技创新的核心驱动要素,是科研活动的输入和产出,只有开放共享、广泛传播才能使其价值最大化[192]。大数据时代,数据驱动研究成为一种趋势,科学研究越来越依赖大量、系统、高可信度的数据,进而发展出第四种科研范式——数据密集型范式。由于大数据集很难独立生成,将科学研究过程中产生的科学数据进行开放共享,符合所有供资机构、科学机构和研究界各方的利益[193]。决策者、出版机构和资助机构也强烈认为,共享数据对科研人员非常重要和有用,有利于科学的发展[194]。个体科研人员在科学数据开放共享中发挥着关键作用,其既是科研数据产出的重要力量,又是使用者和受益者[195],异质科研群体间多源异构数据聚合将有效释放科学数据的潜在价值,打破数据壁垒,连接数据孤岛,实现协同效应[196]。《科学数据管理办法》明确提出,支持科研人员整理发表产权清晰、准确完整、共享价值高的科学数据[1]。美国国家科学基金会要求研究人员在合理时间向公众分享研究中产生的科学数据[197]。

与组织机构间的科学数据共享不同,个人科学数据共享更强调个体间的行为交互,共享的科学数据类型多种多样,质量高低不一,共享次数更为频繁,动态伸缩性更强,更依赖于高可信度的共享环境。然而,目前还存在数据易用性差、数据安全性低、用户隐私被泄露等问题,数据共享的风险远远高于预期收益,信任体系无法建立,导致数据贡献者共享意愿降低、共享效率低下等后果。

区块链技术的发展给个人科学数据共享提供了新的选择。2019年10月24日,习近平总书记在主持中央政治局第十八次集体学习时指出,"要发挥区块链技术在促进数据共享、优化业务流程、提升协同效率、构建可信体系等方面的作用,探索利用区块链技术的数据共享模式,实现数据跨部门、跨区域共同维护和利用"[198]。区块链作为一种确保透明度、可追溯性和安全性的分布式数字账本技术,所有区块节点共享相同的数据[199],保证了数据的有效性和安全性,为个体或组织创造一个可信的空间,解决了科学数据可信问题[200],有助于构建一个完善的共享数据信任体系。

9.1 理论进展

9.1.1 个人科学数据共享

个人科学数据是指个体科研人员或个体科研团队在自身科学研究活动中产生的并用于科学研究活动的研究数据及与之相关联的个人身份数据。其关键在于数据主体的可识别性，即可以据此判断数据的来源与归属，明确数据主体的相对数据所有权和使用权。然而，不是所有个人身份数据都属于个人科学数据，需要根据其产生过程及使用目的加以判断，如征信、医疗等领域通常存有大量原始身份数据，若其用于科学研究活动并与研究数据相关，则可作为个人科学数据支撑研究成果。个人科学数据共享是指个体科研人员（团队）作为数据主体，将自身占有的、具有科学价值和使用价值的原始数据及其衍生数据，赋权给对此成果有所需求的其他个体科研人员（团队）浏览、使用的行为。

个人科学数据共享属于科学数据共享的子领域，虽然鲜有学者专门对此进行探讨，但不少有关个人数据与科学数据共享的研究均已涉及相关论述。第一，在个人数据概念与类型方面，黄国彬等[201]认为个人数据的核心在于数据的主体识别性、构成内容的丰富性及个人数据产生与应用的场景性，并归纳出14种个人数据的基本类型；Zliobaite等[202]认为个人数据为识别型数据，是指已识别或可识别的数据主体相关的任何信息。第二，在个人数据管理与共享方面，Anciaux等[203]提出个人数据管理系统应考虑功能和安全要求的结合，明确权责分担与权益维护；针对集中数据存储与管理更容易丧失个人数据所有权和滥用个人资料问题，Pattanaik等[204]提出基于Web浏览器的对等数据共享框架。第三，在科学数据共享方面，邬金鸣等[205]对人口健康科学数据中个人敏感信息做出范围界定；傅天珍等[85]发现影响个体科研人员共享科学数据的因素一般有个人利益权衡、开放获取的压力、技术与标准问题、文化与法律因素、利他心理因素等；盛小平等[206]通过分析GDPR相关规定，为我国科学数据共享过程中个人数据保护提供了参考。

9.1.2 区块链应用于科学数据共享的相关研究

已有学者关注到区块链技术在科学数据共享实践中的应用。第一，在科研方面，郝世博等[207]从主体、客体、功能3个角度说明区块链应用于科学数据共享的适用性，并尝试从技术维度改善参与者的信任危机与共享障碍；王倩等[208]基于区块链技术和演化博弈理论，分析了科技服务机构数据共享的策略，在此基础上构建了面向共享策略的智能合约激励机制。第二，在医疗领域，黄茂汉[209]基于区块链技术构建关于疫情防控情报系统模型，旨在对疫情实时情况、疫苗研发进展、患者信息等进行数据共享；Kuo等[210]开发了3种基于区块链的分布式方法，可供相关机构共享基因—药物相互作用的患者记录；Balistri等[211]提出了BlockHealth解决方案，以实现不同公司之间个人健康数据的共享。第三，针对数据安全问题，王继业等[212]提出了基于区块链技术作为动力支持的数据安全共享网络体系，以改善互信环境；张利华等[213]设计了基于区块链的微电网数据安全共享方案，在保护用户用电隐私的同时，促进了用户数据的安全共享。

通过梳理文献发现，相关研究成果在不断积累，为本章提供了重要的理论基础与实践证据。从研究内容来看，在个人科学数据共享研究中，学者越来越重视个体用户在数据共享中的作用，研究聚焦于数据分类、治理形态、共享意愿影响因素、共享路径等；在基于区块链的科学数据共享研究中，学者主要在数据溯源、数据存证、数据共享模型、数据隐私保护等领域不断展开探索。从研究逻辑来看，现有研究主要是基于科学数据共享现存问题及区块链优势，搭建基于区块链技术的科学数据互信共享模式、数据安全共享平台等。然而，区块链在科学数据共享领域应用的研究起步较晚，学术界对其在子领域个人科学数据共享中应用的探讨更少，现有研究大多关注区块链的优势，对于以区块链用作数据存储带来的系统吞吐率降低、处理响应延迟高、共享周期长等问题考虑不足，这也再次凸显了研究的必要性。

为此，以区块链技术为视角，凭借其具有的不可篡改性、可追溯性、去中心化等特点[214]，探索构建基于区块链技术的个人科学数据共享新模式，以实现区块链技术赋能与个人科学数据共享的结合，并引入SQL数据库，解决科学数据存储问题；应用智能合约和共识机制，解决个体间信任基础薄弱问题；利用万能数据结构表技术，解决数据失用和孤岛问题；通过加密算法和授权调用技术，解决数据安全及隐私保护问题。希望本章能为实现科学数据共享中各主体的高效互动，促进个人科学数据共享利用提供新的思考，同时为后续学者进行更深入研究提供理论参考。

9.2 现有共享模式的问题分析

现有研究多以中心化共享模式为视角，科学数据中心成为促进科学数据开放共享的重要载体，通过对有意愿参与科学数据共享个人主体的数据采集，将采集数据集中存储管理并进行共享，主要存在数据确权、数据安全、隐私保护、数据标准不统一、数据近似化和激励机制等问题。

9.2.1 数据确权问题

科学数据作为基础生产资料和个人最重要的知识资产，具有相对稀缺性，其重要性愈加凸显。显然，科研人员不会轻易共享其核心科学数据使用权与所有权，如果需要现有数据成果以支撑研究观点或推进研究进程，但限于时间、能力、环境条件等多重因素无法及时获取时，就有可能将个人的部分科学数据予以开放共享，以交换所需科学数据。科学数据本身具有可复制性，在共享中易被窃取，可能造成数据贡献者自身权益受到侵犯。科学数据共享的核心问题归根到底是数据所有权和使用权的分离[171]，在集中式开放平台规则下，确权成本过高，主（客）体数据权利划分困难导致数据归属未在理论上形成统一认识，且数据权属相关法规界定模糊[215]。数据所有权的难以界定还会给数据共享参与主体带来误会及纠纷，长此恶性循环，会阻碍科学数据的共享流通。

9.2.2 数据安全问题

中心化管理赋予平台运营者过多权力，使之可以通过私下串通数据贡献者或使用者中一方，操作超出用户最初授权范围，以套取另一方利益。中心化设置权限的数据共享模式将海量科学数据进行大规模整合并存储，很容易造成集中攻破、数据篡改、后台操纵等问题，威胁共享生态；平台管理规范中的纰漏还会导致数据使用边界模糊，增加了数据误用、数据滥用等多重风险。现有大部分共享平台可追溯性差，在数据泄露后参与用户很难追究责任。不同于分布式系统架构，集中式系统更容易导致单点故障，以及数据被窃，再加上不规范的管制，在网络环境中各种应用系统易发生撞库，上传的科学数据将面临泄露的风险。出于数据安全的顾虑，更多的个体科研人员反而不愿意将科学数据进行共享。

9.2.3 隐私保护问题

科学数据共享与隐私保护尚未实现协同，科学数据共享常伴有用户信息收集与传输，一旦缺乏相应管制，传输失控将导致数据外流，进而造成大量隐私泄露。诸如在医疗、征信等领域，存有海量未经修饰的原始敏感数据。科学数据共享虽可以进行匿名分享，若在共享过程中因操作不当或被蓄意攻击致使个人用户信息数据泄露，则个人隐私权就会遭受严重侵害。此外，随着大数据与云计算的高速发展，共享平台信息资源自动化获取程度不断提高，多源用户信息的交叉比对、整合连接次数日益增长，洞察用户行为从而构建用户画像，以此识别出相关的个人隐私数据，加重了隐私泄露风险。

9.2.4 数据标准不统一问题

在数据驱动研究的背景下，核心数据需要通过多种途径和来源获取，随着同一数据集中平台的数据贡献者和使用者人数不断上升，集中平台的数据也随之增长。由于每位贡献者都有一套自己的数据标准，且在技术水平、算法工具上存在差距，导致使用者在提取来自不同贡献者的数据时存在数据偏差，从而产生大量成本。在传统数据共享中，若想解决数据偏差问题，需要在共享过程中投入大量资源对现有数据进行改造、对接，加大了数据共享的难度，使共享周期延长。

9.2.5 数据近似化问题

个体科研人员处理数据时，会依照个人需求、问题难易程度、烦琐程度等对数据进行过滤和选择，以保持个人注意力集中和问题的基本解决[216]。由于传统数据共享模式中存在数据确权、数据安全、隐私保护等问题，手握核心数据的数据所有者不愿意进行数据共享，核心的、高价值含量的数据得不到及时公开，用户共享的科学数据随着时间的推移趋于近似，徒增巨大成本，且拖慢了该领域的整体科研进度，久而久之，导致领域内共享数据单一化、茧房化。同时，在数据共享平台之间也会因所共享的科学数据质量水平、实质内容不同而逐渐"巴尔干化"，限制了科学数据流通、共享效率。

9.2.6　激励机制问题

在信息不对称情况下，大多数传统科学数据共享模式未将科学数据质量等指标纳入评价机制，科学数据集缺少数据引用等量化指标，加之激励政策未落实，难以衡量每位数据贡献者的实际贡献所占比例，出现了参与数据共享的贡献者无论提供的科学数据质量好坏、内容多少，所得到的收益都大体相同的情况，使原本共享了高质量、高稀缺性的数据贡献者感到心理不平衡，最终很可能导致越来越多的数据贡献者分享较少或干脆不分享核心科学数据，使科学数据共享行为失去意义[217]。

9.3　基于区块链的科学数据共享模式构建

区块链是一种基于加密技术和分布式共识机制的新兴交互模式，通过链式结构实现区块数据存储、加密算法保障数据安全、智能合约部署及区块读取。区块链不仅能为特定用户群提供信任服务的基础设施，还能通过加密算法优化数据公开透明实现路径。其象征了与先前不同的数据归属权，可以很好地改善传统数据共享模式的问题，天然适用于个人科学数据共享领域。本部分将构建基于区块链的个人科学数据共享模式，并分析其流程与特点。

9.3.1　模式架构模型

为了实现数据完整、来源可追溯，建立信任体系，防止数据隐私泄露，最终促进大数据环境下个人科学数据安全共享。本章借助 SQL Sever 数据库（简称 SQL 数据库）和万能数据结构表理论，尝试构建基于区块链的个人数据共享模式架构模型，如图 9-1 所示。

该模型共涉及 6 部分，即区块链、SQL 数据库、智能合约、用户本地数据终端、点对点数据传输网络及用户实体。其中，用户实体包括数据贡献者和使用者，数据贡献者是指科研数据的供给侧，既可以是元数据生产者，也可以是与生产者达成某种协议后准允再分享的数据拥有者；对科学数据具有使用意愿的需求侧称为使用者；在同一共享过程中的所有用户称为共享参与者。该模型结合了区块链、智能合约和点对点传输网络，并通过加密算法实现保护共享科学数据隐私，以大数据视角下科研人员个人科学数据共享为应用场景，构建Fabric环境，引入SQL数据库实现分布式存储[218]。基于万能数据结构表数据库理论，其中，原始科学数据存储在用户个人数据终端中；所需共享的科学数据经万能数据结构表规范数据标准化后加密处理，存储至SQL数据库中，其存储日志、地址等元数据记录在Fabric上，以达到数据脱链存储的目的，解决了区块链存储容量有限带来的交易处理速度缓慢、共识效率低等问题，有利于科学数据的可用性开发和重复应用。个体科研人员以此方式进行科学数据共享，相应数据经智能合约处理后返回，共享其处理后的数据结果。原始数据不对外公开，实现了数据的可用不可见，在避免数据资产泄露的同时，又保证了共享的安全性，以此建立起信任体系，推动科学数据有效聚合，挖掘科学数据的潜在价值。

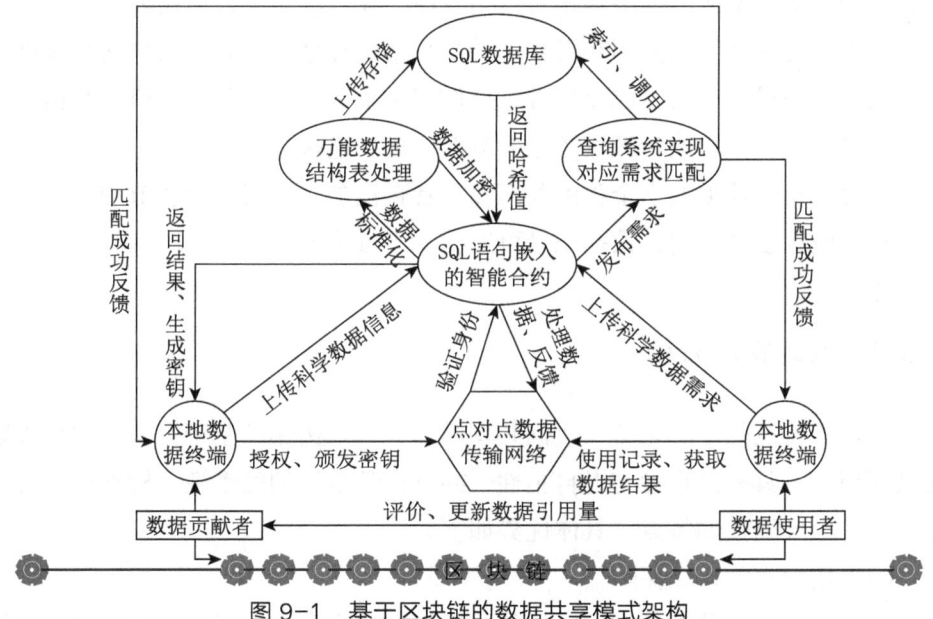

图 9-1 基于区块链的数据共享模式架构

9.3.2 模式所涉及的具体流程

基于区块链的数据共享模式涉及以下具体操作流程。

第一，登入系统，完成身份匿名，使用者上传数据需求至智能合约，由智能合约发布需求信息，同时索引数据库中已存储数据信息进行对应需求匹配。

第二，匹配成功后反馈配对信息至参与者，使用者向数据贡献者申请所需科学数据信息，由数据贡献者按其需求上传数据，经自适应万能数据结构表对上传数据标准化后进行加密算法处理并形成数据密文，通过哈希算法得到概要。

第三，待使用者确认概要信息即所需数据密文上传智能合约，处理后自动上传至 SQL 数据库并返回哈希值，智能合约颁发密钥和哈希值给数据贡献者，同时记录操作日志到数据贡献者个人数据终端，存储信息、概要、哈希值等相关信息记录做上链留痕处理。

第四，数据贡献者、授权使用者验证使用者身份后调用智能合约，告知使用者共享数据存储地址，满足共享条件后使用者获取密钥通过验证并触发智能合约，同时更新个人数据终端相关数据属性，并再次做上链留痕处理。

第五，使用者利用密钥获得共享科学数据处理结果，此次共享交互流进行反馈共识，完成共享后生成交易日志操作记录于链上，更新个人科学数据及引用量信息，对应用户成为区块链上的节点并建立连接。

总之，科学数据共享全程由共享参与者直接参与，每一个环节均具有自主权，整体流程公开透明，数据记录可追溯，不可篡改。

9.3.3 模式特点分析

相较于传统的中心化科学数据共享模式，本章构建的基于区块链的个人数据共享模式，具有共享参与者自主性，共享科学数据的完整性、标准化、可追溯性与安全性更强的特点，具体优势如下。

（1）用户权益得以保障

在去中心化的共享模式中，每位用户均有机会参与记账，充分保障了每位用户的权益，最大限度地避免由中心化体系所带来的主导权问题。在多个个体用户共同搭建的数据共享平台中，共享成功率和用户数量大多成反比关系，该平台的主导权会随着个体用户数量的增加而难以界定。个体用户间的关系大多数呈对等关系，任何一方在数据共享过程中进行主导都会引起其他参与者的争议或不满。分布式数据存储使原来中心化角色权力分散化，任何一位用户个体都无法控制整体科学数据共享进程走向，权限变更需要每一位参与者共同表态来决定最终结果。通过调动每位参与者的参与度来提升平台的可信赖性，实现个体用户间点对点交互，有利于提升参与者间数据共享成功率。

（2）保证数据完整性

既然传统科学数据共享模式无法保证科学数据确权与完整性，导致参与者之间出现信任危机，信任成本不断上升，造成科学数据的低流通性和低共享性。通过区块链技术可以给科学数据贴上"防伪标识"，强化技术保护，保证科学数据在共享过程中不可篡改，从而确定科学数据的准确来源和可靠性。参与者双方或多方需严格遵守操作规程，若在共享过程中发生科学数据内容的增减、修改，经过参与者协商和表决后，获得大多数甚至全部参与者的一致认可，即完成"共识过程"，方可执行后续操作。

（3）数据结构标准化

该模式采用万能数据结构表存储数据，因此，所有数据结构保证了高度一致性。运用简单的技术实现结构化大数据的高效处理，从根本上解决了数据异构问题，通过对数据和数据结构的优化可以大幅提高结构化数据的处理性能。进一步规范科学数据共享规则有助于实现数据的互联共通，保证所需数据的真实性与可用性，解决个体用户数据挖掘困难的问题，减少或避免了歧义的产生。

（4）数据安全性强

模型综合使用加密算法、智能合约、点对点传输网络等以保证安全性。共享科学数据经过加密处理后存储数据密文，在未经授权下无法解码，可以防止数据隐私泄露。参与者使用独特的身份编码序列进行匿名广播，以保证个人隐私安全。使用者在满足共享条件并验证身份后，向数据共享者申请获得授权，获取处理结果而不对外公开原始密文，使用户在共享过程中得到了全方位的保护，借助数据加密筛选、加密计算及可用不可见，使得攻击者无法在共享过程中获取任何规定外的信息。此举不仅可以保护数据贡献者的知识产权，其他参与者的数据安全性和隐私问题也能得以解决[219]。

（5）共享过程可追溯

整个共享过程中，参与者的身份信息呈匿名状态，使用者无法知道是谁共享了科学数据,共享者也无法知道是谁对这些科学数据有哪些特定需求。同时,共享行为是任何人都可以看到的,且无法修改、删除,每一次共享过程都是可追溯的,科学数据发生多少次交互共享,都应明确数据源(数据生产者的身份),保证了参与者权益的同时也减少了科学数据的丢失率。参与者间达成共识后,通过特定算法产生的密钥实现科学数据的共享传递。

9.4 共享模式实现

根据上述模型,将针对数据存储、智能合约、数据标准化、共识机制及数据加密5项技术进行逐一介绍。

9.4.1 区块链与 SQL 数据库结合实现分布式数据存储

将区块链当成数据库使用就会发现,区块链只有创建和读取功能而没有修改和删除功能,所要求的日志完整化、不可篡改性以提供信任、安全为前提,并不是说其数据不可改动。随着区块链中数据存储容量的递增,区块链中交易处理速度变慢、网络阻塞、共识效率低、匹配迟缓等问题不断涌现,虽然可以采取轻节点方案、异同步技术等措施解决上述问题,却忽视了区块链的可运维性和实用性。按照既定规则执行可留痕、可追溯、可复核等正常或应急操作,其最终操作结果应写在真正的数据库中而非区块链中。区块链应作为数据库高可靠性的前置[220]。设计区块链的首要目的是安全,设计数据库的首要目的是效率,区块链技术与数据库相结合即可形成优势互补。区块链和数据库有两种契合方式:其一,把区块链作为引擎接入数据库中,相当于从底层改造存储引擎实现去中心化的数据库。其二,以区块链作为主体,借鉴数据库算法,将其翻译为智能合约代码,以此提升易用性[221]。就目前已有的研究分析,除去如用户资产概况、智能合约等较为重要的信息,其余数据均采取分布式存储的措施,不做上链处理。

此外,区块链作为链式结构,每个节点独立存在且高度自治,但节点间仍存在直接或间接影响,通过网络呈非线性因果关系。在遇到问题需要对数据进行溯源或冲正时,可以利用改进 Chain SQL 技术[222],将 SQL 数据库的操作记录各个节点共识之后记录到区块链上,如果共识执行失败或不通过,SQL 数据库执行回滚操作,定位该问题在区块链上的特定位置,在此进行重演;若需对数据进行修正,在区块链上增加一条或若干条指令即可处理问题,不仅让数据库的高可用架构大大简化,还可将此数据修正处理并进行留痕记录。区块链与 SQL 数据库的结合,通过多点架设、提供冗余等,提供高效的调取架构设置,以提高业务吞吐量及数据存储量,实现分布式存储。基于此,可解决由于区块链的冗余特性限制数据储存的问题和传统数据共享模式无法建立信任体系、去中心化的难题。

9.4.2 基于 SQL 的智能合约激励共享参与主体

区块链技术可有效解决主体间互信问题,并通过智能合约执行激励过程。在个人科学数据共享过程中,不同科学领域下的科研人员对共享科学数据处理的逻辑不同,可通过算法编辑不同的智能合约以实现不同的需求。智能合约可以完成共享参与用户个人身份加密、发布需求信息、交易流转等所有关键节点需求,其优势如下:第一,高透明性。智能合约允许合约中相关条款与要求对所有关联方具有完全可见性与可访问性,且条款内容无法更改。第二,高安全性。智能合约采用高级别的数据加密算法,节点在建立连接过程中生成临时会话密钥,在保证数据传输安全性的同时,还能防止数据源泄漏。第三,存储备份。区块链环境的不可改变性,保证了任何用户都无法修改已批准的溯源记录[223],共享过程中的所有重要细节都会被智能合约以日志的形式记录下来,具有可溯源性。第四,永久性。智能合约一旦运行,链上的所有节点须共同维护,保证链在合约在,具有相对永久运行性。

同时,智能合约支持 SQL,利用 SQL 语句实现信息匹配与数据索引功能。当使用者在特定情况下需要某些特定的科学数据以满足需求时,使用逻辑表达式或函数将需求表达出来,并提醒智能合约发布需求信息,根据 SQL 数据库中已登记存储的数据信息进行数据筛选,逐一匹配;若数据库中不存在所需数据时,则对外公布需求信息,同时反馈给使用者进行需求信息完善。实现使用者对需求科学数据概要的在线查询,帮助链上对数据库中存储信息的索引调用,加速与目标科学数据贡献者的匹配进度,使得共享过程具有高效率。

9.4.3 万能数据结构表实现数据标准化

万能数据结构表不仅可以作为一种表，同时也可以作为一门新兴理论——独立数据库理论，在关系数据库理论基础上进行革新，使存储数据的数据结构完全相同，并保证了数据完整性[224]。目前，可采用关系数据库系统 ORACAL、DB2、SQL Server、Access 等来实现"万能数据结构表"。区别于关系数据库，独立数据库中的数据要求可以独立地、完整地表达其含义。下面以征信、医疗领域产生并用于科学研究活动的个人身份数据为例说明，如表 9-1 所示。以纵向表 N（或 N+M）项记录存储一个事件的数据信息，无须借助数据库、App 或其他任何事物，保证数据特征属性一致。其中，各字段代表含义，ID 为各项记录独有编号；事物代号为一个独立事件独有编码，数据库中完整数据为记录，性质名称表述完整数据为事件，一个事件的信息由若干条拥有相同事物代号的记录组成；事物属性即事物的特征；事物属性值、超长属性值为事物的特征值；单位代表事物属性值的单位；附件用来存放图像等不适合转换为字符型的数据；时间为每一个事物的特征写入数据库时的时间，由系统自动生成。

表 9-1 万能数据结构

ID	事物代号	事物属性	事物属性值	单位	附件	时间
0101	50	事物分类	人事管理系统			
0102	50	事物分类	员工收入来源			
0103	50	姓名	张三			
0104	50	性别	男			
0105	50	所在单位	××公司			
0106	50	职业	销售员			
0107	50	身份证号	130601××××××××××××			
0108	50	年收入	100 000	元		
0109	50	事物分类	工资收入			
0110	50	事物分类	额外收入			

续表

ID	事物代号	事物属性	事物属性值	单位	附件	时间
…	…	…	…	…	…	…
…	…	…	…	…	…	…
0234	70	病案号	202107-1-666			
0235	70	身份证号	130602×××××××××××			
0236	70	事物分类	门诊病历			
0237	70	事物分类	病历详情			
0238	70	症状	腹泻			
0239	70	开始时间	20210701			

独立数据库相当于一种数据优化技术，以关系数据库理论为基础，在关系数据库中亦可实现，只需在关系数据库中建立一张或多张结构相同的万能数据结构表即可。为保证数据的完整性与标准化，其占用空间内存往往相对较大，仅运用区块链技术无法实现，因此，将区块链技术与 SQL 数据库相结合也是绝佳选择之一。

9.4.4 加密算法实现数据"可用不可见"

区块链技术可实现数据安全共享流通，做到数据的"可用不可见"。使用者上传至区块链中的数据筛选条件一般较为简单，直接上传该条件很容易造成数据参与者双方的隐私泄露。例如，攻击者获取了这些条件的内容，很容易就可以推断出使用者的数据需求，从而可能推断出使用者经常活动的领域范围，一旦发生数据共享，双方的数据很可能会遭受劫持。因此，为了保证共享参与者的隐私和利益，还应在模型中对筛选条件进行函数加密且同时进行需求匹配。基于哈希运算与非对称性同态加密算法，上传数据以密文发送至 SQL 数据库存储日志记录并添加到智能合约中，同步记录源至区块链，智能合约将数据密文自动上传至 SQL 数据库并反馈对应数据密文档案哈希值生成 Token，在区块链进行留痕记录。随后，使用者需使用数据贡献者颁发的 Token，用其作为授权令牌在 SQL 数据库中获取对应的科学数据密文，并对该部分数据进行解码，获取所需科学数据信息处理结果，实现点对点传输。

上述情境在传统共享模式中很难实现，其自身机制限制了数据"可用必可见"。通过区块链技术中的隐私算法，分布式执行既定逻辑运算，使数据可在"密室"中进行共享，但也存在存量数据利用率低且更加偏向云计算、很难支持系统数据训练学习等问题。个体用户间数据共享时，更多使用的是个人终端，应增强个人终端的安全性，以避免数据泄露，进一步实现数据的不可见性。科学数据经过加密算法和数据变形，在一定程度上完成了脱敏，最大限度保证了个人数据隐私安全，实现了数据"可用不可见"。

9.4.5 共识机制控制数据调用规模

共识机制作为区块链去中心化的关键，无论是在公有链、联盟链，还是在私有链中，都承担着重要角色[225]。当前，数据共享环境需要具有更高数据吞吐量的可伸缩框架，以满足对用户应用系统和流数据的处理。基于区块链的共享模式，利用智能合约协定可执行程序后，按照参与者协议中制定的条件进行状态转换，在一定时间内，每位参与者按照协议状态达成一致性[226]。当协议中条件发生变化时，通过共识算法在全体参与者间进行共识过程，记录结果并重新拟定协议状态，若共享过程中仅存在两位参与者时，数据贡献者具有最高话语权。数据贡献者可通过智能合约拥有数据共享程度选择权，设置共享科学数据使用授权。因此，在特定时间段内进行核心数据共享时，数据贡献者不需全盘托出，待使用者满足协议中约定的使用要求后，将使用者所需要的部分数据处理结果共享即可。该过程亦被称为数据筛选，使用者可以将自己的科学数据需求整理成一个逻辑表达或函数存放在区块链中，以供数据参与者对号完成交互过程。因科学数据在未成规模时不具有价值性，在有协作需要时，经过双方或多方协商调取所需数据进行共享，既能满足使用者需求，又保证了数据贡献者的数据隐私安全与个人权益，提高了协同效率。

大数据时代，快捷有效的大数据挖掘与交叉识别技术可以在个人科学数据共享过程中抓取大量的个人隐私数据。然而，大多共享参与主体缺乏隐私保护自觉，对共享平台的传播性质缺乏正确的认知，如何在保证个人隐私与数据安全的同时，有效促进科学数据共享是一个值得研究又颇具挑战性的问题。针对传统中心化科学数据共享模式存在的问题，本研究借助区块链技术、SQL 数据库和万能数据结构表，构建基于区块链的个人科学数据共享模式架构模型，介绍该模式的流程与特点，并对其实现的关键技术与机制进行了具体、深入的论述，对促进个人科学数据共享实践与后续深入研究具有一定的参考意义。个人科学数据共享备受推崇，也饱受争议。尽管鼓励性或强制性数据共享政策相继出台，但生产或拥有数据的个体科研人员（团队）的认知、意愿和行为依然是共享科学数据的关键所在。科研人员需要充分认识科学数据共享的重要价值，在高自由性的数据生态链下，明确界定自身需求，尽量降低共享成本，提高共享效率，从而更好地享受数据共享带来的红利。同时，区块链一旦交易其记录不可撤销，访问控制权限更新延迟，还应熟知模式平台下操纵实现功能，界定自身持有的敏感数据，签订权责明晰的合同，以保护数据安全和主体权益。最后，日志公开性易产生安全风险，应加强防范意识，保持良好的自我感知，维护本地数据终端，警惕网络挟持与黑客攻击。本研究仍处于理论探索阶段，个人科学数据共享还需结合具体学科领域、数据内容与类型、元数据标准、个人共享意愿等，模式是否真正适合，有待于后续研究进行仿真或未来实践检验。此外，未来研究可积极深入探索区块链技术在个人科学数据共享中的可应用场景，精确把握用户数据需求，以实现区块链技术与实践的最佳结合。

第 10 章 数据密集型科研范式下的科学数据管理模式

随着大数据时代的到来,数据密集程度加深,共同推动了科学研究的发展,科学研究在经历了实验科学范式、理论科学范式及计算科学范式后进入了数据密集型科学范式,又称新范式。正如图灵奖得主 Jim Gray 在《第四范式:数据密集型科学发现》一书中所言,科学研究活动已迈入数据密集型第四范式阶段[227]。吉姆·格雷提出 E-Science 环境和科学研究第四范式的概念,E-Science 为科学研究提供了全新的思维与科研模式,运用各种工具处理现代科学研究中产生的大量科学数据[228]。科学数据不仅产生于科研活动中,还是后续科研活动的基础。数据密集型科研范式主要利用计算机技术和工具采集管理分析数据,以挖掘新的知识和研究领域,对科学数据管理至关重要。加强和规范科学数据管理也是提升我国科学研究和科技创新能力的重要方式与手段[229],高效的科学数据管理是科学数据共享与利用的重要保障。因此,有必要进一步探讨数据密集型科研范式下的科学数据管理模式。

10.1 传统科学数据管理模式

对于科学数据管理与共享的模式,学者尚持有不同的观点,总体可以分为自上而下和自下而上两种模式。自上而下的科学数据中心管理模式鼓励研究人员将数据文件上传到政府或科研机构合作建立的数据平台或数据中心,以加大资源共享[230]。例如,清华大学的中国经济社会数据中心[231]建立数据智库,为一流大学提供数据申请、处理等服务。自下而上的领域管理模式是指各个学科领域将所产生的科学数据,存储在本高校或研究机构所建立的科学数据库中,并进行开放共享。例如,武汉大学图书馆的高校科学数据共享平台[232],该数据库收录社会学、地理学、医学、信息管理学等学科领域所产生的科学数据。此外,国内科学数据管理模式研究主要围绕数据生命周期理论。例如,储文静等[233]基于科学数据生命周期理论,从联盟架构构建、虚拟工作组组建、管理机制建立 3 个方面构建科学数据联盟管理模式；储节旺等[234]通过构建数据生命周期模型，进一步构建科学数据管理体系；张迎等[235]在科学数据管理生命周期理论的基础上，构建了科技文献和科学数据一体化科学数据管理应用模式。

欧美等发达国家不仅在理论上对科学数据管理模式和方法展开研究，还在实践中逐步形成了相对成熟的管理模式。例如，约翰·霍普金斯大学建立的科学数据服务网站，负责科研数据的归档与共享等，支持研究人员获取共享[236]；美国的 ICPSR 不仅保管其成员机构提交的科学数据，还对外提供数据访问接口，通过获取、开发、存档和传播科学数据，促进社会科学及相关领域的研究和教学[237]。对比国内外数据共享空间的科学数据管理模式，其在管理实践、功能设置及用户服务等方面都比国内数据管理模式更为完善[238]。相较于欧美国家，我国需构建符合中国实际需求的科学数据管理模式。

综合来看，尽管已有学者构建了科学数据管理模式，却很少考虑大数据时代对科学数据管理模式的新要求。鉴于此，本章将从生命周期理论出发，分析其在数据密集型环境下的新需求，通过科学数据管理过程、支撑手段和指导理念、科学数据管理与共享机制 3 个模块，构建科学数据管理模式，以便更好地满足数据密集型科学研究的需求，推动大数据时代的科学数据管理与共享。

10.2 新范式对科学数据管理模式的新要求

10.2.1 整合数据资源，建立数据关联性

大数据时代，科学数据已成为重要的驱动力。为更好地管理大量增长的数据，各国纷纷建立科学数据中心，持续汇聚和整合本国乃至全球科学数据资源，促进科学数据综合利用[239]。现阶段，我国科学数据中心建设虽初具规模，却仍不足以应对数据密集型科研的发展，对数据资源的管理也比较分散。数据中心的建设应与当前数据密集型科研的发展相适应，有效整合数据资源，加强数据中心权威性，在数据驱动创新中发挥重要作用。现在，科学数据不仅是资源，更是有价值的资产，应利用大数据技术构建科学数据管理与共享平台和数据应用模式，在大数据中建立关联性，将潜在的数据价值应用于新的科学研究中，提高科学数据重用能力，使资源的开放、利用、共享更加有效。

10.2.2 管理模式智能化、动态化

在管理过程中，科学数据管理贯穿整个数据生命周期，应让数据资源流通起来，形成动态循环，使管理过程更加灵活高效。在管理意识方面，科学数据管理需要投入时间、人力、财力和技术资源，然而，科研机构和团队往往存在数据管理意识不足的情况，致使大量科学数据流失。大数据时代，对科学数据的管理不在于掌握了多少数据，而在于处理数据的能力，将大量的数据转化为有研究意义的科学数据。科研人员应充分认识到科学数据是有价值的资产，鼓励科研人员主动参与数据管理，养成良好的数据管理习惯，提高数据共享意识。在管理安全方面，数据密集型环境导致数据泛滥，一系列的问题随之出现，如数据权属、知识产权问题等，必须重视数据安全，多手段保障数据生产者和使用者的权益。

10.2.3 应用新兴技术，挖掘潜在价值

随着互联网技术和通信技术的不断提升，各种科研活动中积累的海量数据更新速度非常快，使得数据存储与处理受到严峻挑战。此外，科学实验和理论研究不断创新，所产生的海量数据也使得科学数据爆炸式增长。数据密集型科研范式的发展离不开大数据技术的支持，大数据的典型特征即数据体量巨大、数据类型多样性、处理速度快、价值密度低[240]，传统的数据管理技术无法有效应对现代科研人员的科研需求。将大数据技术嵌入数据密集型科学研究中，能够提高数据采集能力、数据存储及数据处理能力。大数据时代，数据管理模式更应体现在利用机器学习、人工智能或数据挖掘等新技术，从大量的科学数据中挖掘出潜在的知识，并广泛应用在各个领域，最终达到提高数据利用率、推进科学研究的目标。

10.3 不同生命周期阶段的科学数据管理任务

科学数据管理是科学研究中一个重要的环节，能够帮助科研人员更好地收集分析科学数据，提高研究效率。科学数据管理的定义各有不同，计算机图灵获得者 Jim Gray 认为，数据管理活动涵盖元数据创建、标准制定、数据仓储等广泛的活动[241]。郭佳璟等[242]认为，科学数据管理主要是对可以用于

科学研究的数据或科学研究中产生的数据进行收集、整理、保存、共享和跟踪。本书认为科学数据管理是指根据数据生命周期的特点，利用计算机、信息网络等技术对科学数据进行收集存储、组织加工与共享应用的过程。针对科学数据管理流程，学者提出了不同的生命周期模型，储节旺等[234]认为在数据生命周期阶段，除数据收集、保存、共享外，还应包括数据再利用。陈欣等[243]基于国内外46个生命周期模型，从数据创建、数据分析、数据公开3个阶段揭示了社会科学数据从产生到利用的过程。夏义堃等[244]认为，应对数据生命周期各阶段进行质量控制。高飞等[245]基于科学数据管理标准、数据汇交与加工、数据长期保存和数据共享服务4个方面，构建了农业科学数据生命周期管理模型。

通过对一些典型的数据生命周期理论进行比较，学者们大多认为数据生命周期包括数据收集、数据处理和数据利用等环节。针对现今数据密集型科研环境，科学数据管理应进一步细化明确各个阶段的任务。为此，本研究基于大数据时代背景，结合数据密集型科研范式特点与生命周期理论，将科学数据管理分为6个阶段，并对各个阶段的具体任务进行了分析，如图10-1所示。

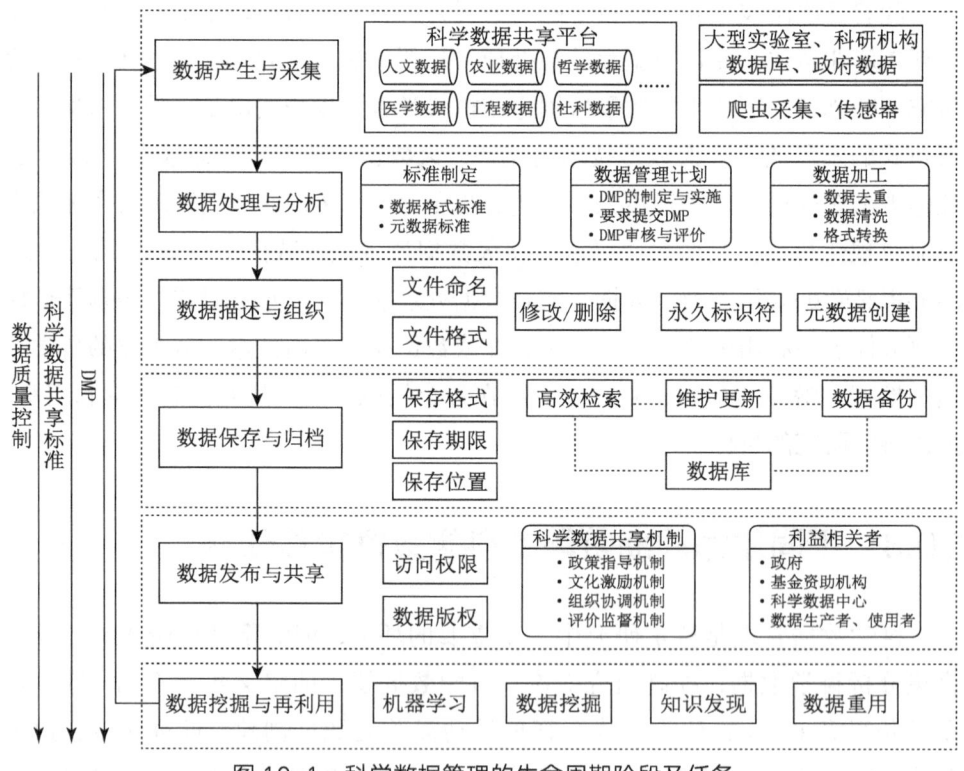

图10-1 科学数据管理的生命周期阶段及任务

10.3.1 数据产生与采集

科学数据来源广泛，其生产者包括科研人员和科研单位。科研人员可以通过直接获取和间接采集获取数据。前者一般是从科学数据共享平台直接获取各学科的科学数据，包括人文社科数据、农业数据、工程数据、医学数据等。后者通过其他途径获取公开的或非公开的科学数据，如利用企业内部的数据库、外部的数据接口等。有一些科学数据存储于大型实验室、科研机构数据库、政府数据库中，科研人员可以根据数据标准下载共享相关科学数据。此外，还可以利用传感器或爬虫抓取网络数据。爬虫是一种自动化程序，能够模拟人类在网站上浏览、自动抓取内容并存储。大数据时代，爬虫技术日趋成熟，通过大规模数据采集和数据挖掘能够高效、快捷地采集数据。

10.3.2 数据处理与分析

首先，生产或收集的科学数据不能直接保存，还需要经过一定的加工处理和分析。科学数据有结构化、半结构化和非结构化数据，并涉及多个学科领域。因此，制定数据格式及元数据标准非常重要。其次，制定数据管理计划。国外的科研机构在科学数据管理实践中，都要求提交详细的科学数据管理计划，并按照 DMP 对各个阶段进行评估[246]。数据处理是按照标准转换数据格式，对数据进行清洗，删除不需要的信息，添加所需要的信息，转换成系统可处理、易使用的格式。数据清洗能够保证数据分析的准确性和可靠性，数据分析过程需要使用一定的分析技术，如挖掘、分析、重组等数据管理技术，从更深层次对数据中的内容信息进行提取与研究，以此提高科学数据利用效率，帮助科研人员作出判断。

10.3.3 数据描述与组织

由于科学数据来源的广泛性和学科交叉性，数据描述与组织是数据管理中重要的一环。数据描述与组织是将收集到的数据转化为计算机能够处理的形式，并按合适的元数据标准进行数据组织。对形成的文件命名要具有描述性、唯一性、可读性等，数据的保存格式应符合开放性、通用性等特点[247]。文件格式有图文、视频、音频等，应使用便于存储的方式。此外，需根据数据之间建立的联系进行数据标识，为后续数据交叉应用建立基础。

10.3.4 数据保存与归档

数据存储是将处理好的数据按照一定的形式存放在物质载体上，以便于后续的数据共享和利用。在数据存储过程中要对数据进行分级分类管理，并保证数据的安全性，方便数据重用与查找。在保存格式方面，一般都要求采用通用格式进行保存，个别部门会有专门的数据格式要求。在保存位置方面，一些科研工作者会存储于个人设备中，如计算机、手机、U盘等；有一些在线数据或大规模数据一般存储于大型机构数据库或第三方数据云存储平台中。数据密集型科研环境对数据存储技术提出了更高的要求，部分机构为了扩大数据存储空间会引入云计算技术，使数据存储更具扩展性。在保存期限方面，各研究机构的要求有所不同，如英国生物技术、生物科学研究理事会和奥地利科学基金会规定在项目结束后至少可以保存10年；美国国立卫生研究院规定数据研究项目结束后最少可以保存3年。同时，在数据保存阶段，数据备份与维护更新也十分重要。大数据时代，实时更新数据变得更加重要，有必要对数据进行维护更新，及时处理不需要的数据，并补充实时数据，以保证数据的真实性和持久性。

10.3.5 数据发布与共享

数据发布是数据共享的前提，数据共享是数据发布的直接目的。数据发布与共享阶段应注意数据版权、访问权限及数据安全等问题，强调隐私保护，最大限度共享科学数据。在访问权限方面，部分机构要求作者提供数据可用性声明；对于不可公开的、涉及个人隐私的数据或信息要给予说明，大大加强了数据安全性，平衡了各利益方的诉求，引导各利益方积极推动科学数据的开放共享。建立科学数据共享机制有助于协调各利益方，共同实现科学数据共享。其中，政策指导机制是政府建立相关数据管理政策，在政策方面引导、规范和监督科学数据共享中的各利益方的行为；文化激励机制是建立良好的文化氛围，强化科研工作者的共享思维和共享意愿；组织协调机制是强调团队成员分工协作，明确利益诉求，资助机构可以将各利益相关者连接起来，建立利益联盟关系；评价监督机制对数据的管理过程进行评价与监督，评估合作质量，促进科学数据价值最大化。数据共享的本质是互惠互利，互惠是科研人员科学数据共享的基础条件[248]。共享并非只为了开放，而是让其他研究者利用数据产生更大的价值。

10.3.6　数据挖掘与再利用

在数据密集型科研范式环境下，科学技术迅速发展，可以利用各种计算机技术进行数据挖掘，发现科学数据的潜在价值。数据挖掘是指从大量数据中发现并提取有用信息的过程。当数据被挖掘并转化为有意义的知识后，再利用这些知识，也就是知识发现的过程。要想实现数据价值最大化，就需要进行数据再利用，数据再利用意味着新一轮数据生命周期的开始。通过数据挖掘和再利用，数据的适用对象不断扩大，更大限度地提高了科学数据利用率，实现了数据价值增值。

10.4　新范式下科学数据管理模式构建

将大数据融入科学数据管理过程，进而有效共享与利用，不仅需要先进的技术手段，更离不开相关理论知识的支撑。为使数据密集型科研环境与科学数据管理过程紧密结合，借鉴国内外科学数据管理经验，并结合目前我国科学数据管理面临的挑战，尝试从组织管理模式、支撑手段和指导理念、管理与共享机制3个方面构建数据密集型科研范式下的科学数据管理模式，如图10-2所示。该模式以科学数据管理过程为核心，契合数据密集型科研的研究特点，以大数据对科学数据管理的驱动过程为基本模式。

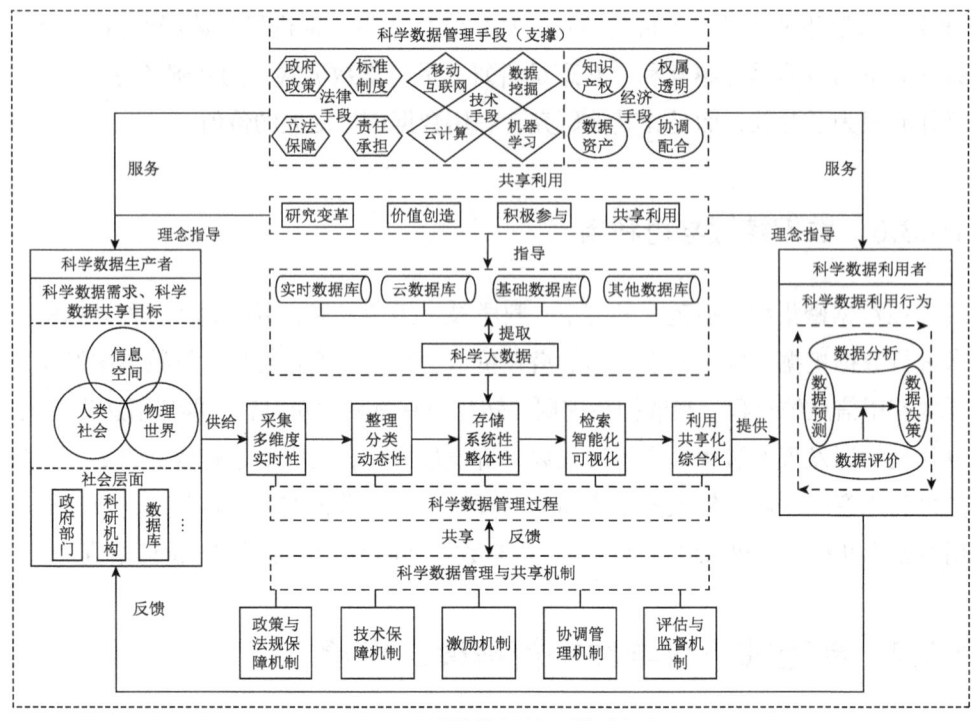

图 10-2 科学数据管理模式框架

10.4.1 科学数据管理过程

大数据时代的科研活动中，科学数据被赋予了新的使命，无论是实体数据还是异构数据，都需要通过数据管理组织为可被利用的数据资源[249]。科学数据管理过程是整个模式的核心。该过程包括科学数据的生产者和使用者、科学数据管理的阶段和反馈机制等，主要描述科学数据采集、整理、存储、检索、利用的全生命周期过程，并通过反馈机制实现科学数据管理的有效循环。在数据密集型背景下，科学数据管理过程呈现新的特点。采集应注重数据实时性，且数据获取渠道广泛，需从多角度获取数据；整理分析需分级分类及动态管理；面对大数据的发展，数据存储的系统性和整体性特别重要；检索的智能化，建立智能检索系统能够提高查全率和查准率，还可以建立数据检索可视化平台，以满足用户多样的检索需求；数据利用结合人工智能技术和大数据服务平台实现综合利用，并重视数据共享。科学数据生产者是模式的逻辑起点，根据科学数据需求，产生科学数据资源，最终达到科学数据共享的目标。大数将人类现实空间和信息空间连成一个整体，科学数据管理与共享离不开人与物的关系，也离不开人与人的关系，科学数据主要来源于人通过大数据获取物理世界和信息空间中产生的科学数据。科学数据利用者是模式的逻辑终点，主要是对共享的数据进行数据管理与利用的过程，如数据分析、数据预测、数据评价和数据决策等，最大化地挖掘科学数据潜在价值。

10.4.2 科学数据管理手段

科学数据管理模式离不开经济手段、技术手段和法律手段作为支撑，并贯穿整个科学数据管理过程，同时以价值创造、研究人员积极参与、研究范式改革等理念为指导，推进整个管理过程。数据密集型科研环境下的科学研究具有学科交叉性及高度的开放共享性，需考虑数据伦理问题，数据隐私与保护需要法律手段的支撑。法律手段主要包括科学数据管理制度、立法保障、政府政策、责任承担等，以保障科学数据管理过程的顺利实施。经济手段方面，在数据管理过程中需注重知识产权的保护及数据权属问题，包括确定数据权力主体、数据权力内容和数据权力属性，数据资产的协调配合能够为科学数据管理提供一定的经济支持。科学数据管理过程中最重要的就是技术手段，大数据时代的科学数据管理不同于传统的管理，人工智能技术影响了数据管理的每个环节。例如，云计算技术大大提高了数据存储容量及数据备份、数据恢复功能；机器学习提高了数据处理能力，使得科学数据管理效率变得事半功倍。构建数据密集型科研下的科学数据管理模式，不仅可以促进数据生产者和使用者的紧密连接和良性循环，还将大数据技术手段和价值共创的理念真正应用于科学数据管理过程中，使科学数据管理过程更加合理、可靠。

10.4.3 科学数据管理与共享机制

根据国内外成功经验，运行良好的科学数据共享机制是保障科学数据管理健康发展的关键[247]。为更好地建立科学数据管理全过程，为科学数据共享服务，有必要建立健全科学数据共享机制。科学数据共享需要在社会多方协作下积极推进，涉及社会各方利益。因此，需通过制定完善的政策和法律法规以规范数据共享行为，协调和平衡各方利益。例如，国务院颁布的《科学数据管理办法》对科学数据的共享利用作出规定；科技部门制定项目科学数据汇交办法，用以规范科学数据共享行为，对共享服务进行监督。政策不仅涉及共享行为，还应包括技术规范，如数据知识产权保护、用户的共享权限、共享数据的保密级别等，都需要制定明确的政策与法规。此外，共享技术是科学数据共享的必要条件，没有技术保障是很难实现的。科学数据共享平台需要现代信息技术的支持，如异构数据库技术、区块链技术、集成共享技术等。共享平台需按照统一的共享标准体系搭建稳定的、安全的共享平台，这既是实现科学数据资源共享的核心，也是方便科研人员进行数据共享的基础。在科学数据共享中，提高科研人员的共享意愿十分重要[68]。共享是需要成本的，最大限度帮助科研人员实现数据共享需制定激励措施，使不愿意共享的科研人员能够充分意识到共享的重要性，以此强化科研人员的共享思维，激励所有科研人员加入共享队伍中。为了保障国家利益及个人利益，还需建立监督机制，对保密数据及用户权限进行监管。数据质量是保证开放共享的基础。高质量的数据有助于研究人员充分认识到数据共享的价值，并在一定程度上扭转其负面态度，从而提高研究人员共享的意愿，保证数据开放共享的成效[250]。因此，需对数据质量和科学数据共享平台及合作成员进行评估。

  大数据时代，科学数据已经成为科学研究创新和学科交叉融合发展的基础性资源，加强科学数据管理、促进科学数据开放共享已成为社会普遍共识。科学研究第四范式的兴起，使科学数据管理变得尤为重要。为此，本章在梳理国内外相关研究的基础上，重点分析了新范式对科学数据管理模式的新要求，并结合数据生命周期理论，阐明科学数据管理各阶段的具体任务，构建了面向数据密集型科研的科学数据管理模式理论框架，有望为科学数据管理平台或工具的开发提供借鉴和参考。

第五篇

策略篇

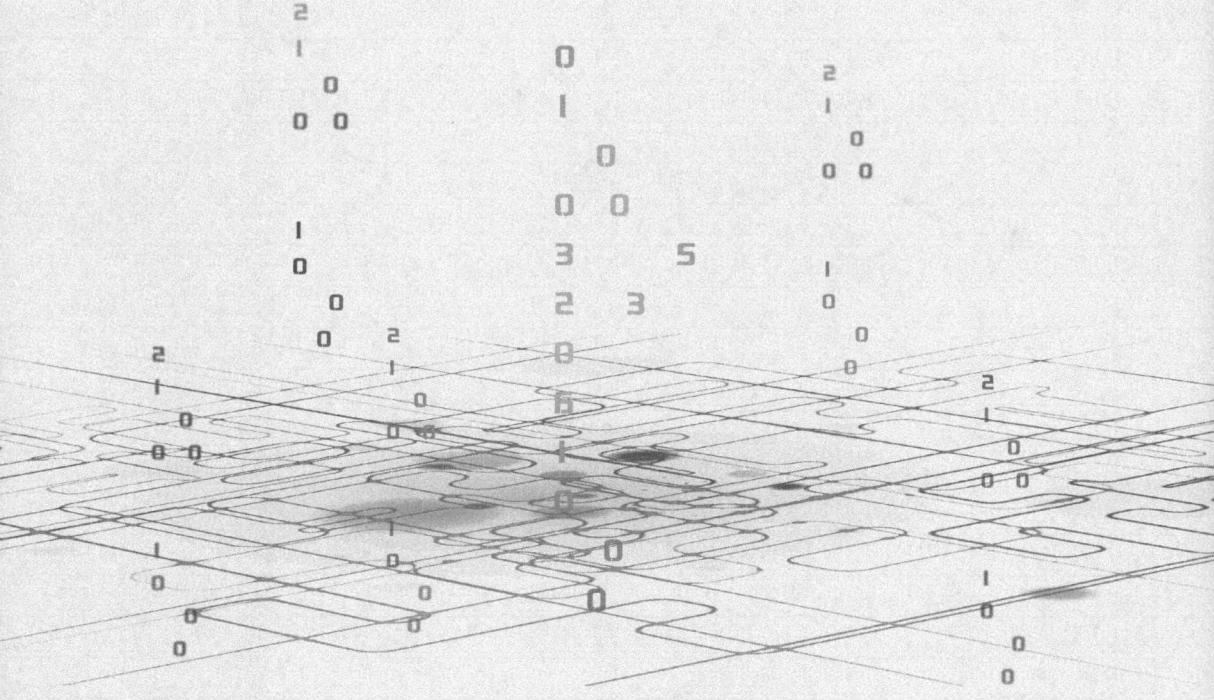

第11章 科学数据共享主体的演化博弈策略

科学数据作为大数据时代重要的战略资源，在科学研究与知识创新方面发挥着重要的推动作用。由于数据生产者所属学科专业的多样性，其产出的科学数据也呈现出分散化趋势，且科学数据的产出常受制于一定的科研情境[251]，并具有较长的生产周期。因此，目前的科学数据利用仍面临着数量丰富但主观寻求困难的态势[78]，同时，重复开发科学数据必然会造成资源和时间的浪费。共享作为一种重要的资源配置方法，借助集体的力量弥补资源稀缺性的态势，可以降低重复生产的成本，提高科学研究的效率和质量。在满足使用主体需求的同时，还能不断提升科学数据资源本身的价值。

目前，学者对科学数据共享相关主题展开了大量研究，如参与主体的共享行为[137]、意愿[132]、需求[133]，还有共享过程中的阻碍因素[252]、激励机制[253]，以及科学数据共享的政策法规[254]等方面。其中，以实证研究居多，在设计理论框架、提出假设等基础上，使用问卷调查法收集数据，进而探究其影响因素；还有少数使用系统动力学仿真的方法，如支凤稳等[248]发现感知行为控制对个人数据共享意愿的正向显著影响，高晓宁等[255]证明了共享意愿对科研数据共享效率的影响最大。相关研究虽然能够在一定程度上反映参与主体的认知因素，却未能更清晰地体现主体之间的权责关系和利弊得失问题，且对策建议往往比较宏观和宽泛。演化博弈方法通过模拟复杂生物或系统中的行为和策略，更易于人们理解和预测其策略选择与发展趋势。于是，便有学者将演化博弈的思想和方法引入科学数据共享活动。国内学者庄倩等[53]较早结合演化博弈论，分析科研人员之间的科学数据共享行为，探讨信任程度的高低对两方共享行为的影响；有研究基于信任机制构建大数据时代科研人员数据共享行为的两方演化博弈模型[256]，从合作博弈的角度探析科学数据引用主体间的利益关系[257]，对科研数据共享中科研人员与共享中介的利益关系展开博弈[258]。此外，国外有学者展开了针对数据共享博弈的研究，如Pronk等[259]利用博弈论的方法研究了数据的共享和重新利用对个人共享行为的影响；Xuan 等[260]提出了基于进化博弈论的智能契约数据共享激励模型，以此增强相关主体信任关系。

由此可见，在宏观的数据共享领域，演化博弈方法已经得到较为成熟的应用，这些研究也能为科学数据共享的三方演化博弈提供一定参考。此外，有研究基于主体间性理论阐述科学数据共享的存续机制，从科研主体的内在动机和整体的获益分配方面分析其共享行为产生的原因[41]。然而，现有的科学数据共享演化博弈研究较少，多关注科研人员之间的两方博弈，无法适应目前的科学数据共享发展趋势，且尚未有研究结合主体间性理论，从参与主体的复杂关系、行为等方面展开分析。基于此，本研究结合主体间性理论与演化博弈理论，对科学数据共享活动中的数据生产者、数据使用者及数据管理平台 3 大主体（以下简称生产者、使用者、平台）的共享策略展开分析。通过构建科学数据共享三方演化博弈模型，探讨各主体的演化策略和系统的演化均衡点，以揭示科学数据共享活动持续发展的实现路径，分析其中不同参数所产生的影响，从而为推进科学数据共享提出有针对性的建议。

11.1 理论发展

11.1.1 主体间性理论

主体间性又称相互主体性、交互主体性、交互主观性，是当代哲学消解一元主体，用对话理性、交往理性取代主体中心理性的基础性论题[261]。在 J.Lacan 结构主义精神分析学对言语作用的分析中，"主体间性"正式作为一个专有名词出现，主要涉及主体与主体之间的相互作用和统一性。经过不断发展，这一概念主要应用于社会学、认识论、本体论等领域[262]。社会学的主体间性强调社会中的人际关系，以及人与人之间价值观的统一性问题；认识论的主体间性是指认识主体（人）之间的共识、知识普遍性问题，强调"同感、移情、统觉"等认知能力[263]；本体论的主体间性更注重主体之间的共在关系，从原有关注的"主体—客体"关系转变成"主体—主体"之间的关系，并认为"存在"既不是主体性也不是客体性，而是主体间共在[264]。

综合上述 3 个领域对于主体间性概念的论述后，本研究将其引进科学数据共享活动，并解释为"以各利益相关主体之间共同存在为依据，从而产生的现实存在关系与潜在关系"。例如,使用者与生产者之间根据互相感兴趣的科学数据而维系共享关系,以及潜在的科研合作关系,甚至两者可以互相转换;使用者、生产者与平台是用户与平台的关系,平台充当使用者与生产者数据交换的桥梁,可以为使用者提供相关的科学数据与服务,为生产者提供数据管理服务,两者的反馈也能促进平台的发展和完善。因此,数据提供者、使用者及平台都是科学数据共享场域中的主体,彼此基于科学数据形成某种共识,并建立实际或潜在的联系,各主体的个性通过主体间性体现,这也重新构建并扩展了科学数据共享场域的共在空间。对于科学数据共享的主体来说,主体间性体现了各主体间自由的存在关系,也是构建和承载科学数据共享关系体系的内在动机。

根据主体间性理论,科学数据共享活动中的各主体应脱离自我中心性,基于共在思想看待主体之间的责任关系,在明确自身"个性"的情况下,深入思考自身所扮演角色的责任和义务。在此基础上,各主体以共同存在的关系为依据,权衡彼此收益,依据共享场景的变化动态调整自身的行为和策略,追求整体的共同价值,进而实现科学数据共享活动的良性循环和健康发展。

11.1.2 演化博弈理论

1973 年,Smith 等[265]首次将生物进化思想引入经济学博弈论,提出演化博弈论的思想。演化博弈论与传统博弈论的主要区别在于,前者强调主体的有限理性,考虑到环境的复杂性、人的有限计算能力和认识能力,且在很大程度上人的理性将不完全发挥作用。例如,在人们遇到复杂的问题时,常以直觉引发行为方式,并参考之前的成功案例,通过不断学习和模仿以达到目标,这与达尔文的生物进化理论十分相似。此外,在参与主体长期博弈中,有限理性博弈主体的决策具有不确定性,无法通过一次博弈结果和短期收益进行预测,故有限理性下的演化博弈是研究随时间变化的参与主体,探索各主体策略演化的动态过程,并阐述各主体为何将达到这种状态,以及该怎么做的问题[266]。

该理论主要包括演化稳定策略、复制动态[267]等核心概念,可以通过建模的方式分析该博弈系统动态演化的内在机制,并找出问题的最优策略组合[268]。具有一定观察、分析、判断能力的博弈主体,会通过学习不断调整和改进策略,当选择某个策略所获得的收益恒大于该博弈系统的平均收益时,其他主体就会复制学习这一策略。在多次迭代后,这一策略成为博弈系统中大部分主体选择的策略,即演化稳定策略。此时,仍选择其他策略的博弈主体或改变策略、退出博弈系统,直至各博弈主体不再单方面改变其决策,博弈系统和群体策略均达到相对稳定状态。复制动态方程则主要用于描述某一决策或策略在某个特定群体中被应用或采用的频数[269],反映了博弈主体随着时间变化所选择的策略情况,以及策略是如何演化直至实现均衡稳定的动态过程[270]。其中,博弈双方的理性会根据整体局势的变化而不断进化,个体的有限理性在该过程中得以表征。

科学数据共享活动涉及生产者、使用者、管理者等众多利益相关主体[74],其本质是源于科研主体在科研工作中对科学数据资源的共同需求,以科学数据资源为基础,以各主体间的复杂共生关系为依托[271],所形成的科学共同体是最终的受益者。然而,生产者是否决定共享其科学数据,使用者是否参与数据共享,以及平台在共享过程中起到怎样的监管作用等,这些问题都会影响科学数据活动的开展和科学共同体的形成。运用演化博弈理论,探讨科学数据共享活动中各主体的演化策略和系统的演化均衡点,可以揭示科学数据共享活动持续发展的实现路径,分析各主体的收益、成本和风险问题,便于有针对性地改善科学数据共享中存在的问题。

11.2 演化博弈模型构建

11.2.1 问题描述

构建的主体间性视域下科学数据共享模型中,主要包括生产者、使用者、平台3个主体,三者之间的关系如图11-1所示。在该模型中,生产者产出科学数据,可以选择将其提交至平台进行共享,供使用者利用,也可以选择不参与数据共享。同样,使用者存在科学数据需求时,可以选择参与科学数据共享活动,也可以寻求其他方式获取所需数据;科学平台则相当于生产者和使用者之间进行数据共享的中介,当生产者的数据共享动机不强、共享意愿薄弱,或使用者在使用共享数据存在问题时,需要平台进行激励和监管。此时,生产者、平台与使用者就形成一种博弈关系,各主体在权衡自身利益或认知层面得失的情况下,选择相应的共享策略。

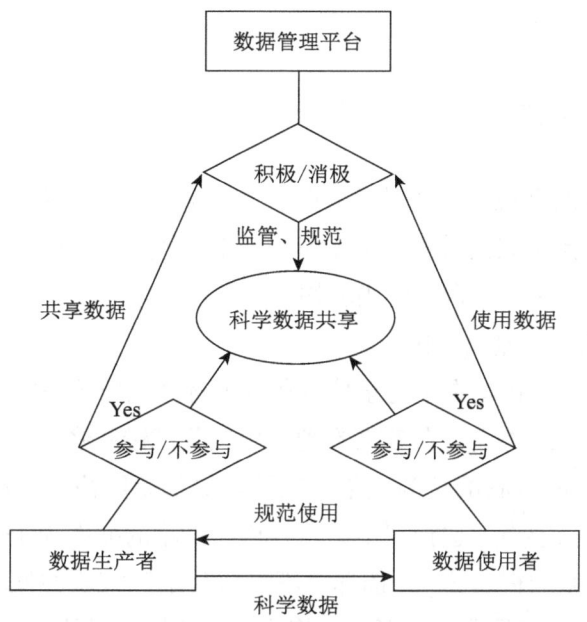

图 11-1 主体间性视域下的科学数据共享模型

其中,生产者是科学数据共享活动中的关键主体,决定是否将自身产出的科学数据进行共享,是科学数据共享活动能够顺利开展的前提,其策略选择为"参与共享"和"不参与共享"。使用者对科学数据进行获取和利用,以满足自身的需求,其策略选择为"参与共享"和"不参与共享"。平台则借助自身的设备、技术支持,将共享数据进行存储、管理及寻求使用者,从而促进科学数据共享活动的可持续发展。根据主体间性理论,三方主体在科学数据共享活动中共同存在,每个主体都决定着科学数据共享活动的顺利开展。生产者和使用者体现在是否参与共享,平台则作为共享活动的中介、共享数据的载体。结合现实中多数科学数据共享活动均需要平台的参与,不考虑少数私下进行的数据共享活动,因此在构建的科学数据共享三方模型中,平台的参与同样不可或缺。为了更好地贴近实际和体现平台的监管作用,以及监管过程中的相应成本,本章将平台的策略分为"积极监管"和"消极监管"。积极监管代表平台采取一系列行动推动科学数据共享活动的开展,包括制定数据共享规范、设置奖励措施、开展数据共享宣传工作和培训工作、利用技术手段保证数据及数据平台的安全等。消极监管意味着平台方对数据共享活动采取敷衍态度,未及时采取有效措施对科学数据共享活动进行严格监管，容易出现相应的数据安全问题。

11.2.2 模型假设

为构建主体间性视域下的科学数据共享策略三方博弈模型，分析各主体的博弈策略、均衡点的稳定性及相关的影响因素，做出如下假设。

假设1：生产者、平台、使用者均为有限理性主体，并符合"经济人"假设，即利己和追求利益最大化。

假设2：上述主体均在不完全信息条件下选择其行为策略，且三者之间互相存在影响。因此，参与主体需要在博弈中反复试错并修改完善自身策略，直至找出最匹配目前现状的行为决策。在博弈的初始阶段，生产者选择"参与共享"策略的概率为x，选择"不参与共享"策略的概率为$1-x$；使用者选择"参与共享"策略的概率为y，选择"不参与共享"策略的概率则为$1-y$；积极监管、消极监管则是平台的可选择策略，其选择前者的概率为z，选择后者的概率为$1-z$。其中，x、y、z均$\in [0,1]$，且都是关于时间t的函数。

假设3：生产者、使用者和平台在各自的策略空间进行选择时，均存在相关的收益和成本。

首先，生产者选择"参与共享"策略可以获得一定收益S_1，主要包括科学数据自身带来的科研收益、平台支付的奖励或其带来的隐形收益（G）、使用者的回报或其带来的隐形收益（H）等方面[87]，其中，涉及的隐形收益主要指科研影响力、潜在的科研合作等方面。同时，还需要付出相应成本C_1，包括生产科学数据及相关衍生成果的产出成本，科学数据共享过程中的操作成本，例如，调整相关格式、按要求上传至平台、积极与其他两者沟通，及时解决共享过程中发现的相关问题。当生产者选择"不参与共享"策略时，也能获得收益S_{11}，例如，科学数据自身带来的科研收益，所付出的成本主要为生产成本C_{11}。显然，$C_1>C_{11}$。

其次，使用者选择"参与共享"策略所获得的收益为S_2，包括使用共享数据得到的成果及衍生的价值；同时，也需要付出相应的成本C_2，例如，获取数据的成本（这里的获取成本主要包括给予生产者的回报），以及与生产者沟通交流及后续成果产出等方面的成本。若使用者选择"不参与共享"策略，通过其他手段获取数据或由自己产出，同样可以获得一定收益 S_{22}，并存在相关的成本 C_{22}。

最后，平台选择"积极监管"策略时，能够获得生产者、使用者等诸多利益相关者的信任，以及国家政府、相关机构等方面的支持，从而大大提升其在业界影响力，所获得的收益为 S_3。同时，平台需要大力宣传科学数据共享活动、相关的激励措施、严格监管共享行为，以及平台对于自身的数据存储、管理、共享系统的建设和维护，故存在总成本 C_3。当平台选择"消极监管"策略时，其消极行为主要体现在激励措施、监管行为和态度等方面，同样也能获得一定收益 S_{33}，并存在一些日常的开发维护等固定成本 C_{33}。

假设 4：三方在进行科学数据共享的过程中可能会存在一定风险因素。例如，生产者共享的数据被使用者错用、滥用、恶意篡改、剽窃[272]；平台在存储和管理的过程中发生数据损坏、错乱、丢失，以及生产者个人隐私、研究思路的泄露和数据产权等问题[207]。

具体来看，当生产者选择"参与共享"策略时，由于生产者在共享过程中未遵守数据共享规范、道德等其他原因，可能会导致共享数据出现缺乏规范性、不完整和不准确的问题，从而可能对自身的信誉、学术影响力等带来损失。为了便于分析，下面将生产者引起的数据问题分为两种情况：一是共享数据本身的问题，如存在数据造假、实验结果不准确等；二是共享数据存在格式不规范、内容有明显缺失等问题。令情况一发生的概率为 μ_1，情况二发生的概率为 μ_{11}。

按照共享数据的流动路线，平台先收到问题数据，若其选择"积极监管"策略，可在很大程度上规避数据的规范性问题，也就是情况二，但难以发现数据本身的问题。此时，如果使用者选择"参与共享"策略，其获得问题数据的概率则为 μ_1，进而因问题数据的干扰而影响其科研进程，受到损失 L_2，这也会让生产者产生损失 R_1。若平台选择"消极监管"策略，即默认平台是机会主义行为，如未严格监管另外两方的共享行为、消极处理共享过程中出现的各种问题等。在该策略下，平台还存在概率 μ_3 导致共享数据出现泄露、丢失的问题，且未进行积极的解决和补偿，从而使平台在业内的影响力和信誉受到较大的损失 R_3。同时，还会受到上述情况二的影响，进一步受到相关损失 L_3。因此，参与共享的生产者和使用者都将受到影响，其中，生产者因其共享数据出现泄露问题而损失 L_1，使用者则受到情况二引起的损失 L_{22}，以及数据泄露丢失问题带来的损失 L_{222}。此外,"参与共享"的使用者也存在误用、剽窃、篡改共享数据的行为,令该事件发生的概率为 μ_2,将对生产者的名誉和学术成果造成不良影响,使其受到损失 L_{11},平台也会受到一定程度的影响,损失为 L_{33},使用者也会因此受到较大的信誉损失 R_2。由此可知,当博弈三方在科学数据共享过程中,由任何一方造成的数据问题都会影响另外两方的收益,且最终的风险损失均为预期(等于风险概率 × 事件发生带来的损失)。

假设 5:当生产者选择"不参与共享"策略时,平台无法获得与数据共享活动有关的收益,也没有相关成本和风险,故其在该博弈系统中的净收益为 0,而选择"参与共享"策略的使用者也没有收益。上述所有参数取值均大于 0,概率参数的取值范围均为 [0,1]。

11.2.3 收益矩阵

根据上述假设和相关参数,可得到生产者、平台和使用者三方博弈模型的收益矩阵,如表 11-1 所示。起初,参与博弈的三方处于系统的固定位置 (0,0,0),此时各自仅存在原始收益。

表 11-1 三方博弈主体的支付矩阵

平台	生产者	使用者	
		参与共享 y	不参与共享 $1-y$
积极监管 z	参与共享 x	$S_3-C_3-\mu_1L_3-\mu_2L_{33}$ $S_1-C_1-\mu_1R_1-\mu_2L_{11}$ $S_2-C_2-\mu_2R_2-\mu_1L_2$	S_3-C_3 $S_1-C_1-\mu_1R_1-H$ $S_{22}-C_{22}$
	不参与共享 $1-x$	0 $S_{11}-C_{11}$ 0	0 $S_{11}-C_{11}$ $S_{22}-C_{22}$
消极监管 $1-z$	参与共享 x	$S_{33}-C_{33}-\mu_3R_3-\mu_1L_3-\mu_{11}L_3-\mu_2L_{33}$ $S_1-C_1-\mu_1R_1-\mu_3L_1-\mu_2L_{11}-G$ $S_2-C_2-\mu_2R_2-\mu_1L_2-\mu_{11}L_{22}-\mu_3L_{222}$	$S_{33}-C_{33}-\mu_3R_3$ $S_1-C_1-\mu_1R_1-\mu_3L_1-G-H$ $S_{22}-C_{22}$
	不参与共享 $1-x$	0 $S_{11}-C_{11}$ 0	0 $S_{11}-C_{11}$ $S_{22}-C_{22}$

11.3 模型演化稳定分析

根据上述科学数据共享收益矩阵，可得到生产者、平台、使用者三方选择不同策略的期望收益、平均收益、复制动态方程及一阶导数方程。首先，分析各主体的演化稳定策略，满足条件是其复制动态方程等于 0，且一阶导数小于 0。其次，计算出三方博弈系统的均衡点，借助雅克比矩阵判断均衡点的稳定性，进而分析博弈系统的演化策略稳定性。

11.3.1 数据生产者

假设生产者"参与共享"的期望收益为 E_{11}，"不参与共享"的期望收益为 E_{12}，平均期望收益为 $\bar{E}_1$，可以得到以下公式：

$$E_{11} = yz(S_1 - C_1 - \mu_1 R_1 - \mu_2 L_{11}) + (1-y)z(S_1 - C_1 - \mu_1 R_1 - H) + y(1-z)(S_1 - C_1 - \mu_1 R_1 - \mu_3 L_1 - \mu_2 L_{11} - G) + (1-y)(1-z)(S_1 - C_1 - \mu_1 R_1 - \mu_3 L_1 - G - H) \quad (1)$$
$$= S_1 - C_1 - G - H + (H - \mu_2 L_{11})y + (G - \mu_3 L_1)z;$$

$$E_{12} = yz(S_{11} - C_{11}) + (1-y)z(S_{11} - C_{11}) + y(1-z)(S_{11} - C_{11}) + (1-y)(1-z)(S_{11} - C_{11}) \quad (2)$$
$$= S_{11} - C_{11};$$

$$\bar{E}_1 = xE_{11} + (1-x)E_{12}。 \quad (3)$$

再根据 Malthusian 的动态方程[273]，进一步得到生产者的复制动态方程 $F(x)$：

$$F(x) = \frac{dx}{dt} = x(E_{11} - \bar{E}_1) = x[(1-x)E_{11} - (1-x)E_{12}]$$
$$= x(1-x)[S_1 - C_1 - (S_{11} - C_{11}) - G - H + (H - \mu_2 L_{11})y + (G - \mu_3 L_1)z]。 \quad (4)$$

对其求导可得 $F'(x)$：

$$F'(x) = \frac{\partial F(x)}{\partial x} = (1-2x)[S_1 - C_1 - (S_{11} - C_{11}) - G - H + (H - \mu_2 L_{11})y + (G - \mu_3 L_1)z]。 \quad (5)$$

根据微分方程稳定性定理，生产者达到演化稳定策略需要满足的必要条件是 $F'(x) < 0$ 和 $F(x) = 0$。当 $y = -\dfrac{S_1 - C_1 - (S_{11} - C_{11}) - G - H + (G - \mu_3 L_1)z}{H - \mu_2 L_{11}} = y_1$ 时，

$F(x)\equiv 0$，此时的 x 可以取任何值，均为生产者的演化稳定策略。当 $y\ne y_1$ 时，可得另外两个稳定点 $x=0$ 和 $x=1$，下面将分两种情况展开讨论。当 $y>y_1$ 时，可以得到 $\frac{\partial F(x)}{\mathrm{d}x}|_{x=1}<0$，$\frac{\partial F(x)}{\mathrm{d}x}|_{x=0}>0$，故 $x=1$ 时为稳定状态，即生产者会稳定于"参与共享"策略；当 $y<y_1$ 时，可以得到 $\frac{\partial F(x)}{\mathrm{d}x}|_{x=1}>0$，$\frac{\partial F(x)}{\mathrm{d}x}|_{x=0}<0$，故 $x=0$ 时为稳定状态，即生产者会稳定于"不参与共享"策略。根据生产者共享策略演化相位图（图11-2），令生产者最终稳定选择"不参与共享"策略的体积为 V_1，"参与共享"的体积为 V_{11}，二重积分在几何上可以表示为曲顶柱体的体积，故可以计算求得：

$$V_1=\int_0^1\int_0^1 \frac{S_{11}-C_{11}+G+H+C_1-S_1-(G-\mu_3 L_1)z}{H-\mu_2 L_{11}} \mathrm{d}y\mathrm{d}z \tag{6}$$
$$=\frac{2(S_{11}-C_{11}+H+C_1-S_1)+G+\mu_3 L_1}{2(H-\mu_2 L_{11})};$$

$$V_{11}=1-V_1=\frac{2(S_1-C_1-S_{11}+C_{11})-G-2\mu_2 L_{11}-\mu_3 L_1}{2(H-\mu_2 L_{11})}。 \tag{7}$$

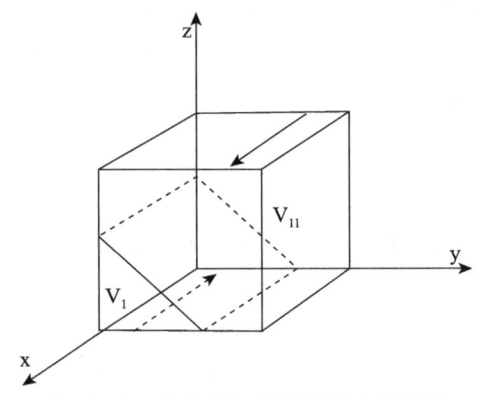

图 11-2　生产者共享策略演化相位图

通过进一步分析可得命题1：当 $H-\mu_2 L_{11}>0$ 时，S_1 与 C_{11} 越大，V_{11} 也就越大；当 S_{11}、C_1、μ_2、L_{11}、μ_3、L_1、G、H 越大，V_{11} 反而越小。即当使用者选择"参与共享"策略后，给生产者支付的回报或产生的隐形收益大于其造成的数据风险损失时，生产者选择"参与共享"策略时的收益 S_1 和选择"不参与共享"策略时的成本 C_{11}，正向影响生产者最终稳定于"参与共享"策略的概率；而生产者"参与共享"策略时的成本 C_1、使用者误用其数据的概率 μ_2 和造成的损失 L_{11}，以及平台出现数据监管问题的概率 μ_3 和对其造成的损失 L_1、

平台的奖励收益 G 和使用者的回报收益 H 等因素,均负向影响生产者最终稳定于"参与共享"策略的概率。命题 1 的证明如下,分别求出 V_{11} 中各参数对应的一阶导数,通过其正负值判断该参数对 V_{11} 大小的影响情况,计算得出:
$\frac{\partial V_{11}}{\partial S_1}>0$、$\frac{\partial V_{11}}{\partial C_{11}}>0$、$\frac{\partial V_{11}}{\partial C_{11}}>0$、$\frac{\partial V_{11}}{\partial C_1}<0$、$\frac{\partial V_{11}}{\partial \mu_2}<0$、$\frac{\partial V_{11}}{\partial L_{11}}<0$、$\frac{\partial V_{11}}{\partial \mu_3}<0$、$\frac{\partial V_{11}}{\partial L_1}<0$、$\frac{\partial V_{11}}{\partial G}<0$、$\frac{\partial V_{11}}{\partial H}<0$。

结合现实情况来看,$(S_1-C_1)-(S_{11}-C_{11})$ 表示生产者在不考虑相关风险的情况下,"参与共享"与"不参与共享"策略之间净收益(指收益-成本)的差值,且参与成本 C_1 往往是在不参与成本 C_{11} 的基础上增大,即难以控制其中一个增大而另一个减小,故可以将 $(S_1-C_1)-(S_{11}-C_{11})$ 看作一个整体,即生产者"参与共享"与"不参与共享"之间净收益的差值 $\Delta\omega_1$。μ_2、L_{11}、μ_3、L_1 同样可以分为使用者误用数据带来的预期损失 μ_2L_{11},以及平台消极监管给其带来的数据安全预期损失 μ_3L_1。因此,可以得到推论 1:生产者"参与共享"与"不参与共享"之间净收益的差值 $\Delta\omega_1$ 越大,或使用者误用数据带来的预期损失 μ_2L_{11} 与平台消极监管引起的数据安全预期损失 μ_3L_1 越小,生产者越容易稳定于"参与共享"策略。

11.3.2 数据使用者

同理,可以得到使用者"参与共享"的期望收益 E_{21},"不参与共享"的期望收益 E_{22},平均期望收益 $\bar{E}_2$,复制动态方程 $F(y)$ 及其一阶导数 $F'(y)$:

$$\begin{aligned} E_{21} &= xz(S_2-C_2-\mu_2R_2-\mu_1L_2)+(1-x)z\times 0+x(1-z) \\ &\quad (S_2-C_2-\mu_2R_2-\mu_1L_2-\mu_{11}L_{22}-\mu_3L_{222})+(1-x)(1-z)\times 0 \\ &= (S_2-C_2-\mu_2R_2-\mu_1L_2-\mu_{11}L_{22}-\mu_3L_{222})x+(\mu_{11}L_{22}+\mu_3L_{222})xz; \end{aligned} \tag{8}$$

$$\begin{aligned} E_{22} &= xz(S_{22}-C_{22})+(1-x)z(S_{22}-C_{22})+x(1-z)(S_{22}-C_{22})+(1-z)(1-x)(S_{22}-C_{22}) \\ &= S_{22}-C_{22}; \end{aligned} \tag{9}$$

$$\bar{E}_2 = yE_{21}+(1-y)E_{22}。 \tag{10}$$

$$\begin{aligned} F(y) &= \frac{dy}{dt} = y(E_{21}-\bar{E}_2) = y[(1-y)E_{21}-(1-y)E_{22}] \\ &= y(1-y)[(S_2-C_2-\mu_2R_2-\mu_1L_2-\mu_{11}L_{22}-\mu_3L_{222})x \\ &\quad +(\mu_{11}L_{22}+\mu_3L_{222})xz-(S_{22}-C_{22})]。 \end{aligned} \tag{11}$$

$$F'(y)=\frac{\partial F(y)}{\partial y}=(1-2y)[(S_2-C_2-\mu_2 R_2-\mu_1 L_2-\mu_{11}L_{22}-\mu_3 L_{222})x \\ +(\mu_{11}L_{22}+\mu_3 L_{222})xz-(S_{22}-C_{22})]。 \quad (12)$$

令 $F(y)=0$，得到 $x=\dfrac{S_{22}-C_{22}}{S_2-C_2-\mu_2 R_2-\mu_1 L_2-\mu_{11}L_{22}-\mu_3 L_{222}+(\mu_{11}L_{22}+\mu_3 L_{222})z}=x_1$，$y=0$，$y=1$。当 $x=x_1$ 时，$F(y)\equiv 0$，y 取任何值均为使用者的演化稳定策略。当 $x\neq x_1$ 时，同样分为以下两种情况：当 $x>x_1$ 时，可以得到 $\dfrac{\partial F(y)}{\mathrm{d}y}|_{y=1}<0$，$\dfrac{\partial F(y)}{\mathrm{d}y}|_{y=0}>0$，故 $y=1$ 时为稳定状态，即生产者会稳定于"参与共享"策略；当 $x<x_1$ 时，可以得到 $\dfrac{\partial F(y)}{\mathrm{d}y}|_{y=1}>0$，$\dfrac{\partial F(y)}{\mathrm{d}y}|_{y=0}<0$，故 $y=0$ 时为稳定状态，即生产者会稳定于"不参与共享"策略。

根据使用者共享策略演化相位图（图11-3），计算出使用者最终稳定选择"不参与共享"策略的体积 V_2，"参与共享"的体积 V_{22}：

$$V_2=\int_0^1\int_0^1 \frac{S_{22}-C_{22}}{S_2-C_2-\mu_2 R_2-\mu_1 L_2-\mu_{11}L_{22}-\mu_3 L_{222}+(\mu_{11}L_{22}+\mu_3 L_{222})z}\mathrm{d}x\mathrm{d}z \\ =\frac{S_{22}-C_{22}}{\mu_{11}L_{22}+\mu_3 L_{222}}\ln\left|\frac{S_2-C_2-\mu_2 R_2-\mu_1 L_2}{S_2-C_2-\mu_2 R_2-\mu_1 L_2-\mu_{11}L_{22}-\mu_3 L_{222}}\right|; \quad (13)$$

$V_{22}=1-V_2$。

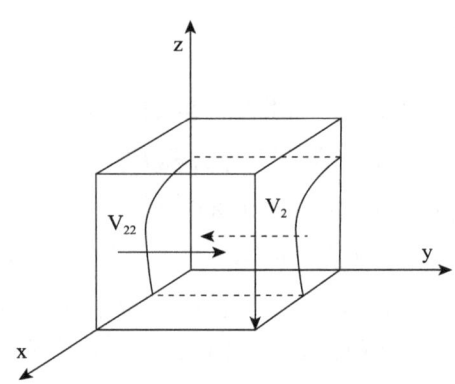

图 11-3　使用者共享策略演化相位图

进一步分析可得命题2：S_2、C_{22} 越大，V_{22} 也就越大；当 S_{22}、C_2、μ_2、R_2、μ_1、L_2、μ_{11}、L_{22}、μ_3、L_{222} 越大时，V_{22} 反而越小。即使用者选择"参与共享"策略时的收益 S_2 和选择"不参与共享"策略时的成本 C_{22} 正向影响使用者最终稳定于"参与共享"策略的概率；而使用者选择"不参与共享"策略时的收益

S_{22} 与选择"参与共享"策略时的成本 C_2，使用者利用共享数据过程中出现误用滥用等问题的概率 μ_2 及给自身造成的损失 R_2，生产者所共享数据具有内在问题的概率 μ_1、存在格式规范性等问题的概率 μ_{11}，以及分别给使用者利用共享数据带来的损失 L_2、L_{22}，还有平台出现共享数据泄露等问题的概率 μ_3 及给使用者造成的损失 L_{222}，这些因素均负向影响使用者最终稳定于"参与共享"策略的概率。命题2的证明如下，分别求出 V_{22} 中各参数对应的一阶导数，通过其正负值判断该参数对 V_{22} 大小的影响情况，计算得出：$\frac{\partial V_{22}}{\partial S_2}>0$、$\frac{\partial V_{22}}{\partial C_{22}}>0$、$\frac{\partial V_{22}}{\partial S_{22}}<0$、$\frac{\partial V_{22}}{\partial C_2}<0$、$\frac{\partial V_{22}}{\partial \mu_2}<0$、$\frac{\partial V_{22}}{\partial R_2}<0$、$\frac{\partial V_{22}}{\partial \mu_1}<0$、$\frac{\partial V_{22}}{\partial L_2}<0$、$\frac{\partial V_{22}}{\partial \mu_{11}}<0$、$\frac{\partial V_{22}}{\partial L_{22}}<0$、$\frac{\partial V_{22}}{\partial \mu_3}<0$、$\frac{\partial V_{22}}{\partial L_{222}}<0$。

此外，V_2 中的 $S_2-C_2-\mu_2R_2-\mu_1L_2$ 正是生产者选择"参与共享"策略、平台选择"积极监管"策略、使用者选择"参与共享"策略情况下所获得的最终收益，令其为 m；生产者所共享数据具有格式规范性等问题给使用者造成的预期损失为 $\mu_{11}L_{22}$，平台出现数据泄露等问题给使用者造成的预期损失为 μ_3L_{222}，令两者之和为 n；将 m、n 代入 V_{22}，可以得到 $V_{22}=1-\frac{S_{22}-C_{22}}{n}\ln\frac{m}{m-n}$，通过观察可知，$m$ 越大则 V_{22} 越大。因此，可以得到推论2：生产者选择"参与共享"和平台选择"积极监管"策略时，使用者选择"参与共享"策略所获得的最终收益越大，越能促进使用者最终稳定于"参与共享"策略。

11.3.3 数据管理平台

同理，可以得到平台"积极监管"的期望收益 E_{31}，"消极监管"的期望收益 E_{32}，平均期望收益 $\bar{E}_3$，复制动态方程 $F(z)$ 及一阶导数 $F'(z)$：

$$E_{31}=xy(S_3-C_3-\mu_1L_3-\mu_2L_{33})+x(1-y)(S_3-C_3)+(1-x)y\times 0+(1-x)(1-y)\times 0$$
$$=x(S_3-C_3)-xy(\mu_1L_3+\mu_2L_{33}); \quad (14)$$

$$E_{32}=xy(S_{33}-C_{33}-\mu_3R_3-\mu_1L_3-\mu_{11}L_3-\mu_2L_{33})+x(1-y)(S_{33}-C_{33}-\mu_3R_3)$$
$$+(1-x)y\times 0+(1-x)(1-y)\times 0 \quad (15)$$
$$=x(S_{33}-C_{33}-\mu_3R_3)-xy(\mu_1L_3+\mu_{11}L_3+\mu_2L_{33});$$

$$\bar{E}_3=zE_{31}+(1-z)E_{32}; \quad (16)$$

$$F(z) = \frac{dz}{dt} = z(E_{31} - \bar{E}_3) = z[(1-z)E_{31} - (1-z)E_{32}]$$
$$= z(1-z)[(S_3 - C_3)x - (S_{33} - C_{33} - \mu_3 R_3)x + \mu_{11} L_3 xy]; \quad (17)$$

$$F'(z) = \frac{\partial F(z)}{\partial z} = (1-2z)[(S_3 - C_3)x - (S_{33} - C_{33} - \mu_3 R_3)x + \mu_{11} L_3 xy]。 \quad (18)$$

令 $F(z)=0$，得到 $z=0$，$z=1$，$x=0$，$y = \frac{S_{33} - C_{33} - \mu_3 R_3 - (S_3 - C_3)}{\mu_{11} L_3} = y_2$，当 $y=y_2$ 或 $x=0$ 时，$F(z) \equiv 0$，z 取任何值均为平台的演化稳定策略。当 $y \neq y_2$ 且 $x \neq 0$ 时，分为以下两种情况：当 $y > y_2$ 时，可以得到 $\frac{\partial F(z)}{dz}|_{z=1} < 0$，$\frac{\partial F(z)}{dz}|_{z=0} > 0$，故 $z=1$ 时为稳定状态，即平台会稳定于"积极监管"策略；当 $y < y_2$ 时，可以得到 $\frac{\partial F(z)}{dz}|_{z=1} > 0$，$\frac{\partial F(z)}{dz}|_{z=0} < 0$，故 $z=0$ 时为稳定状态，即生产者会稳定于"消极监管"策略。

根据平台共享策略演化相位图（图 11-4），计算出平台最终稳定选择"不参与共享"策略的体积 V_3 及"参与共享"的体积 V_{33}：

$$V_3 = \int_0^1 \int_0^1 \frac{S_{33} - C_{33} - \mu_3 R_3 - (S_3 - C_3)}{\mu_{11} L_3} dxdy = \frac{S_{33} - C_{33} - \mu_3 R_3 - (S_3 - C_3)}{\mu_{11} L_3}; \quad (19)$$

$$V_{33} = 1 - V_3 = \frac{\mu_{11} L_3 - S_{33} + C_{33} + \mu_3 R_3 + S_3 - C_3}{\mu_{11} L_3}。 \quad (20)$$

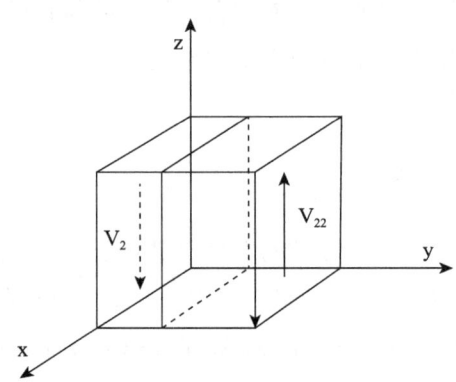

图 11-4 平台共享策略演化相位图

进一步分析可得命题 3：当 S_3、C_{33}、μ_{11}、L_3、μ_3、R_3 越大，V_{33} 也就越大；而 S_{33}、C_3 越大，V_{33} 反而越小。即平台选择"积极监管"策略时的收益 S_3 和选择"消极监管"策略时的成本 C_{33}，生产者所共享数据存在格式不规范等问题的概率 μ_{11} 及给平台造成的损失 L_3，平台出现共享数据泄露等问题的概

率 μ_3 及给自己造成的损失 R_3，上述因素均正向影响平台最终稳定于"积极监管"策略的概率；平台选择"积极监管"策略时的成本 C_3 与选择"消极监管"策略时的收益 S_{33}，两者均负向影响平台最终稳定于"积极监管"策略的概率。命题 3 的证明如下，分别求出 V_{33} 中各参数对应的一阶导数，通过其正负值判断该参数对 V_{33} 大小的影响情况，计算得出：$\frac{\partial V_{33}}{\partial S_3}>0$、$\frac{\partial V_{33}}{\partial C_{33}}>0$、$\frac{\partial V_{33}}{\partial \mu_{11}}>0$、$\frac{\partial V_{33}}{\partial L_3}>0$、$\frac{\partial V_{33}}{\partial \mu_3}>0$、$\frac{\partial V_{33}}{\partial R_3}>0$、$\frac{\partial V_{33}}{\partial S_{33}}<0$、$\frac{\partial V_{33}}{\partial C_3}<0$。

同样结合实际情况，$(S_3-C_3)-(S_{33}-C_{33})$ 表示平台在不考虑相关风险的情况下，选择"积极监管"与"消极监管"策略之间净收益（收益－成本）的差值，且积极监管成本 C_3 往往是在消极成本 C_{11} 的基础上增大，同样难以控制其中一个增大而另一个减小，故可以将 $(S_3-C_3)-(S_{33}-C_{33})$ 看作为一个整体，即平台选择"积极监管"与选择"消极监管"策略之间净收益的差值 $\Delta\omega_3$。μ_{11}、L_3、μ_3、R_3 可以分为生产者共享数据存在格式不规范等问题给平台造成的预期损失 $\mu_{11}L_3$，以及平台消极监管给自身带来的预期损失 μ_3R_3。因此，可以得到推论 3：平台选择"积极监管"与选择"消极监管"策略之间净收益的差值 $\Delta\omega_3$ 越大，或生产者共享数据存在格式不规范等问题造成平台预期损失 $\mu_{11}L_3$ 与其消极监管给自身带来的预期损失 μ_3R_3 越大，都能促进平台最终稳定于"积极监管"策略。

11.3.4 三方博弈系统

先将公式（4）、公式（11）、公式（17）联立，得到描述群体策略演化的三维博弈系统。令 $F(x)=0$、$F(y)=0$、$F(z)=0$，可以求得均衡点：$E_1(0,0,0)$，$E_2(1,0,0)$，$E_3(0,1,0)$，$E_4(0,0,1)$，$E_5(1,1,0)$，$E_6(1,0,1)$，$E_7(0,1,1)$，$E_8(1,1,1)$，$E_9(x^*,y^*,z^*)$。这是一种非对称演化博弈，其均衡点演化稳定成立的充要条件是该均衡点为严格纳什均衡[274]，而严格纳什均衡属于纯策略均衡[275]。Ritzberger 等[276]的研究证明了非对称博弈中仅需讨论纯策略均衡的渐进稳定性，而均衡点 E_9 不属于纯策略解，故只考虑其余 8 个均衡点的稳定性。根据 Friedman[277]的观点，演化博弈均衡点的稳定性可通过雅可比矩阵的局部稳定性分析所得，即对 $F(x)$、$F(y)$ 和 $F(z)$ 依次求 x、y、z 的偏导数，得到该演化系统的雅克比矩阵 Jocobian：

$$J=\begin{bmatrix} J_{11} & J_{12} & J_{13} \\ J_{21} & J_{22} & J_{23} \\ J_{31} & J_{32} & J_{33} \end{bmatrix}=\begin{bmatrix} \frac{\partial F(x)}{\partial x} & \frac{\partial F(x)}{\partial y} & \frac{\partial F(x)}{\partial z} \\ \frac{\partial F(y)}{\partial x} & \frac{\partial F(y)}{\partial y} & \frac{\partial F(y)}{\partial z} \\ \frac{\partial F(z)}{\partial x} & \frac{\partial F(z)}{\partial y} & \frac{\partial F(z)}{\partial z} \end{bmatrix} \quad (21)$$

其中,J_{11}= 公式(5),J_{22}= 公式(12),J_{33}= 公式(18),$J_{12}=x(1-x)(H-\mu_2L_{11})$,$J_{13}=x(1-x)(G-\mu_3L_1)$,$J_{23}=y(1-y)(\mu_{11}L_{22}+\mu_3L_{222})$,$J_{32}=z(1-z)x\mu_{11}L_3$,$J_{21}=y(1-y)[(S_2-C_2-\mu_2R_2-\mu_1L_2-\mu_{11}L_{22}-\mu_3L_{222})+(\mu_{11}L_{22}+\mu_3L_{222})z]$,$J_{31}=z(1-z)[(S_3-C_3)-(S_{33}-C_{33}-\mu_3R_3)+\mu_{11}L_3y]$。

按照 Lyapunov 的演化稳定策略判定方法,可以通过分析 Jocobian 矩阵的特征值 λ 判断均衡点的稳定性[278]。当均衡点的特征值存在正数时,其属于不稳定点;当特征值均为负数时,则属于稳定点;当特征值存在 0 和两个负数时,该均衡点处于临界状态,其稳定性无法通过特征值判断。均衡点稳定性分析如表 11-2 所示。

表 11-2 均衡点稳定性分析

均衡点	Jocobian 矩阵特征值 λ	数值符号	稳定性	满足条件
$E_1(0,0,0)$	$(S_1-C_1)-(S_{11}-C_{11})-G-H$ $-(S_{22}-C_{22})$ 0	- - 0	不确定	—
$E_2(1,0,0)$	$-[(S_1-C_1)-(S_{11}-C_{11})-G-H]$ $(S_2-C_2)-\mu_2R_2-\mu_1L_2-\mu_{11}L_{22}-\mu_3L_{222}-(S_{22}-C_{22})$ $(S_3-C_3)-(S_{33}-C_{33})+\mu_3R_3$	+ # #	不稳定	—
$E_3(0,1,0)$	$(S_1-C_1)-(S_{11}-C_{11})-G-\mu_2L_{11}$ $S_{22}-C_{22}$ 0	# + 0	不稳定	—
$E_4(0,0,1)$	$(S_1-C_1)-(S_{11}-C_{11})-H-\mu_3L_1-(S_{22}-C_{22})$ 0	# - 0	不稳定	—
$E_5(1,1,0)$	$-[(S_1-C_1)-(S_{11}-C_{11})-H-\mu_3L_1]$ $(S_2-C_2)-\mu_2R_2-\mu_1L_2-(S_{22}-C_{22})$ $-[(S_3-C_3)-(S_{33}-C_{33})+\mu_3R_3]$	# # #	ESS	I

续表

均衡点	Jocobian 矩阵特征值		稳定性	满足条件
	λ	数值符号		
$E_6(1,0,1)$	$(S_1-C_1)-(S_{11}-C_{11})-\mu_2 L_{11}-\mu_3 L_1$ $S_{22}-C_{22}$ 0	# # #	ESS	II
$E_7(0,1,1)$	$-[(S_1-C_1)-(S_{11}-C_{11})-\mu_2 L_{11}-\mu_3 L_1]$ $-[(S_2-C_2)-\mu_2 R_2-\mu_1 L_2-(S_{22}-C_{22})]$ $-[(S_3-C_3)-(S_{33}-C_{33})+\mu_3 R_3+\mu_{11} L_3]$	# + 0	不稳定	—
$E_8(1,1,1)$	$-[(S_1-C_1)-(S_{11}-C_{11})-H-\mu_3 L_1]$ $(S_2-C_2)-\mu_2 R_2-\mu_1 L_2-(S_{22}-C_{22})$ $-[(S_3-C_3)-(S_{33}-C_{33})+\mu_3 R_3]$	# # #	ESS	III

注：#表示符号不确定，—表示没有可以满足稳定性的约束条件。

I．$(S_1-C_1)-(S_{11}-C_{11})-G-\mu_2 L_{11}>0$ ①；

$(S_2-C_2)-\mu_2 R_2-\mu_1 L_2-\mu_{11} L_{22}-\mu_3 L_{222}-(S_{22}-C_{22})>0$ ②；

$(S_3-C_3)-(S_{33}-C_{33})+\mu_3 R_3+\mu_{11} L_3<0$ ③。

II．$(S_1-C_1)-(S_{11}-C_{11})-H-\mu_3 L_1>0$ ④；

$(S_2-C_2)-\mu_2 R_2-\mu_1 L_2-(S_{22}-C_{22})<0$ ⑤；

$(S_3-C_3)-(S_{33}-C_{33})+\mu_3 R_3-\mu_1 L_3>0$ ⑥。

III．$(S_1-C_1)-(S_{11}-C_{11})-\mu_2 L_{11}-\mu_3 L_1>0$ ⑦；

$(S_2-C_2)-\mu_2 R_2-\mu_1 L_2-(S_{22}-C_{22})>0$ ⑧；

$(S_3-C_3)-(S_{33}-C_{33})+\mu_3 R_3+\mu_{11} L_3>0$ ⑨。

下面对表11-2进行分析。

情形 I：不等式①表示生产者选择"参与共享"策略的净收益，大于选择"不参与共享"策略的净收益、平台的共享激励收益、使用者"参与共享"策略时误用共享数据对生产者造成的预期损失三者的和；不等式②则表示当生产者选择"参与共享"策略、平台选择"消极监管"策略时，使用者选择"参与共享"策略的最终收益大于选择"不参与共享"策略的最终收益；不等式③表示当生产者和使用者均选择"参与共享"策略时，平台选择"积极监管"策略的最终收益小于选择"消极监管"策略的最终收益。此时，该三方博弈系统的稳定均衡点为 $E_5(1,1,0)$，即生产者与使用者选择"参与共享"策略，平台选择"消极监管"策略。

情形Ⅱ：不等式④表示生产者选择"参与共享"策略的净收益，大于选择"不参与共享"策略的净收益、使用者的共享回报收益、平台选择"消极监管"策略时出现数据泄露丢失等安全问题对生产者造成的预期损失三者的和；不等式⑤则表示当生产者选择"参与共享"策略、平台选择"积极监管"策略时，使用者选择"参与共享"策略的最终收益小于"不参与共享"策略的最终收益；不等式⑥表示当生产者选择"参与共享"策略、使用者选择"不参与共享"策略时，平台选择"积极监管"策略的最终收益大于选择"消极监管"策略的最终收益。此时，该三方博弈系统的稳定均衡点为 $E_6(1,0,1)$，即生产者选择"参与共享"策略，使用者选择"不参与共享"策略，平台选择"积极监管"策略。

情形Ⅲ：不等式⑦表示生产者选择"参与共享"策略的净收益，大于选择"不参与共享"策略的净收益、使用者选择"参与共享"策略时误用和滥用共享数据对生产者造成的预期损失、平台选择"消极监管"策略时出现数据泄露丢失问题对生产者造成的预期损失三者的和；不等式⑧表示当生产者选择"参与共享"策略、平台选择"积极监管"策略时，使用者选择"参与共享"策略的最终收益大于选择"不参与共享"策略的最终收益；不等式⑨表示当生产者和使用者均选择"参与共享"策略时，平台选择"积极监管"策略的最终收益大于选择"消极监管"策略的最终收益。此时，该三方博弈系统的稳定均衡点为 $E_8(1,1,1)$，即生产者选择"参与共享"策略，使用者选择"参与共享"策略，平台选择"积极监管"策略。

综上可知，以上3种情形均存在一个共同点，即该三方博弈系统的均衡点必然包括生产者选择"参与共享"策略，这也是科学数据共享活动开展的充要条件，说明该三方博弈模型比较符合目前的实际情况。

11.4 数值仿真与验证

为了验证上述模型演化稳定性分析的准确性，更直观地体现相关参数对博弈系统稳定性的影响，本节将结合实际情况对其进行合理的赋值，并采用MATLAB R2020a进行数值仿真模拟。先随机设置一组初始参数值，令其为数组1：$S_1=60$，$S_{11}=40$，$C_1=30$，$C_{11}=20$，$S_2=60$，$S_{22}=40$，$C_2=10$，$C_{22}=30$，$S_3=60$，

$S_{33}=40$，$C_3=30$，$C_{33}=10$，$G=10$，$H=10$，$R_2=20$，$R_3=20$，$L_1=20$，$L_{11}=20$，$L_2=20$，$L_{22}=20$，$L_{222}=20$，$L_3=20$，$L_{33}=20$，$\mu_1=0.3$，$\mu_{11}=0.3$，$\mu_2=0.3$，$\mu_3=0.3$。下面的数值仿真实验均在此数组的基础上，通过修改其中相关参数的大小，以探究三方博弈系统的演化路径，以及不同参数对各主体策略选择的影响。

11.4.1 三方博弈系统的演化路径

根据前文的情形Ⅰ、Ⅱ、Ⅲ对数组1中的参数进行合适的修改，考虑到便于计算和简洁性，对于3种情形的参数仅改动其中的少数参数，从而满足上述情形，这并非表示三方博弈系统的影响因素只有这些参数，赋值结果如表11-3所示。

表11-3 均衡点的参数赋值情况

参数	情形Ⅰ取值	情形Ⅱ取值	情形Ⅲ取值	参数	情形Ⅰ取值	情形Ⅱ取值	情形Ⅲ取值
S_1	80	80	80	R_2	20	30	20
S_{11}	40	40	40	R_3	20	20	20
C_1	30	30	30	L_1	20	20	20
C_{11}	20	20	20	L_{11}	20	20	20
S_2	80	80	80	L_2	20	30	20
S_{22}	60	60	60	L_{22}	20	20	20
C_2	10	20	10	L_{222}	20	20	20
C_{22}	30	30	30	L_3	20	20	20
S_3	60	80	80	L_{33}	20	20	20
S_{33}	40	40	40	μ_1	0.3	0.6	0.3
C_3	50	30	30	μ_{11}	0.3	0.3	0.3
C_{33}	10	10	10	μ_2	0.3	0.6	0.3
G	10	10	10	μ_3	0.3	0.3	0.3
H	10	10	10				

下面对数组1与上述3种情形下的三方博弈系统演化路径展开分析。首先，图11-5为数组1情形下的三方博弈系统演化路径，可以发现博弈系统没有稳

定均衡点，演化路径比较发散。其次，图11-6为满足情形Ⅰ的三方博弈系统演化路径，可以发现无论三方博弈主体初始策略选择的概率为多少，最终都将稳定于（1，1，0），即生产者与使用者选择"参与共享"策略，平台选择"消极监管"策略。图11-7则是情形Ⅱ的三方博弈系统演化路径，该系统最终会稳定于均衡点（1，0，1），即生产者选择"参与共享"策略，使用者选择"不参与共享"策略，平台选择"积极监管"策略。同样，图11-8是情形Ⅲ的三方博弈系统演化路径，该三方博弈系统最终将稳定于均衡点（1，1，1），即生产者与使用者均选择"参与共享"策略，平台选择"积极监管"策略，这也是三方主体均积极参与科学数据共享活动的理想均衡演化路径。

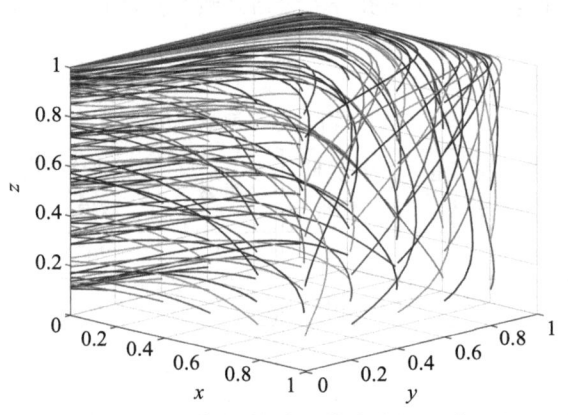

图11-5　数组1不同初始策略下的演化结果（见书末彩插）

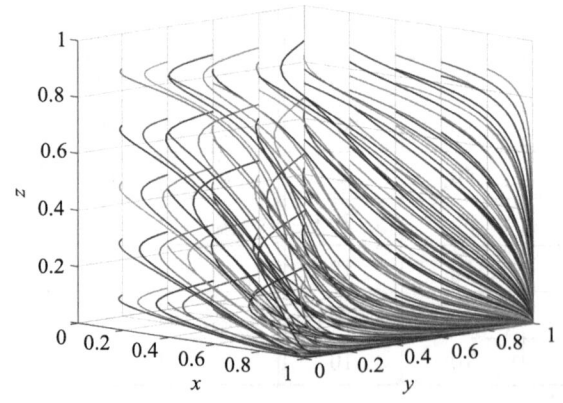

图11-6　情形Ⅰ不同初始策略下的演化结果（见书末彩插）

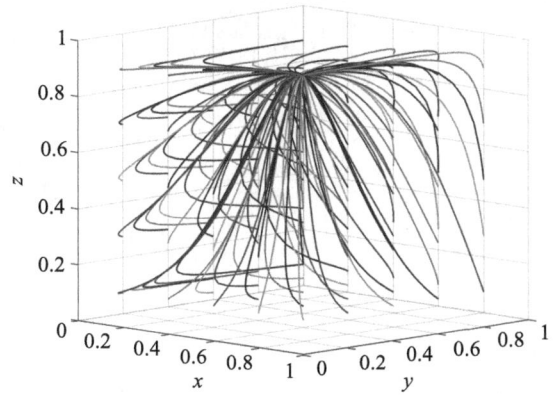

图 11-7　情形 Ⅱ 不同初始策略下的演化结果（见书末彩插）

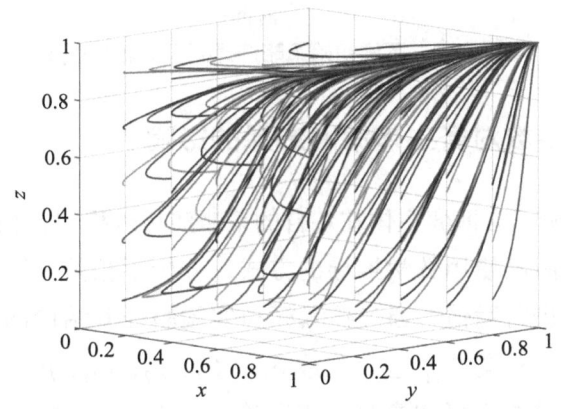

图 11-8　情形 Ⅲ 不同初始策略下的演化结果（见书末彩插）

此外，根据上文可知，在满足相关情形的参数设定下，不论各主体初始策略选择的概率为何值，博弈系统最终都将稳定于某一个均衡点。其中，生产者与使用者的初始策略选择为"参与共享"，平台选择为"积极监管"。因此，为了更清晰地展示各主体初始策略选择概率对博弈系统稳定性的影响，再基于情形 Ⅲ，对三方博弈主体的初始策略选择概率设定 3 组数值，得到不同初始策略选择概率的影响程度，如图 11-9 所示。显然，当三方博弈主体的初始策略选择概率越大时，系统越快稳定于均衡点。由上可知，该三方博弈系统演化路径的数值仿真结果验证了前文的分析，即只有当这些参数的取值满足上述 3 种情形的条件时，该博弈系统才会存在演化均衡点且该均衡点不因各主体初始策略选择概率的大小而发生改变，其初始策略选择的概率越大，系统越快稳定于均衡点。

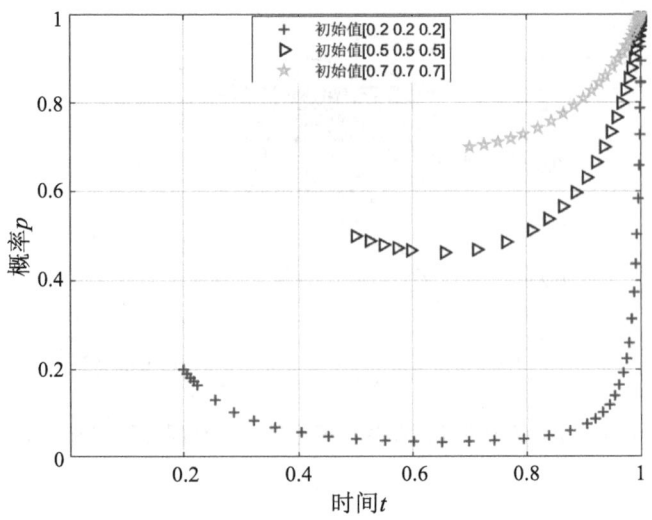

图 11-9　不同初始策略选择概率的影响程度

11.4.2　不同参数对各主体策略选择的影响

本节主要分析三方博弈主体在各自的策略演化过程中，相关参数对其策略选择的影响。前面已使用数学推导的方式，分析了相关参数的影响，故本节只需对相关参数进行赋值，通过仿真模拟实验验证其结论的准确性。根据命题 1、2、3 可知，S_1 与 C_{11} 越大，或 S_{11}、C_1、μ_2、L_{11}、μ_3、L_1、G、H 越小，均能促进生产者最终选择"参与共享"策略；S_2、C_{22} 越大，或 S_{22}、C_2、μ_2、R_2、μ_1、L_2、μ_{11}、L_{22}、μ_3、L_{222} 越小，均能促进使用者最终选择"参与共享"策略；S_3、C_{33}、μ_{11}、L_3、μ_3、R_3 越大，或 S_{33}、C_3 越小，均能促进使用者最终选择"积极监管"策略。下面进行数值仿真实验。

第一，生产者。在情形Ⅲ的基础上，令 S_1 分别取值 80、100 和 200，C_1 分别取值 30、20 和 60，进行仿真模拟后得到图 11-10 和图 11-11。可以发现，图 11-10 中画虚线的一组数据在 x 轴上的斜率更大，说明生产者受到了 S_1 的正向影响，即 S_1 越大，生产者越快稳定于选择"参与共享"策略。当 C_1 等于 60 时，三方均选择了"不参与共享"和"消极监管"策略；取值 20 时，生产者更快地选择了"参与共享"策略，即 C_1 负向影响生产者选择"参与共享"策略。

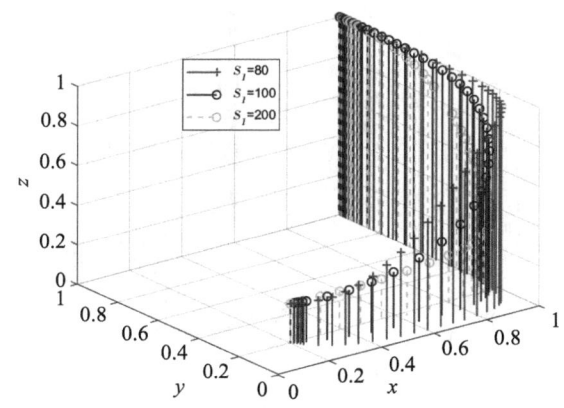

图 11-10　生产者数据共享收益 S_1 的影响（见书末彩插）

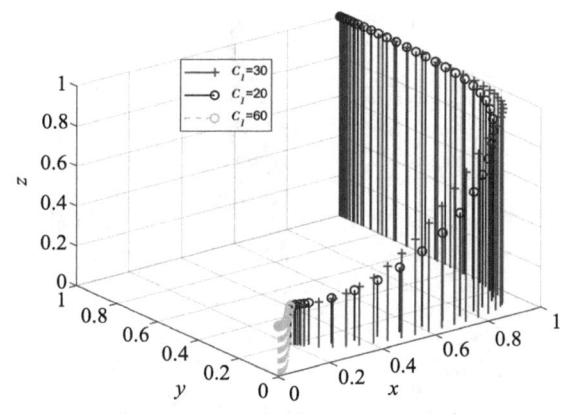

图 11-11　生产者数据共享成本 C_1 的影响（见书末彩插）

第二，使用者。同样基于情形Ⅲ，令 S_2 取值 80、100 和 200，S_{22} 取值 60、30 和 80，对应的仿真结果如图 11-12 和图 11-13 所示。根据图中参数曲线在 y 轴上的斜率可知，S_2 越大或 S_{22} 越小，均能促进使用者更快地选择"参与共享"策略；相反，当 S_2 过小或 S_{22} 过大时，都可能导致使用者选择"不参与共享"策略。

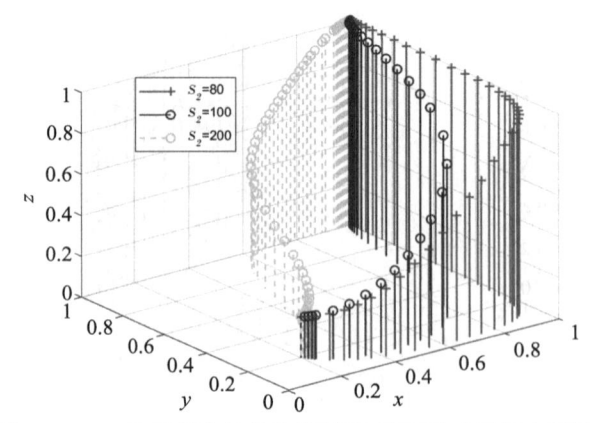

图 11-12　使用者参与共享收益 S_2 的影响（见书末彩插）

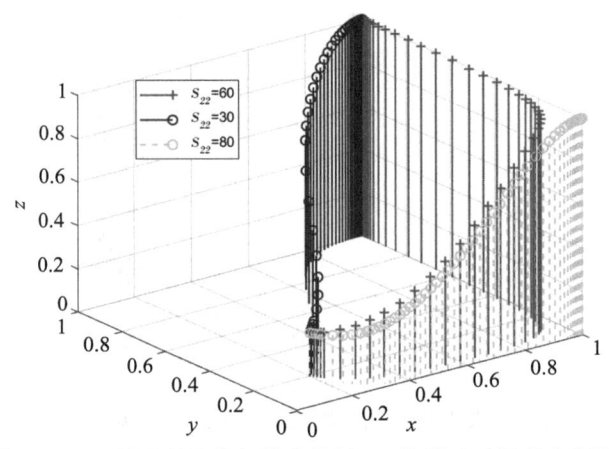

图 11-13　使用者不参与共享收益 S_{22} 的影响（见书末彩插）

第三，平台。同样基于情形Ⅲ，令 S_3 取值 80、40 和 100，S_{33} 取值 40、30 和 80，对应的仿真结果如图 11-14 和图 11-15 所示。根据图中参数曲线在 z 轴上的斜率可知，S_3 越大或 S_{33} 越小，均可以促进平台更快地选择"积极监管"策略；相反，当 S_3 过小或 S_{33} 过大时，都可能导致平台最后选择"消极监管"策略。此外，在实际操作过程中，对所有参数均进行了赋值仿真，得到的结论均符合前文结论。由于本书篇幅限制，以及部分参数的数值仿真曲线不够明显，故本书仅选取了其中部分参数的仿真结果。

第 11 章　科学数据共享主体的演化博弈策略

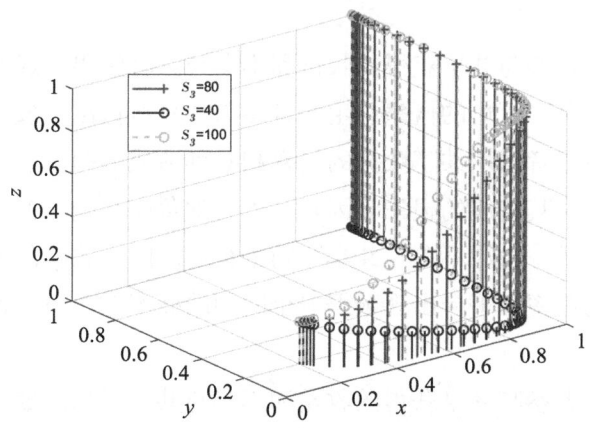

图 11-14　平台积极监管收益 S_3 的影响（见书末彩插）

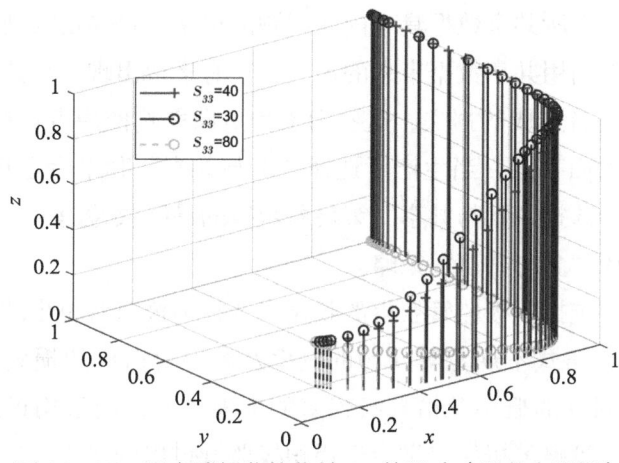

图 11-15　平台消极监管收益 S_{33} 的影响（见书末彩插）

11.5　结果分析与启示

科学数据作为服务于科研和社会民生的重要资产，对其进行共享还能消除数据孤岛。因此，为促进科学数据共享活动的可持续发展，本书引入演化博弈理论和主体间性理论，通过梳理生产者、使用者及平台三方在数据共享中的角色，分析各自的收益、成本和风险因素；在此基础上构建了三方演化博弈模型，并对模型中各主体的演化稳定性策略、相关参数对策略选择的影响及系统均衡点的稳定性展开分析，最后使用数值仿真对结果的有效性进行验证，得出以下结论。

第一，生产者参与共享获得的收益和不参与共享付出的成本，均正向影响其选择"参与共享"策略的概率；生产者参与共享所付出的成本和不参与共享获得的收益、使用者误用共享数据的概率和对其造成的损失、平台出现数据监管问题的概率和对其造成的损失等因素，均起到负向影响。换句话说，当生产者选择"参与共享"与"不参与共享"两个策略之间净收益的差值越大，或使用者误用数据的概率和平台出现数据安全问题的概率越小时，都可以提高生产者的共享概率。

第二，使用者参与共享获得的收益和不参与共享付出的成本，均正向影响其选择"参与共享"策略的概率；使用者不参与共享获得的收益与参与共享付出的成本，使用者利用共享数据过程中出现误用滥用等问题的概率及给自身造成的损失，生产者所共享数据具有内在问题的概率、存在格式规范性等问题的概率及给使用者利用共享数据带来的损失，还有平台出现共享数据泄露等问题的概率及给使用者造成的损失，这些因素均负向影响使用者选择"参与共享"策略的概率。简而言之，当生产者选择"参与共享"和平台选择"积极监管"策略时，使用者选择"参与共享"策略所获得的最终收益越大，就越能促进其最终稳定于选择"参与共享"策略。

第三，平台选择积极监管获得的收益和选择消极监管付出的成本，生产者所共享数据存在格式不规范等问题的概率及给平台造成的损失，平台出现共享数据泄露等问题的概率及给自身带来的损失，上述因素均正向影响平台选择"积极监管"策略的概率；平台选择积极监管付出的成本、选择消极监管获得的收益，两者均负向影响平台最终稳定于选择"积极监管"策略的概率。换言之，当平台选择"积极监管"与选择"消极监管"策略之间净收益的差值越大，或生产者共享数据存在格式不规范等问题造成平台预期损失与其选择"消极监管"给自身带来的预期损失越大，都能促进平台最终稳定于选择"积极监管"策略。

第四，若要生产者、使用者和平台三方能够长期参与科学数据共享活动，须同时满足以下3个条件。首先，生产者选择"不参与共享"策略时的成本及使用者与平台对生产者共享数据的奖励、回报之和，大于生产者选择"参与共享"策略的成本与使用者误用滥用共享数据、平台出现数据泄露丢失等安全问题对其造成的预期损失这三者的和。其次，当生产者选择"参与共享"策略、平台选择"积极监管"策略时,使用者选择"参与共享"策略的最终收益大于选择"不参与共享"策略的最终收益。最后,当生产者和使用者均选择"参与共享"策略时,平台选择"积极监管"策略的最终收益大于"消极监管"策略的最终收益。

为改善科学数据的稀缺问题,提升数据利用效率,推动科学数据共享的发展,结合研究结论,提出以下4点实践启示。

第一,完善参与主体的利益补偿与激励机制。科学数据共享参与者的个体利益是影响其积极参与共享的重要因素,有效的外部利益补偿或激励能够提升各主体的收益,从而促进其稳定选择参与或积极共享的策略。具体措施包括:对于生产者,平台和相关资助机构可以设置专项资金以鼓励生产者的数据共享行为,将其数据共享的情况作为项目申请考核,甚至是职称评定中的重要参考指标等;对于平台,上级部门对有效促进科学数据共享实践的平台设立奖项和资助;对于使用者,若由平台监管等自身原因造成使用者获得问题数据时,应提供一定的补偿。

第二,健全数据共享中的惩罚机制。在数据共享中,获得收益的同时,也将面临一定的风险和问题,惩罚机制则是一种反向的利益保障措施,能够在一定程度上减少结论中的各主体风险损失。例如,对于消极监管的平台,应根据实际情况给予一定惩罚,通过实际惩罚损失能够减少其选择消极监管的概率;如果生产者的共享数据存在问题,且未在后续处理过程中协同使用者一起解决,则应通过扣除一定信誉分的形式予以惩罚,信誉分过低则无法进行数据共享和使用平台数据,该机制同样会提高生产者犯错的成本,有利于促进科学数据共享的持续发展;使用者若在利用共享数据的过程中出现错用、滥用等行为,并造成严重后果,平台同样可对其进行信誉处罚,生产者还可以要求其把相关科研成果撤回或进行法律维权。上述惩罚措施无论对于哪方主体,都展现出较大的犯错成本,能够减少相关风险概率和损失,从而促进各主体参与或积极推进数据共享。

第三,强化各主体数据共享的外在动力。外在动力主要是指增强数据共享中的技术保障,以及对各主体共同愿景和价值观的培养。具体来说,技术保障包括:加强平台的硬件和软件建设,充分发挥平台作为共享载体的支撑作用;统一共享数据的标准格式和规范,提高各方对共享数据的互操作性并减少使用成本;完善通用的元数据标准并建立相关的数据质量评价体系,有利于提升共享数据的质量;加强数据共享工作人员的专业素养培训,提高其在数据管理、审核、服务等方面的能力。此外,还应针对生产者和使用者设置数据共享操作、平台使用等相关的教程或在线指导服务,减少其参与共享的成本。各主体共同愿景和价值观的培养,是从认知方面增强其共享意识,可以实施以下措施。一是举办科学数据共享主题的学术讲座和会议,宣传科学数据共享为社会和个体带来的价值,形成科学数据共享向善的文化氛围,促进共享意识深入人心。二是建立多个科学数据共享讨论群、学术社区等,促进参与主体之间的深入沟通,还能进一步促进数据的共享。

第四,建立健全相关的政策法规。科学数据共享实践中离不开相关政策法规的引导和规范,同时也影响各参与主体的收益和风险。我国现有的科学数据共享相关政策法规主要作为总体性的原则和依据,如《科学数据管理办法》《中华人民共和国科学和技术成果转化法》等,明确了科学数据共享、开放和产权保护的法律基础,鼓励科学数据资源的共享开放,促进科技创新和经济社会发展。然而,目前尚存在以下3个方面的问题。一是缺乏对科学数据共享实践中各环节的管理制度;二是应进一步细化科学数据共享相关主体的责任和分工,明确科学数据共享过程中各方的权利与义务,以及共享后的产权归属等,从而便于后续各主体合法合规地维护自身权益;三是解决知识产权保护与科学数据共享之间的矛盾,其中涉及的风险问题也是各主体参与共享的重要阻碍[75]。因此,亟须针对上述问题,建立符合实际情况的科学数据共享相关法律法规。

第 12 章 促进科学数据共享的策略建议

为进一步推动科学数据共享实践,充分发挥科学数据的重要价值,本研究尝试从科技计划项目科学数据汇交政策、科学数据与科技文献的关联、科学数据管理方面提出一些策略建议。

12.1 完善科学数据汇交政策

当前,随着科学研究和科技计划项目(Science and Technology Plan Projects,STPP)的发展,科学数据不断产出,科学数据汇交政策也在陆续出台。在STPP实施过程中形成的科学数据是科技成果的重要组成部分,也是国家科技创新和发展的基础性战略资源,更是大数据时代最基本、最活跃的科技资源。STPP科学数据的创建与汇交是其生命周期的首要阶段,也是持续推进科技资源共享与增值的重要前提与基础,因此,推进STPP科学数据汇交工作,有利于优化科技资源配置,促进创新资源的开放共享。随着我国STPP的快速发展,科学数据汇交的重要性更加凸显。

为此,国家、地方政府及各具体领域推出了一系列STPP科学数据的汇交政策。例如,2018年,出台《科学数据管理办法》;2021年,《科技计划项目形成的科学数据汇交技术与管理规范》等国家标准正式发布,进一步规范了STPP科学数据的汇交与管理工作。近年来,STPP科学数据汇交政策得到了国内外图书情报、信息科学和其他相关学科领域的高度重视。有必要适时梳理现有STPP科学数据汇交政策的具体内容或其他政策中有关数据汇交的条文,梳理当前汇交政策中存在的问题,并提出有针对性的对策、建议。

12.1.1 具体化涉密数据的汇交办法

涉密数据汇交是我国科学数据汇交中的敏感问题,虽有政策提及,目前尚未形成统一而具体的汇交标准。《国家科技计划项目科学数据汇交暂行办法(草案)》第6条指出,涉及国家秘密或知识产权的科学数据的汇交、保护、公开和利用，执行国家有关法律、法规的规定。《科学数据管理办法》要求，涉及国家秘密、国家安全和社会公共利益的科学数据，不论是受政府预算资金资助，还是社会资金资助产生的，都需按有关规定汇交，不得对外开放共享；确需开放的，应严格审查；第 26 条指出，对外交往中需提供涉密数据的，应明确利用数据的类别、范围及用途，并报主管部门批准，与用户签订保密协议。《科技基础性工作专项项目科学数据汇交管理办法（试行）》第 20 条指出，涉密科学数据不得进行汇交，须由项目承担单位和项目负责人按照国家有关保密规定保存。此外，不少政策都提到按有关法律规定汇交管理涉密数据，若不按规定汇交，视情节进行处罚，但未具体说明是哪些法律规定。《国家重点研发计划项目综合绩效评价工作规范（试行）》针对保密项目和拟对成果定密的非保密项目，要求项目负责人说明成果定密的密级、保密期限建议、研究过程中保密规定执行情况等，并严格按照《中华人民共和国保守国家秘密法》和《科学技术保密规定》等实施综合绩效评价，涉密项目综合绩效自评价报告不得在线填写，且保密项目结题审计由专业机构组织以财务检查形式开展。与其他政策相比，《国家重点研发计划项目综合绩效评价工作规范（试行）》对涉密数据汇交提出了较为细致的要求，并指出了涉密项目评价的法律依据，但依然缺少可操作性的具体措施。

因此，需要实施统一的涉密 STPP 科学数据治理制度，具体化人和系统的分工，做到权责统一、分类管理、分级指导，使涉密数据汇交有据可依。

12.1.2 增强数据汇交政策的创新性

作为我国科学数据管理的行动纲领，《科学数据管理办法》对地方科学数据管理提出了明确要求。各省市意识到制定与完善科学数据汇交政策已成为一项重要而紧迫的工作，相继发布本地实施政策，以此加强和规范本省市的科学数据管理。虽然各省市均提出在结合本地实际的基础上制定相关政策，针对特殊问题和侧重领域的数据汇交也展现出不同的创新形式，例如，上海对部分科技创新计划实行后补助支持方式。然而，从政策内容来看，只有少数根据自身组织结构、产业特点及科学数据汇交现状等进行了相应的调整，大多数地方对有关政策内容的解读与落实，与国家层面大体相似，导致缺乏本地数据汇交的特色，还因为缺乏地方管理平台和管理团队，利益相关机构实施细则的制定情况也不尽如人意，尚未形成全国一盘棋、层次分明的科学数据管理格局。

因此，各省市应深入分析本地实际，因地制宜，研制项目流程中各环节数据汇交与管理的具体要求，积极制定或完善科学数据汇交管理政策，使其更具本地特色和创新性。

12.1.3 完善数据汇交的评价体系

对省级层面政策的调查显示，只有《湖北省科学数据管理实施细则》构建了科学数据质量评价指标体系，对汇交数据的完整性、一致性、准确性、及时性、合法性进行评价，部分政策仅提出由专家或数据中心负责数据汇交审核与评价验收，并没有具体的评价规范。同时，大多数政策未组织特定团队进行专门的汇交流程监测，透明度相对较低，汇交方式大多为网络上传，对汇交于网络的成果缺乏有针对性的保护措施。这些政策对汇交的数据缺少复核措施，对数据质量和元数据的控制不够严谨，往往导致汇交的数据参差不齐。

因此，亟待从多个维度构建完善的汇交评价指标体系，对于重要的 STPP，政府应监测验收单位，保证数据安全汇交。同时，还应对数据进行复核，查验数据的真实性和可靠性，避免垃圾数据和无用数据的汇交与流通。除数据质量外，还应对整个数据汇交与验收流程进行评价，从而为数据汇交与验收工作提供更好的依据与指导。

12.1.4 健全数据汇交的激励机制

激励是科学数据汇交与共享中非常重要的环节。尽管大多数政策要求及时提交数据，即使是项目结项后形成的数据也要汇交，却没有具体的激励机制。STPP 虽然受到政府资金的资助，但在项目实施中形成的科学数据，凝聚了项目负责人和团队成员的智慧与付出，多数团队并不愿意汇交数据。加之项目研究本身具有不确定性与创新性，即使在立项申请时提交过数据汇交计划，也难以保证计划的顺利实施和数据如期产生。此外，汇交主体和管理主体参差不齐，数据汇交程序也难以统一，经常随时发生改变，法律也无法规定具体的汇交方式。这些因素都影响了科学数据汇交与开放共享。

因此，亟待建立健全 STPP 科学数据汇交的激励机制，提升汇交主体的汇交意愿，激励更多单位与个人主动汇交科学数据，从而推动数据汇交与共享。

12.1.5 严格数据汇交制度

大部分科学数据是在 STPP 实施中产生的。由于项目具有多样性与周期性，数据产生的时间难以确定，数据汇交的要求也难以量化与细化，对数据汇交期限的要求也不太明确，导致汇交效率降低。建议尝试实施更为严格的数据汇交制度，例如，美国国立卫生研究院把最后一批数据发表的时间作为数据汇交的截止时间，并要求负责人在项目研究中随时提交数据，而非在结项时统一汇交。此外，数据汇交管理是一项技术性、专业性很强的工作，需要由专业的人开展，因此，制定并落实数据科学家计划，建立一支多层次、复合型人才队伍也是非常必要的。

综上所述，现有 STPP 科学数据汇交政策对科学数据汇交提出了总体原则和基本要求，基本回答了以下关键问题：谁来交？交什么？交到哪？数据汇交之后权益如何保护？随着汇交实践进展，有关数据汇交与验收的政策内容也日益完善，对各流程（如项目立项、汇交与验收等）的分工日渐明确，并在各个流程之间穿插审核监测机制，为数据安全和产权保护问题增添了更精细的解决思路。然而，在这些政策中还存在一些问题，有待进一步思考或解决。

12.2 强化科学数据与科技文献的关联

科学数据与科技文献的关联和融合，是数据密集型环境下科学研究的迫切需要，也是科学数据开放共享活动中的关键环节。建立两者之间的关联关系是推进科学数据获取、管理、共享与利用工作的有效手段，是完善科研成果评价体系的有力支撑，也是促进科研合作和学术创新的强大动力。

12.2.1 完善科学数据相关政策体系

完善的科学数据管理、关联、引用等相关政策是科学数据与科技文献关联工作的根本保障，可以规范和引导两者的关联及科研人员的数据管理、引用。调研发现，国外成熟的数据平台基本都在其主页的醒目位置公示相关政策，且这些政策中关于科学数据的价值和知识产权问题均处于首要位置。显然，无论是在科学数据与科技文献的关联方面，还是对科学数据的共享与复用，明确利益相关者的权益和责任都尤为重要。此举不仅可以指导科学数据与科技文献的关联、减少数据共享和引用等方面的纠纷，还能激励科研人员共享科学数据。

面向科学数据的提交与存储，国内相关政策虽要求对科学数据进行汇交，但对数据的类型、格式及提交方式并没有统一的标准。在科学数据的引用方面，多是鼓励性政策，其数据政策声明不够明确，仅有一些科学数据平台在数据引用方面制定了较为详细的规定。虽存在面向不同学科领域的科学数据政策，但政策内容未能充分考虑相应学科领域的数据特点。从整体来看，我国虽具有普适性的政策内容作为指导，但相应的政策内容还不够丰富，学科、区域等细分领域政策的关联性较弱，尚未形成一套系统的且适应我国科学数据发展现状的科学数据开放共享政策体系。

因此，政府部门、科研机构、出版商等还需结合我国整体的实践情况和各领域数据的具体特点，从宏观、中观、微观3个层面统筹协调，不断制定和完善数据开放共享政策，明确利益相关者的责任和不同类型数据的开放共享方式，充分挖掘科技资源的价值，避免造成数据的浪费和相关人员的权益纠纷。同时，还应借鉴国外的先进经验，在科学数据的存储、汇交、关联、重用等方面制定更为明确的政策，从引用标准的统一、引用内容的细化及数据集的识别度等方面不断予以完善。同时，还要关注不同学科领域的数据特点，提供具有针对性的数据使用说明，从而增加科学数据与相关科研成果的关联强度，促进科研效率的提升。此外，在构建科学数据开放共享政策体系的基础上，需对关联政策进行细化与标准化，提升数据政策的适用性。

12.2.2 丰富科学数据平台的服务功能

目前，根据调查和分析发现，科学数据平台在关联服务功能建设方面仍处于起步阶段，数据准备尚不充分、数据检索方式单一、数据更新不及时、缺少意见反馈机制等问题都影响了平台的服务效果。为了更好地满足用户需求，在检索方法方面，应增加高级检索功能，并设置检索指南，引导用户构建完整的检索表达式，支持按科学主题、细分学科、来源机构、出版日期等元数据进行组合检索，从而获取精确的检索结果。在检索界面方面，依据简洁、友好、易用的原则，对用户界面进行优化，提高检索效率。同时，还应提供用户意见反馈通道，通过人工或智能助手窗口及时回复用户疑问，并根据用户意见调整相应功能，提升平台服务质量。在支撑工具方面，平台应不断开发新的数据挖掘和分析工具，创新关联方法，融合人工智能、机器学习等技术，深入挖掘科学数据与科技文献之间的关联关系，实现科学数据的精准定位与发现。

此外，科学数据平台可以借鉴国外成熟的文献与数据关联案例，如在 Science DB 引入 Scholix 索引，进一步实现数据与出版物的互联互通。国内 CNKI、维普、万方等文献数据库也积累了宝贵的建设经验，并不断完善平台功能，满足用户"一站式"检索和多样化检索方式的需求。出于知识管理的需要，CNKI 搭建了知识网络结构框架，并基于相似性比较、自动聚类等理论、方法和技术，实现了各种知识主体之间的相互连接，组成知识关联的网络[279]。在检索结果页面，任意点击某一文献、作者或出版物，即可进入相应的文献知网节、作者知网节或出版物知网节。随着共享平台上的资源变化，每一节点的链接信息都是会动态实时更新。这种知识整合模式不仅可以直观展示知识的起源和不同阶段的发展进程，方便用户快速、高效地获取和利用知识，还充分揭示了每个知网节上汇集的各类信息之间的直接关联与间接关联，有利于知识的发现、交流、学习、共享、创新等。科学数据平台可以从元数据要素出发构建知网节，通过链接方式对数据之间进行关联，方便用户查找。由于部分平台存在无效链接等情况，今后还需对数据链接进行定期维护、及时更新。

除基于元数据构建知网节以外，还可以基于数据与文献的引用关系构建引用网络，通过节点连线可视化的方式展现数据与文献的关联关系。与文献类似，科学数据也可以反复利用、不断增值。科学数据引用是指科研人员通过参考文献、正文注、脚注、尾注或致谢等形式，在论文中提供数据来源出处的做法[280]。科学数据与科技文献的引用关系表现出两者之间交叉融合的关联关系。通过构建科学数据引用网络，将节点数据的参考文献、引证文献、共引数据，同被引数据整合到一个检索结果页面，方便用户轻松链接、获取引用文献的知网节及全文。同时，数据平台也应根据数据量和文献量的增加对引用网络进行动态实时更新，帮助识别数据归属、追踪数据来源。此举不仅有助于分析和追踪科学数据的发展历程，还可以为学科发展趋势的评价与预测提供依据[281]。

12.2.3　增加可关联文献的类型

目前，科学数据平台在建立科学数据与科技文献的关联时，关联对象大多集中于期刊论文，关联的文献类型较为单一。事实上，科技文献所包含的种类非常丰富，包括学位论文、会议论文、专利文献、科技报告、科技图书等。将科学数据与不同类型的科技文献建立关联，可以扩大科学数据的发现途径，对于追溯科学数据归属、促进数据的共享与重用、提高资源的利用效率等均发挥着重要作用。

科学数据与科学文献、科技报告、专利、图书分别属于不同类型的数据资源，虽然存储于异构数据库，但可以利用多种方法建立起关联性。一方面，可以根据元数据描述内容的相似性，分析作者、主题、名称等易于发现的外部特征，建立直接关联，链接查看同一作者发布的、相关主题的科技文献。除引用他人的数据外，大部分以原始数据为基础进行分析、推演、挖掘而形成的科技文献，其作者和支撑数据的作者相同[282]。另一方面，也可以基于相互之间的引用关系，构建科学数据与科技文献的关联。科学数据作为科研成果的重要产出，根据引用关系识别其流动和扩散方向，有助于实现对知识的关联发现，从而推动科学创新和进步。例如，就专利文献而言，专利引用数据体现了科学数据对技术领域的贡献和支撑作用，反映了科学知识向技术领域的流动和扩散，而数据引用专利代表着科学领域对技术知识的吸收与融合。专利和科学数据的关联关系不仅能反映数据的流动方向，还有助于了解科学和技术的融合与相互作用情况[283]。此外，还可以基于科学数据和科技文献之间的引用关系进行定量分析和知识发现，为针对科学数据的价值和影响力的评价提供依据。

12.2.4　加强相关主体之间的合作

当前，虽然我国科学数据平台、学术期刊、图书馆等相关主体从不同角度进行了关联实践探索，但科学数据与科技文献的关联关系大多出现在数据平台一方，即从科学数据平台可以点击查看关联论文或引用论文，在文献数据库平台上（如 CNKI）却无法直接链接到相应的支撑数据。由此可见，科学数据与文献之间仅建立了单向联系，尚未建立双方或多方的相互关联。为实现科学数据与科技文献的双向关联，我国应充分借鉴国外的先进经验，加强相关主体之间的合作，通过元数据映射、接口链接、数据资源整合等多样化的方式实现两个或多个不同存储内容数据库之间的互联互通。例如，国外 Elsevier 商业数据库与 Dataverse、PANGAEA、Dryad、ICPSR 等 50 余个科学数据仓储合作，通过链接模式建立了数据与文献的双向关联，同时还提供可验证数据 DOI、语义实体链接、创建横幅标识、开发集成数据 APP（PDB、NCBI）等服务，极大限度地发挥了科学数据与文献的价值，方便用户的数据获取行为。

无论是商业数据库还是开放获取数据库，都应在相关政策的指导下，积极开展与科学数据仓储的交流合作，通过语义实体识别和链接实现科技文献与科学数据仓储的语义关联，此举不仅可以很好地支持科学研究与发现，还有利于扩大数据库中科技成果的影响力。对于图书馆数字资源平台而言，可以通过目录整合的方式，实现科学数据与图书资源的关联，从而提供多样化的数据服务，满足用户个性化的数据需求。同时，在数据收集方面，科学数据平台应与其他各级数据中心、科技文献出版方、图书馆等开展深入合作，采用多渠道获取数据，注重数据收集的质量，构建科技资源的利益共同体，共同促进科学数据和科技文献的共享与重用。为了获得足够的资金支持，相关平台或科研机构也可以面向企业或商业数据库开展数据服务，合作开发集成系统，以满足用户"一站式"数据检索的需求。

科学数据经过前期的收集、中期的处理、后期的分析，最终实现价值最大化，彰显学术意义，为社会解决现实问题。关联研究是挖掘不同数据之间的相互关系，从中发现研究对象的潜在联系的重要方式，对于促进知识的发现、融合、利用，推进科学研究的发展具有重要意义。目前，两者关联研究尚处于探索阶段，后续需要各利益相关者共同努力，从而推动科研资源整合和利用的实践进程。

12.3 加强科学数据管理与共享

科学数据共享既是数据密集型科研范式下获取数据的重要途径，也是国家创新驱动发展战略的要求，更是推进科技进步与社会发展的必然选择。满足提供者需求，是科学数据共享顺利进行的重要保障，是各相关主体的共同责任与担当。下一步，将尝试从各主体的视角提出一些对策与建议。

12.3.1 完善相关框架、设施与政策

首先,应建立统一的科学数据管理框架和标准。包括制定数据收集、存储、共享和使用的标准,以确保数据的一致性和互操作性。可参考国际上已有的最佳实践和标准,如 FAIR 原则(可发现性、可访问性、互操作性和可重复性),并根据我国的实际情况进行适当的调整和完善。

其次,要投资科学数据基础设施。可以建立高性能计算和存储设施,以满足科研人员处理大规模数据的需求,并保障科学数据的机密性和完整性。还要为科学数据的广泛获取与开发利用提供技术支持,加强对科学数据的管理。

最后,应制定和完善相关政策与伦理规范。科学数据管理工作的开展离不开政策法规的引导和推动[249],通过制定或完善相关的政策法规,明确规定科学数据的所有权、访问权限、共享义务和责任等问题,以保护数据的权益与合法使用。同时,还需建立科学伦理规范,规范科研人员的数据生产行为和数据使用方式,以确保数据的合理性和可信性。

12.3.2 增强科学数据平台的安全性与透明性

首先,采用严格的数据采集、整理和存储方法,以保证数据的完整性和可靠性。科学数据平台集成数据存储、数据处理、数据共享和数据分析等功能,是数据管理与共享的重要载体。可以引进先进的系统和硬件设施,使用数字签名和加密技术保护数据的安全性,确保数据在传输和存储过程中不被篡改或泄露。还可以建立数据质量控制机制,进行数据验证、审查和纠错等,以确保数据的安全性。

其次,具备良好的数据访问权限控制机制。科学数据共享会涉及敏感信息和知识产权等问题,有必要保护数据的安全和隐私。通过建立访问控制策略和权限管理系统,限制数据的访问范围,并对数据进行权限审批和审计,从而保障数据的安全性与合法性。

最后,具有开放性与透明性。第一,可以建立开放的数据访问政策,鼓励科研人员共享其数据,并提供相应的数据共享平台和工具。第二,可以建立数据的元数据标准和分类体系,使数据的描述和检索更加方便、准确,从而促进数据的共享和交流。第三,可以建立用户反馈窗口,根据用户研究兴趣或相关

要求改进数据平台的服务水平,创建数据共享"绿色通道",为科研人员共享科学数据简化步骤、节省时间,提升其共享意愿。

12.3.3 加大科研资助机构支持力度

首先,制定明确的数据汇交机制。作为向科学研究提供经济支持的组织,科研资助机构应规定数据汇交的时间、数据存储的要求、数据格式的规范及数据共享的途径等。NSF(美国自然基金会)要求研究人员进行科学数据管理与共享,鼓励其将数据存储在可访问的数据库中,并提供详细的数据描述和元数据。NSF 还要求研究人员在项目申请阶段提交"数据管理计划",并在项目研究过程中严格按计划进行数据管理和共享。

其次,设立科学的奖励机制,有助于鼓励研究人员主动进行数据管理与共享。可以设立数据管理与共享的突出贡献奖、优秀项目奖等,以表彰和奖励在数据管理与共享方面做出杰出贡献的科研人员或科研团队。例如,NSF 设立了"数据管理优秀项目奖",有效推动了美国科学数据管理与共享的发展进程。

最后,为科研人员提供必要的培训和支持,帮助其了解数据管理与共享的重要性,树立数据管理的意识,以及如何进行科学数据的整理、存储和共享。有研究表明,资本可得性障碍对科学数据共享效果具有反向影响[284],因此,为推动科学研究发展,有必要提供更有力的经济支持。

12.3.4 加强对数据共享的宣传、管理与保护

首先,加强对数据共享的宣传。作为从事科学研究的机构或组织,科研单位需让科研人员认识到科学数据管理与共享的重要性,并解决其中的产权归属、利益分配、学术评价等关键问题。同时,定期牵头开展数据管理与共享的活动和相关学术交流,鼓励科研人员共享自有数据,分享经验和最佳实践,并重用他人数据进行科学研究。数据共享与重用既可以降低研究成本,又可以促进科研人员之间的交流互动,形成长期的互惠关系,从而使科研人员对数据共享持有更积极的态度。此外,还要为本单位科研人员提供能够保证数据质量的研究条件,制定相应的控制与评估措施。

其次,建立和完善科学数据管理与共享系统。科学数据通常是庞大且复杂

的，需要进行整理、分类和标准化，以便科研人员能够更好地理解和分析数据。安全高效的系统可对数据进行整合和存储，确保数据的完整性、可靠性。例如，一所天文研究所可建立天文观测数据的数据库，将各种观测数据按照时间、位置和类型进行分类与存储。

最后，制定合理的数据保护措施。科学数据不仅包含有价值的研究成果，还包括个人隐私信息，科研单位需制定相应的数据保护政策和措施，确保数据的安全性和隐私性。例如，医院在进行临床试验过程中，需保护患者的个人隐私，确保不被泄露或滥用。

12.3.5 注重数据质量与安全

首先，注重数据的收集和整理。作为科学数据生产、管理与利用的重要主体，科研人员在科学研究过程中应采用规范的方法收集数据，并及时对数据进行专业化的整理和清洗，制定详细的数据记录表，确保数据的质量。

其次，注重数据的存储和管理。科学数据是海量而异构的，科研人员应采用合适的存储和管理方式，以保证数据的安全性和可访问性。此外，还应制定数据备份策略，定期对数据进行备份，防止数据丢失或损坏。可以将数据存储在云平台上，并设置相应权限。

最后，需加强数据的共享和交流。科研人员可以选择将数据发布在公开的科学数据库中，或与其他研究人员进行合作，共同利用数据开展相关研究。通过对数据的共享和交流，科研人员可以获得更多的反馈和启发，从而进一步提高研究的质量和水平。在数据共享过程中，科研人员不仅要确保数据质量，保障数据的真实性、完整性、有效性和权威性，还应积极学习相关的知识和技能，加强对自身数据的监护。此外，还应在明确个人与团队目标之间的差异性和一致性的基础上，关注团队成员之间的数据共享成效，及时总结经验，为今后的科学数据共享提供参考与借鉴。

12.3.6 提升科学数据重用意愿

科学数据共享是重用的前提与基础，而重用是共享的目的与价值，是进一步挖掘并实现数据价值最大化的重要方式之一。因此，提升科研人员的数据重用意愿,促进数据共享行为的发生,可以推动科学数据共享的进程。科研人员通过重用数据可以节省收集、整理新数据所花费的时间、精力等,减少科研过程中重复的工作,实现科学数据价值的最大化。Zimmerman[285]最早提出科学数据重用的概念,指出科学数据重用是为了研究新问题或解决特定的问题,又或者为描述某些现象而收集、使用现有数据。

学者已逐渐意识到重用数据的价值与意义,在理论层面展开了积极的研究并取得了一定的成果,在实践应用层面却不容乐观。已有研究表明,科学数据重用存在数据表达差异、科研人员发现和理解数据的能力不足、移动数据风险、数据不匹配[286]、权益分配不均[287]、数据存储库功能及服务不完善[288]、数据滥用及引用不规范[289]等问题,影响了科研人员的数据重用意愿与行为。

前期对科学数据重用意愿影响因素的元分析表明,对具有显著正向影响的因素,根据影响程度大小依次排序为重用态度、感知有用性、主观规范、感知数据质量、数据存储库的可用性、内部资源支持[290]。其中,重用态度、主观规范、感知数据质量对重用意愿影响程度的排序与魏银珍等[291]的研究结果一致。此外,还发现感知有用性、主观规范与重用态度是正相关关系,感知风险对重用意愿和态度具有显著负影响。不同于Yoon等[5]的结论,感知努力与重用态度或意愿不存在显著关系。相较于强相关和中度相关因素而言,具有弱相关关系或无显著关系的影响因素,在不同研究中的结论更可能与元分析结果不一致。科学数据重用意愿影响因素还随量表等级、国别、学科、文献类型的不同而存在显著差异。量表等级对"感知风险—重用意愿""内部资源支持—重用意愿"之间的关系均起调节作用;国别对"感知有用性—重用态度""感知数据质量—重用意愿""内部资源支持—重用意愿""数据存储库的可用性—重用意愿"之间的关系均起调节作用;学科对"感知有用性—重用意愿""重用态度—重用意愿""数据存储库的可用性—重用意愿"之间的关系均起调节作用;文献类型对"感知数据质量—重用意愿""主观规范—重用态度""内部资源支持—重用意愿"之间的关系均起到调节作用。

为此,相关主体可针对数据重用的具体影响因素发力,尽快扫除数据重用障碍,提升科研人员的科学数据重用意愿。国家层面应加快推进科学数据共享和重用的建设工程,建立健全科学数据重用的相关政策法规。政府应加强和完善基础设施建设,如安排相关技术人员进行实时监督,保证平台运行的可靠性、稳定性与安全性,还可以适当地在数据库中增加一些反馈信息进行引导。

社会可营造积极的、规范的开放共享与重用环境，相关机构可以基于科研人员多重身份建立和完善相关激励与奖励机制，明确贡献评价体系。科研单位应呼吁相关利益主体从数据生产到再利用各个环节中对数据进行严格把控，以提高科学数据的质量。科研人员个人需正确认识数据重用的价值，提高数据重用的积极性。

第六篇

总结篇

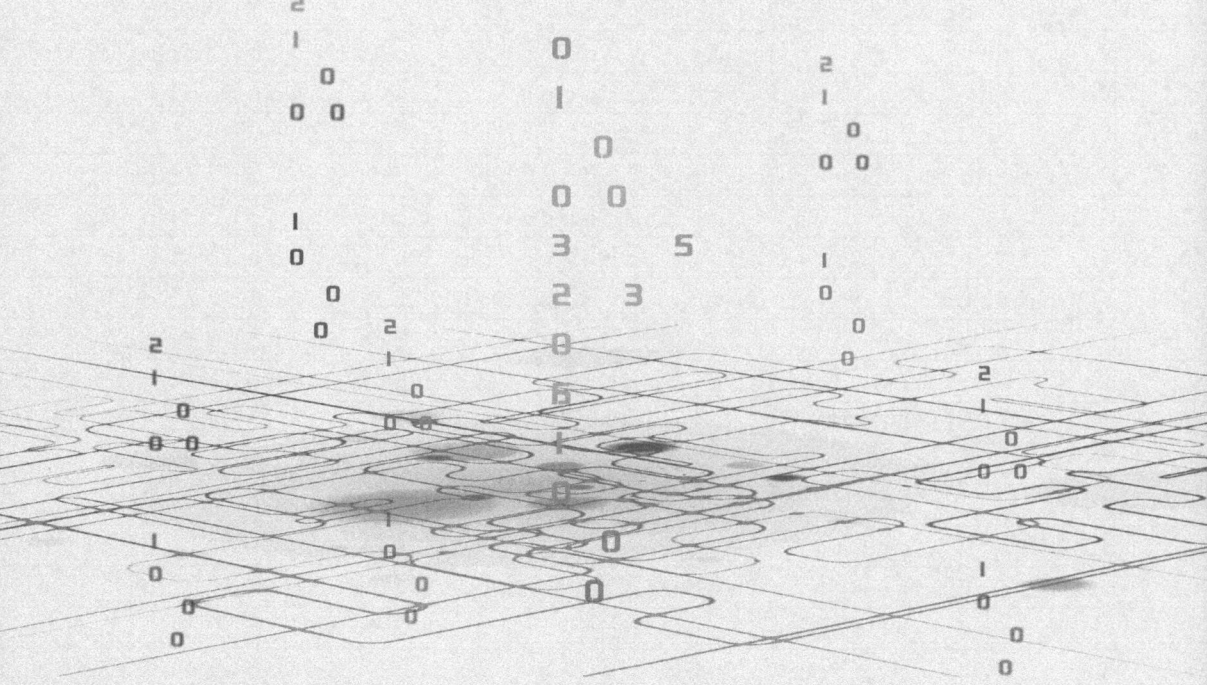

第13章 研究总结与展望

本书采用多种研究方法,对科学数据共享需求、影响机理、模式与策略进行了较为系统的研究,其研究结论、贡献、不足与展望总结如下。

13.1 主要研究结论

从科学数据共享需求来看,第一,提供者视角下的科学数据共享需求包含5个维度,分别为数据安全、数据管理平台、自我价值实现、社交、利益回报需求。其中,提供者对共享数据的安全性需求最为重视,其次是对数据管理平台和自我价值实现的需求。第二,从使用者视角来看,数据内容质量、数据获取效率及平台的安全性等需求是使用者关注的焦点,而数据获取成本和平台知名度的被关注程度相对较低;不同用户群体的科学数据共享需求既有相似性也有差异性,性别与学科背景是导致使用者需求存在差异的主要因素,年龄、学历、科研工作年限及了解程度对用户需求虽有一定影响,但不具有明显的规律性。

从科学数据共享影响因素来看,第一,提供者的信任、互惠、社会互动显著正向影响共享态度,且互惠的作用最强;共享态度、感知行为控制显著正向影响共享意愿,且共享态度的作用较强;共同愿景对共享态度的影响不显著,主观规范对共享意愿的影响不显著;数据质量正向调节感知行为控制、共享态度、主观规范与共享意愿之间的关系。第二,从使用者视角来看,科学数据质量对使用者的感知有用性、感知易用性的影响不显著,数据来源可信度显著正向影响感知有用性和感知易用性,且感知易用性显著正向影响感知有用性,而感知有用性、感知易用性又显著正向影响共享意愿,共享意愿进一步显著正向影响共享行为。

从科学数据共享与管理模式来看,传统中心化共享模式存在一定的问题。本书借助区块链技术、SQL数据库和万能数据结构表,构建基于区块链的个人科学数据共享模式架构模型,对该模式的流程、特点、关键技术与机制展开了具体、深入的论述。相较于中心化科学数据共享模式,本书提出的分布式共享模式具备更强的隐私保护能力和数据流通能力,具有较大的研究和应用前景。

在数据密集型科研范式下，有必要创新与发展科学数据管理模式，以进一步促进科学数据共享与利用。

从科学数据共享博弈演化策略来看，数据生产者、数据使用者和数据管理平台受相关收益、成本和风险的影响有所差别，其共同点是两种策略下的净收益差值越大，越利于其选择净收益数值大的策略。只有在满足一定条件时，该三方博弈系统才能最终稳定于数据生产者和数据使用者均参与共享、数据管理平台积极监管的理想状态。

13.2　研究贡献

本书的主要贡献可归纳如下。第一，开发了提供者与使用者的科学数据共享需求量表，揭示了需求特征，丰富了相关变量的指标评价体系。第二，将社会资本理论与计划行为理论引入科学数据共享领域，构建了整合的理论框架，证实了共享态度的影响因素及数据质量的重要作用，打开了计划行为作用于共享意愿的机制黑箱，从而为进一步揭示数据共享意愿的发生机理提供了重要依据。第三，以双路径模型和技术接受模型为理论依据，将科学数据质量、数据来源可信度、感知有用性、感知易用性、共享意愿、共享行为整合在同一个理论框架中，构建了使用者视角下的共享行为影响因素模型，并展开了实证检验，为科学数据用户行为研究提供理论参考与实证支持。第四，借助区块链技术、SQL 数据库和万能数据结构表，构建基于区块链的数据共享模式架构，有望为科学数据共享模式改进与后续学者提供新思路。第五，拓展了主体间性理论与演化博弈论的应用领域。

13.3　研究不足与展望

本书尚有一些不足之处，有待于未来学者持续思考与探索。

第一，主要以网络调研的方式收集数据，且样本仅来源于国内的科研人员。调查对象中管理学背景占多数，不足以覆盖所有学科全貌，研究结果可能存在一定局限性。同时，Likert 5 级量表也可能会使调查对象产生仁慈误差、中间倾向误差，在一定程度上影响了调查对象的理性思考与判断。未来研究可扩大样本范围，借助大数据、人工智能等新一代信息技术收集多源数据，采用仿真、案例分析等多元方法，检验研究结论在其他国家或地区的可靠性与适用性。

第二，构建理论模型比较简单，研究视角也相对单一，检验了部分因素的作用，而数据共享意愿的影响因素是众多且复杂的。未来可尝试构建更加完善的理论模型，进一步分析数据来源、需求特征等因素的调节作用，以及性别、年龄、学历、职称、学科领域、共享经历等因素的控制作用，揭示不同情景下共享意愿的差异性。

第三，共享的目的在于利用，当前的科技政策主要支持数据汇交、保存和共享，对数据利用、复用支持不足，本书也未能就此展开深入探讨。未来应将数据的开放共享和复用作为一个整体进行研究，探讨如何促进数据利用，对共享与利用进行交叉研究，从而更好地享受数据共享带来的"红利"。

第四，虽然意识到满足用户需求的重要性，但未提出具体性、可操作性的策略。在大数据环境下，如何最大限度地满足用户共享需求，提高共享水平，推进我国共享实践仍是今后的重要议题。

第五，构建的科学数据共享演化模型仅考虑了生产者、使用者与平台三方，现实中还存在政府、科研资助机构、期刊出版方等相关利益主体，这些主体在科学数据共享中同样也扮演着重要的角色，未来可探讨更多主体的博弈演化策略。

未来研究更加注重跨学科合作和开放共享，以应对日益复杂的科学问题和挑战。数据驱动的研究范式下，亟待建立一套透明、开源和可信任的科学数据共享机制，使研究成果得到进一步验证或拓展，从而促进学术研究的繁荣与发展。要想实现这一目标，需要构建多主体共同参与的科学数据生态体系，以促进数据"生产—利用—共享—再利用"良性循环。

参考文献

[1] 国务院. 国务院办公厅关于印发《科学数据管理办法》的通知[EB/OL]. [2023-06-16]. http://www.gov.cn/zhengce/content/2018-04/02/content_5279272.htm.

[2] 屈宝强,彭洁,刘蔚,等.科学数据共享及其发展趋势[J].情报学进展,2020,13(00):381-420.

[3] CURTY R G, CROWSTON K, SPECHT A, et al. Attitudes and norms affecting scientists' data reuse[J]. PLoS One, 2017, 12(12):1-22.

[4] 张贵兰,王健,潘尧,等.科学数据共享服务模式及其演化研究[J].情报理论与实践,2022,45(2):70-77.

[5] YOON A, KIM Y. Social scientists' data reuse behaviors: exploring the roles of attitudinal beliefs, attitudes, norms, and data repositories[J]. Library & information science research, 2017, 39(3): 224-233.

[6] 王丹丹,刘清华,王晓梅.科学数据共享行为影响因素的元分析[J].图书馆学研究,2021(22):74-84.

[7] 冯媛.科学数据开放共享的价值共创模型及运行机制研究[J].图书馆,2022,(9):29-37.

[8] 孙苗,姜晓轶,王子珂.海洋科学数据共享政策法规与标准规范研究及启示[J].科技导报,2022,40(10):22-29.

[9] 戚筠,何琳.国内外数据知识库的科学数据开放共享政策对比研究[J].图书馆学研究,2023(2):42-53,81.

[10] 张潇月,顾立平,胡良霖.国内外开放科研数据重用困境解决措施述评[J].图书馆,2021(3):80-89.

[11] 普丽娜,殷晓,谢文娴.上海科学数据管理和共享需求分析及对策[J].情报工程,2021,7(6):88-100.

[12] 马慧萍.2010—2019年国内图书馆科学数据共享研究综述[J].图书馆学研究,2020(8):19-26.

[13] 白云朴,李果.科学数据共享研究的演化路径分析[J].情报杂志,2022,41(8):138-148.

［14］孙雨潇，李艳丽，李峰，等.国内外科学数据共享现状研究与发展建议［J］.农业大数据学报，2022，4（2）：88-98.

［15］支凤稳，张萌，郑彦宁.科学数据共享研究的多视角分析与整合框架构建［J］.中国科技资源导刊，2023，55（2）：1-9，33.

［16］汪雪锋，于苗苗，韦华楠，等.中国学者在顶级期刊发文的历史变迁与特征演化［J］.情报工程，2021，7（3）：3-17.

［17］OECD. Declaration on access to research data from public funding［EB/OL］.［2023-05-01］. https://archiwum.pte.pl/pliki/2/21/OECD_Declaration_Access_to_Research_Data_from_Public_Funding_2004.pdf.

［18］PILAT D, FUKASAKU Y. OECD principles and guidelines for access to research data from public funding［J］. Data science journal, 2007, 6（17）: 4-11.

［19］刘玉琴，刘晶，张勇斌.中国图书情报领域专利研究的计量分析［J］.情报工程，2018，4（6）：87-97.

［20］魏玉梅，滕广青.网络视域下领域重要关键词提取方法的比较研究［J］.情报资料工作，2020，41（3）：97-104.

［21］范少萍，李迎迎，张志强.国内外共词分析研究的文献计量分析［J］.情报杂志，2013，32（9）：104-109.

［22］何世伟，葛慧丽，严伟，等.浙江省实施创新券政策推动科技资源开放共享的实证研究：以科学仪器设备为例［J］.中国科技资源导刊，2019，51（3）：24-28，34.

［23］陈异凡，闫燊，杨亚超，等.我国农业科学数据共享协议［J］.大数据，2022，8（1）：46-59.

［24］范国梅，孙清岚，史文聿，等.国家微生物科学数据中心数据资源服务与应用［J］.微生物学报，2021，61（12）：3761-3773.

［25］张新兴.基于云计算的科学数据资源聚合系统研究［J］.图书馆学研究，2017，（21）：60-64，101.

［26］盛小平，宋大成.数据管理与数据治理的比较分析及其对制定科学数据开放共享政策的启示［J］.图书情报工作，2020，64（22）：4-10.

［27］刘晶.中国高校科技成果研究的文献计量学分析［J］.情报工程，2019，5（6）：98-108.

[28] 陆冬云, 张和珍, 何险峰, 等. 科学数据库建设框架: 统一发布及数据共享方案 [J]. 计算机与应用化学, 2004, 21 (1): 103-106.

[29] 王卷乐, 王玉洁, 张敏, 等. 2020 年地球数据科学与共享热点回眸 [J]. 科技导报, 2021, 39 (1): 105-114.

[30] GUDI N, KAMATH P, CHAKRABORTY T, et al. Regulatory frameworks for clinical trial data sharing: scoping review [J]. Journal of medical internet research, 2022, 24 (5): 1-16.

[31] MAIDER S T, NURIA B P, OLATZ A, et al. Tracking openness and topic evolution of COVID-19 publications January 2020-March 2021: comprehensive bibliometric and topic modeling analysis [J]. Journal of medical internet research, 2022, 24 (10): 1-15.

[32] COELHO R, BRAGA R, DAVID J M N, et al. A blockchain-based architecture for trust in collaborative scientific experimentation [J]. Journal of grid computing, 2022, 20 (35): 1-31.

[33] GARDNER W. Compelled disclosure of scientific research data [J]. The information society, 2004, 20 (2): 141-146.

[34] CHRISTINE F N. Enabling public data sharing: encouraging scientific discovery and education [J]. Methods in molecular biology, 2009, 569 (10): 25-32.

[35] TOGA AW, DINOV ID. Sharing big biomedical data [J]. Journal of big data, 2015, 2 (7): 1-12.

[36] BROES S, LACOMBE D, VERLINDEN M, et al. Sharing human samples and patient data: opening pandora's box [J]. Journal of cancer policy, 2017, 12 (10): 65-69.

[37] LI R, WOOD J, BASKARAN A, et al. Timely access to trial data in the context of a pandemic: the time is now [J]. BMJ open, 2020, 10 (10): 1-5.

[38] RIOS RS, ZHENG KI, ZHENG MH. Data sharing during COVID-19 pandemic: what to take away [J]. Expert review of gastroenterology & hepatology, 2020, 14 (12): 1125-1130.

[39] DRON L, DILLMAN A, ZORATTI M J, et al. Clinical trial data sharing for COVID-19-related research [J]. Journal of medical internet research, 2021,

23（3）：1-5.

［40］杨晶，康琪，李哲. 推动科学数据开放共享的思考及启示［J］. 全球科技经济瞭望，2019，34（10）：37-43.

［41］赵丽梅. 主体间性视阈的科学数据共享存续机制研究［J］. 科技进步与对策，2022，39（17）：10-18.

［42］钟苑婷. 布劳社会交换理论与科尔曼理性行动理论比较分析［J］. 法制与社会，2017（35）：229-230.

［43］赵文军. 虚拟社区成员知识共享行为的驱动机制研究综述［J］. 现代情报，2015，35（11）：164-170.

［44］李逸飞. 高校科研人员科学数据共享影响因素研究［D］. 湘潭：湘潭大学，2021.

［45］刘嫣. 高校科学数据共享主要影响因素研究［D］. 南京：南京航空航天大学，2019.

［46］OKOLI C，OH W. Investigating recognition-based performance in an open content community：a social capital perspective［J］. Information & management，2007，44（3）：240-252.

［47］邹威威. 高校师生科学数据共享行为意愿的影响因素研究［D］. 贵阳：贵州财经大学，2020.

［48］KIM S. An exploratory study of biotechnology scientists' research data sharing intention：the moderating effects of academic reputation［J］. Journal of the korean society for information management，2022，39（1）：45-68.

［49］BELL S. LnstitutionaIism［J］. Government，politics，power and policy in Australia，2002（7）：363-380.

［50］孙晓燕. 科学数据共享行为的理论模型构建及测度实证研究［J］. 情报学报，2016，35（10）：1062-1071.

［51］KIM Y，BURNS C S. Norms of data sharing in biological sciences：the roles of metadata，data repository，and journal and funding requirements［J］. Journal of information science，2016，42（2）：230-245.

［52］论文支撑数据公共保存与共享暂行办法［J］. 数据分析与知识发现，2022，6（Z1）：3-6.

［53］庄倩，何琳. 科学数据共享中科研人员共享行为的演化博弈分析［J］. 情

报杂志，2015，34（8）：152-157，168.

[54] 李思宇.科学数据共享问题：一个博弈论视角的讨论[J].自然辩证法通讯，2020，42（12）：76-79.

[55] 是沁，储节旺.基于系统动力学的科学数据开放共享保障机制研究[J].情报杂志，2018，37（11）：143-149.

[56] BANDURA A. Human agency in social cognitive theory[J]. American psychologist，1989，44（9）：1175-1184.

[57] 余玲.科研人员科学数据共享意愿的影响因素研究[D].衡阳：南华大学，2016.

[58] KIM Y, ZHANG P. Understanding data sharing behaviors of STEM researchers: the roles of attitudes, norms, and data repositories[J]. Library&information science research，2015，37（3）：189-200.

[59] AJZEN I, FISHBEIN M. Attitude-behavior relations: a theoretical analysis and review of empirical research[J]. Psychological bulletin，1977，84（5）：888-918.

[60] KIM Y, ADLER M. Social scientists' data sharing behaviors: investigating the roles of individual motivations, institutional pressures, and data repositories[J] International journal of information management，2015，35（4）：408-418.

[61] 张晋朝.我国高校科研人员科学数据共享意愿研究[J].情报理论与实践，2013，36（10）：25-30.

[62] KIM Y, STANTON J M. Institutional and individual factors affectingscientists' data-sharing behaviors: a multilevel analysis[J]. Journal of the association for information science and technology，2016，67（4）：776-799.

[63] 邓灵斌，肖洪伟.我国高校科研人员科学数据共享意愿之实证研究[J].新世纪图书馆，2021（5）：17-22.

[64] 马玲.高校科研人员科学数据共享机制研究[J].情报科学，2021，39（9）：80-83.

[65] AJZEN I. The theory of planned behavior[J]. Organizational behavior and human decision processes，1991，50（2）：179-211.

[66] YOON A, KIM Y. The role of data-reuse experience in biological scientists' data sharing: an empirical analysis[J]. The electronic library，2020，38(1)：

186-208.

［67］ PETTY R E, CACIOPPO J T. The elaboration likelihood model of persuation ［A］//LEONARD B. Communication and persuasion advances in experimental social psychology. Salt Lake City: Academic Press, 1986: 123-205.

［68］ 支凤稳, 张萌, 赵梦凡, 等. 双路径视角下科学数据共享行为的影响因素研究［J］. 信息资源管理学报, 2021, 11 (6): 40-50.

［69］ DAVIS F D. Perceived usefulness, perceived ease of use, and user acceptance of information technology［J］. MIS quarterly, 1989, 13 (3): 319-341.

［70］ KIM Y, NAH S. Internet researchers' data sharing behaviors an integration of data reuse experience, attitudinal beliefs, social norms, and resource factors［J］. Online information review, 2018, 42 (1): 124-142.

［71］ 何琳, 常颖聪. 科研人员数据共享意愿研究［J］. 图书与情报, 2014 (5): 125-131.

［72］ 王春晓, 陈姝彤, 徐坤. 研究生科学数据共享态度与共享意愿关系研究［J］. 情报科学, 2020, 38 (12): 78-84.

［73］ FREEMAN R E, EVAN W M. Corporate governance: a stakeholder interpretation ［J］. Journal of behavioral economics, 1990, 19 (4): 337-359.

［74］ 盛小平, 吴红. 科学数据开放共享活动中不同利益相关者动力分析［J］. 图书情报工作, 2019, 63 (17): 40-50.

［75］ 胡佳琪, 陆颖. 开放科学数据利益主体协同机制研究［J］. 图书情报工作, 2020, 64 (21): 26-33.

［76］ 李宜展, 刘细文, 李泽霞, 等. 科学数据安全边界概念模型研究: 基于利益相关者视角［J］. 中国科学基金, 2022, 36 (2): 339-347.

［77］ 李成赞, 张丽丽, 侯艳飞, 等. 科学大数据开放共享: 模式与机制［J］. 情报理论与实践, 2017, 40 (11): 45-51.

［78］ 赵丽梅. 科学数据共享的价值及其表征: 基于主体性的分析视角［J］. 自然辩证法研究, 2022, 38 (5): 116-122.

［79］ 毕达天, 曹冉, 杜小民. 科学数据共享研究现状与展望［J］. 图书情报工作, 2019, 63 (24): 69-77.

［80］ 黄如花, 邱春艳. 国外科学数据共享研究综述［J］. 情报资料工作, 2013 (4): 24-30.

[81] 赵丽梅. 科学数据共享存续危机及治理研究［J］. 情报理论与实践，2022，45（10）：45-53.

[82] CHEN X J, WU M. Survey on the needs for chemistry research data management and sharing［J］. The journal of academic librarianship，2017，43（4）：346-353.

[83] ENKE N, THESSEN A, BACH K, et al. The user's view on biodiversity data sharing investigating facts of acceptance and requirements to realize a sustainable use of research data［J］. Ecological informatics，2012（11）：25-33.

[84] STANLEY B, STANLEY M. Data sharing: the primary researcher's perspective ［J］. Law & human behavior，1988，12（2）：173-180.

[85] 傅天珍，郑江平. 国外面向科研人员的科学数据共享探析［J］. 图书馆论坛，2015，35（2）：76-81.

[86] SAYOGO D S, PARDO T A. Exploring the determinants of scientific data sharing: Understanding the motivation to publish research data［J］. Government information quarterly，2013（30）：S19-S31.

[87] 陈欣，叶凤云，汪传雷. 基于扎根理论的社会科学数据共享驱动因素研究［J］. 情报理论与实践，2016，39（12）：91-98.

[88] 包秦雯，顾立平，张潇月. 开放科研数据的行为影响因素研究：以地球科学领域为例［J］. 情报理论与实践，2019，42（5）：51-57.

[89] 万立军，罗廷，马书琴. 我国高校网站信息服务质量评价指标体系研究［J］. 情报科学，2016，34（5）：114-117.

[90] 刘桂锋，张裕，刘琼. 科研数据开放平台评价指标体系构建及案例研究［J］. 图书情报知识，2019（1）：21-31.

[91] BAGOZZI R P. Evaluating structural equation models with unobservable variables and measurement error: a comment［J］. Journal of marketing research，1981，18（3）：375-381.

[92] 施国洪，岳江君，陈敬贤. 我国图书馆服务质量测评量表构建及实证研究［J］. 中国图书馆学报，2010，36（4）：37-46.

[93] ANDERSON J C, GERBING D W. Structural equation modeling in practice: a review and recommended two step approach［J］. Psychological bulletin，1988，103（3）：411-423.

[94] 叶凤云，李君君.大学生移动社交媒体错失焦虑症测量量表开发与应用[J].图书情报工作，2019，63（5）：110-118.

[95] 孙晓军，周宗奎.探索性因子分析及其在应用中存在的主要问题[J].心理科学，2005，28（6）：1440-1442.

[96] 张帅，马费成.大学生健康信息规避量表构建研究[J].图书情报工作，2020，64（9）：3-9.

[97] STEIGER J H. Structural model evaluation and modification: an Interval estimation approach [J]. Multivariate behavioral research, 1990, 25 (2): 173-180.

[98] 宋小康，赵宇翔，张轩慧.移动社交媒体环境下用户错失焦虑症（FoMO）量表构建研究[J].图书情报工作，2017，61（11）：96-105.

[99] 李园园，刘建华，段珅，等.中国本土文化情境下老字号品牌传承研究：维度探索与量表开发[J].南开管理评论，2022（10）：1-20.

[100] 杨爽，周志强.高校教师数字素养评价指标构建研究[J].现代情报，2019，39（3）：59-68，100.

[101] FORNELL C, LARCKER D F. Structural equation models with unobservable variables and measurement error: algebra and statistics [J]. Journal of marketing research, 1981, 18 (3): 382-388.

[102] 黄燕，范哲.移动阅读App可用性测量量表构建[J].图书馆论坛，2018，38（2）：119-125.

[103] 左建安，陈雅.基于大数据环境的科学数据共享模式研究[J].情报杂志，2013，32（12）：151-154.

[104] 张晋朝.高校科研人员科学数据获取意愿研究[J].情报杂志，2013，32（6）：70-75，106.

[105] MELERO R, CAROLINA N M. Researchers' attitudes and perceptions towards data sharing and data reuse in the field of food science and technology [J]. Learned publishing, 2020, 33 (2): 163-179.

[106] KIM Y. Fostering scientists' data sharing behaviors via data repositories, journal supplements, and personal communication methods [J]. Information processing & management, 2017, 53 (4): 871-885.

[107] 闫鑫，黄国彬.科学数据分类研究述评[J].图书馆论坛，2020，40

(5): 45-54.

[108] 孙俐丽, 袁勤俭. 数据质量研究述评: 比较视角[J]. 农业图书情报, 2019, 31 (7): 4-13.

[109] 张克永, 李贺. 健康微信公众平台信息质量评价指标体系研究[J]. 情报科学, 2017, 35 (11): 143-148, 155.

[110] 曹树金, 常俊玮. 社交媒体中的突发公共卫生事件信息可信度影响因素研究: 以微信为例[J]. 现代情报, 2020, 40 (9): 3-14.

[111] 张一涵, 袁勤俭. 国内外网络平台评价指标的研究进展[J]. 图书馆杂志, 2016, 35 (10): 19-25.

[112] 郑磊, 关文雯. 开放政府数据评估框架、指标与方法研究[J]. 图书情报工作, 2016, 60 (18): 43-55.

[113] GANTER B, WILLE R. 形式概念分析[M]. 马垣, 张学东, 迟呈英, 等译. 北京: 科学出版社, 2007: 15-46.

[114] 滕广青, 毕强. 概念格构建工具 ConExp 与 Lattice Miner 的比较研究[J]. 现代图书情报技术, 2010 (10): 17-22.

[115] 王萍, 支凤稳, 王毅, 等. 运用概念格分析企业竞争情报需求[J]. 现代图书情报技术, 2013 (10): 66-72.

[116] Concept Explorer. The User Guide[EB/OL]. [2023-09-25]. https://www.docin.com/p-998429928.html

[117] TENOPIR C, RICE N M, ALLARD S, et al. Data sharing, management, use, and reuse: practices and perceptions of scientists worldwide[J]. PLoS One, 2020, 15 (3): e0229003.

[118] 王勋荣, 蒲筱哥. 高校科学数据共享影响因素与策略研究[J]. 图书馆, 2021, (10): 41-46, 62.

[119] NAHAPIET J, GHOSHAL S. Social capital, intellectual capital, and the organizational advantage.[J]. The academy of management review, 1998, 23 (2): 242-266.

[120] CHUNG N, NAM K, KOO C. Examining information sharing in social networking communities: applying theories of social capital and attachment[J]. Telematics&informatics, 2016, 33 (1): 77-91.

[121] GANGULY A, TALUKDAR A, CHATTERJEE D. Evaluating the role of

social capital, tacit knowledge sharing, knowledge quality and reciprocity in determining innovation capability of an organization [J]. Journal of knowledge management, 2019, 23 (6): 1105-1135.

[122] 彭昱欣, 邓朝华, 吴江. 基于社会资本与动机理论的在线健康社区医学专业用户知识共享行为分析 [J]. 数据分析与知识发现, 2019, 3 (4): 63-70.

[123] 孙晓雅, 陈娟娟. 服务型政府知识共享影响因素的理论研究: 基于自我决定理论和社会资本理论 [J]. 情报科学, 2016, 34 (6): 26-30, 46.

[124] HAMARI J, SJOKLINT M, UKKONEN A. The sharing economy: why people participate in collaborative consumption [J]. Journal of the association for information science and technology, 2016, 67 (9): 2047-2059.

[125] 郑万松, 孙晓琳, 王刊良. 基于社会资本和计划行为理论的知识共享影响因素研究 [J]. 西安交通大学学报 (社会科学版), 2014, 34 (1): 43-48.

[126] SCOTT J E. Facilitating interorganizational learning with information technology [J]. Journal of management information systems, 2000, 17 (2): 81-113.

[127] LI L. The effects of trust and shared vision on inward knowledge transfer in subsidiaries' intra-andinter-organizational relationships [J]. International Business Review, 2005, 14 (1): 77-95.

[128] 郭佳. 基于知识贡献的社交问答平台个人创新行为研究 [J]. 现代情报, 2017, 37 (8): 49-56.

[129] 支凤稳, 云仲伦, 张闪闪. 基于区块链的个人科学数据共享模式研究 [J]. 现代情报, 2021, 41 (12): 69-78.

[130] 盛小平, 孙倩倩. 国内科学数据开放共享主题的作者合作关系与合作研究内容分析 [J]. 图书情报工作, 2021, 65 (23): 13-21.

[131] 明均仁, 郭财强. 移动图书馆用户使用行为意愿的动态实证研究 [J]. 图书馆建设, 2018 (10): 73-79.

[132] 毕达天, 曹冉, 杜小民. 人文社科科学数据共享意愿影响因素研究: 基于同辈压力视角 [J]. 情报资料工作, 2020, 41 (4): 67-76.

[133] 支凤稳, 赵梦凡, 张萌, 等. 科学数据共享需求调查与关联挖掘[J]. 情报科学, 2021, 39(12): 9-16.

[134] WICHERTS J M, BAKKER M, MOLENAAR D, et al. Willingness to share research data is related to the strength of the evidence and the quality of reporting of statistical results[J]. PloS One, 2011, 6(11): e26828.

[135] 周姗姗, 翁苏湘, 毕强, 等. 科学数据共享中的邻避现象及应对研究[J]. 图书情报工作, 2015, 59(17): 84-88.

[136] CHANG H H, CHUANG S S. Social capital and individual motivations on knowledge sharing: participant involvement as a moderator[J]. Information & management, 2011, 48(1): 9-18.

[137] 吴丹, 陈晶. 我国医学从业者科学数据共享行为调查研究[J]. 图书情报工作, 2015, 59(18): 30-39.

[138] CHIU C M, HSU M H, WANG E T G. Understanding knowledge sharing in virtual communities: an integration of social capital and social cognitive theories[J]. Decision support systems, 2007, 42(3): 1872-1888.

[139] TSAI W, GHOSHAL S. Social capital and value creation: the role of intrafirm networks[J]. The academy of management journal, 1998, 41(4): 464-476.

[140] 郭宇. 基于信息生态视角的新媒体环境下企业知识共享研究[D]. 长春: 吉林大学, 2016.

[141] WIXOM B H, TODD P A. A theoretical integration of user satisfaction and technology acceptance[J]. Information systems research, 2005, 16(1): 85-102.

[142] MCKINNEY V, YOON K, ZAHEDI F M. The measurement of web-customer satisfaction: an expection and disconfirmation approach[J]. Information systems research, 2002, 13(3): 296-315.

[143] 吴艳, 温忠麟, 侯杰泰, 等. 无均值结构的潜变量交互效应模型的标准化估计[J]. 心理学报, 2011, 43(10): 1219-1228.

[144] 周涛, 檀齐. 基于社会资本理论的知识付费用户行为机理研究[J]. 现代情报, 2017, 37(11): 46-50.

[145] 黄国彬, 陈丽. 国外科学数据质量评估框架比较研究[J]. 图书与情报, 2021(1): 97-107.

[146] 刘琼,刘桂锋,聂云贝. 面向科研全过程的科学数据质量控制主体划分及责任界定研究[J]. 情报探索, 2023(4): 17-23.

[147] 赵丽梅,刘雯. 基于文献计量的我国科学数据共享研究态势分析[J]. 图书馆研究, 2022, 52(5): 117-128.

[148] 沈婷婷. 主观感知对研究者科学数据共享意愿的影响[J]. 情报杂志, 2021, 40(12): 158-162.

[149] MLTGEN W Z, AKDENIZ E, KATSANIDOU A, et al. Factors influencing the data sharing behavior of researchers in sociology and political science[J]. Journal of documentation, 2018, 74(5): 1053-1073.

[150] BEARTH A, SIEGRIST M. Psychological factors that determine people's willingness-to-share genetic data for research[J]. Clinical genetics, 2020, 97(3): 483-491.

[151] 罗晓兰,李明. 国内期刊论文科学数据共享政策与投稿意愿研究[J]. 中国科技期刊研究, 2017, 28(8): 696-703.

[152] MEHRABIAN A, RUSSELL J A. An approach to environmental psychology[M]. Cambridge: MIT press, 1974: 24-30.

[153] 张海,刘蕾. 高校科研人员科研数据开放意愿的影响因素研究[J]. 新世纪图书馆, 2020(11): 57-64.

[154] 彭丽徽,蒋欣. 虚拟社区感知视角下用户知识创新行为影响因素研究[J]. 现代情报, 2023, 43(2): 86-95.

[155] HARPER L M, KIM Y. Attitudinal, normative, and resource factors affecting psychologists' intentions to adopt an open data badge: an empirical analysis[J]. International journal of information management, 2018(41): 23-32.

[156] 李静,高晓彩. 社会网络视角下人际信任对心理健康的影响[J]. 甘肃社会科学, 2020(4): 68-73.

[157] 刘桂锋,濮静蓉,钱锦琳. 科研数据共享影响因素分析及作用阐释[J]. 图书馆论坛, 2018, 38(11): 10-17, 26.

[158] ROWHANI-FARID A, ALLEN M, BARNETT A G. What incentives increase data sharing in health and medical research? A systematic review[J]. Research integrity and peer review, 2017, 2(12): 4-10.

[159] ANDREWS K M, DELAHAY B L. Influences on knowledge processes in

organization: the psychosocial filer [J]. Journal of management studies, 2000, 37 (6): 797-810.

[160] 阮冰颖, 刘桂锋, 刘琼. 科研人员视角下科学数据安全影响因素仿真分析 [J]. 情报理论与实践, 2022, 45 (2): 137-145.

[161] 张宝生, 张庆普. 隐性知识流转网成员合作的共生关系、演化模型及仿真研究 [J]. 现代情报, 2020, 40 (11): 34-43, 53.

[162] KIM Y. Reputation, trust, and norms as mechanisms leading to academic reciprocity in data sharing: an empirical test of theory of collective action [J]. Proceedings of the association for information science and technology, 2018, 55 (1): 244-253.

[163] 邢文明, 杨泽芳. 基于声誉理论的开放科学数据质量提升激励机制研究 [J]. 图书情报工作, 2022, 66 (21): 22-28.

[164] 杨宁, 张志强. 科学数据集知识扩散特征探析: 以基因表达数据集为例 [J]. 图书情报工作, 2022, 66 (12): 82-91.

[165] ARANDA M A G. Sharing powder diffraction raw data: challenges and benefits [J]. Journal of applied crystallography, 2018, 51 (6): 1739-1744.

[166] 杨国立, 周鑫. "数据即服务"背景下图书情报机构科学数据服务的发展机遇 [J]. 情报学报, 2017, 36 (8): 772-780.

[167] 邢文明, 郭安琪, 秦顺, 等. 科学数据管理与共享的FAIR原则: 背景、内容与实施 [J]. 信息资源管理学报, 2021, 11 (2): 60-68, 84.

[168] SMITH V S. Data publication: towards a database of everything [J]. BMC research notes, 2009 (2): 111-113.

[169] WICHERTS J M, BORSBOOM D, KATS J, et al. The poor availability of psychological research data for reanalysis [J]. Am psychol, 2006, 61 (7): 726-728.

[170] CAROL T, DALTON E D, SUZIE A, et al. Changes in data sharing and data reuse practices and perceptions among scientists worldwide [J]. Plos one, 2015, 10 (8): 1-24.

[171] 刘润达, 孙九林, 廖顺宝. 科学数据共享中数据授权问题初探 [J]. 情报杂志, 2010, 29 (12): 15-18.

[172] 查先进, 张晋朝, 严亚兰. 微博环境下用户学术信息搜寻行为影响因素

研究：信息质量和信源可信度双路径视角[J]. 中国图书馆学报，2015，41（3）：71-86.

[173] 查先进，李力，严亚兰，等. 数字图书馆环境下信息有用性和信息获取影响因素研究：信息获取自我效能的调节效果[J]. 情报学报，2017，36（7）：669-681.

[174] WILSON B J. Designing media messages about health and nutrition: what strategies are most effective?[J]. Journal of nutrition education & behavior, 2007, 39（2）: S13-S19.

[175] 魏武，谢兴政. 线上知识付费用户继续付费意向影响因素研究[J]. 数据分析与知识发现，2020，4（8）：119-129.

[176] LIANG T, JANG S, MORRISON A. Dual-route communication of destination websites[J]. Tourism management, 2012, 33（1）: 38-49.

[177] SUSSMAN S W, SIEGAL W S. Informational influence in organizations: An integrated approach to knowledge adoption[J]. Information systems research, 2003, 14（1）: 47-65.

[178] BHATTACHERJEE A, SANFORD C. Influence processes for information technology acceptance: an elaboration likelihood model[J]. MIS quarterly, 2006, 30（4）: 805-825.

[179] 国家市场监督管理总局，中国国家标准化管理委员会. 信息技术数据质量评价指标：GB/T 36344-2018[S]. 北京：中国标准出版社，2018.

[180] 盛小平，田婧，向桂林. 科学数据开放共享中的数据质量治理研究[J]. 图书情报工作，2020，64（22）：11-24.

[181] 李雪. 双路径视角下生鲜O2O模式消费者行为意愿影响因素研究[D]. 武汉：武汉理工大学，2019.

[182] HA I, YOON Y, CHOI M. Determinats of adoption of mobile games under mobile broadband wireless access environment[J]. Information & management, 2007, 44（3）: 276-286.

[183] BOCK G W, ZMUD R W, KIM Y G, et al. Behavioral intention formation in knowledge sharing: examining the roles of extrinsic motivators, social-psychological forces, and organizational climate[J]. MIS quarterly, 2005, 29（1）: 87-111.

［184］TAYLOR S, TODD P. Decomposition and crossover effects in the theory of planned behavior: A study of consumer adoption intentions［J］. International journal of research in marketing, 1995, 12（2）: 137–155.

［185］FITRIANI W R, HIDAYANTO A N, SANDHYADUHITA P I, et al. Determinants of continuance intention to use open data website: An insight from indonesia［J］. Pacific asia journal of the association for information systems, 2019, 11（2）: 96–120.

［186］刘影, 袁勤俭. 泛在学习环境中大学生信息采纳意愿研究［J］. 现代情报, 2018, 38（3）: 79–86.

［187］CHEN C W, CHEN W C, CHEN W K. Understanding the effects of ewom on cosmetic consumer behavioral intention［J］. International journal of electronic commerce studies, 2014, 5（1）: 97–102.

［188］LI C Y. Persuasive messages on information system acceptance: A theoretical extension of elaboration likelihood model and social influence theory［J］. Computers in human behavior, 2013, 29（1）: 264–275.

［189］曾瑶. 影响高校图书馆移动服务APP用户接受度的因素: 基于技术接受模型的研究［J］. 农业图书情报学刊, 2018, 30（6）: 53–56.

［190］吴春霞. 消费者网上购买生鲜农产品意愿及影响因素研究［J］. 现代商业, 2014（13）: 59–60.

［191］陈传夫, 李秋实. 数据开放获取使科学惠及更广: 中国开放科学与科学数据开放获取的进展与前瞻［J］. 信息资源管理学报, 2020, 10（1）: 4–13.

［192］李成赞, 黎建辉, 王学志, 等. 基于引文网络社区发现的数据推荐研究［J］. 情报学报, 2021, 40（8）: 879–886.

［193］HE L, NAHAR V. Reuse of scientific data in academic publications: An investigation of dryad digital repository［J］. Aslib journal of information management, 2016, 68（4）: 478–494.

［194］BORGMAN C L. The conundrum of sharing research data［J］. Journal of the american society for information science and technology, 2012, 63（6）: 1059–1078.

［195］张潇月, 宋秀芳, 顾立平, 等. 我国科研人员科研数据重用行为影响因

素实证研究:以生物学领域为例[J].情报学报,2021,40(8):887-902.

[196] 张旺,程慧平.科学数据开放共享策略机制及优化路径研究[J].情报杂志,2020,39(5):154-161.

[197] HE L, HAN Z B. Do usage counts of scientific data make sense? An investigation of the dryad repository[J]. Library Hi Tech, 2017, 35(2): 332-342.

[198] 中国政府网.习近平主持中央政治局第十八次集体学习并讲话[EB/OL].[2021-10-05]. http:///www.gov.cn/xinwen/2019-10/25/content_5444957.htm.

[199] SABERI S, KOUHIZADEH M, SARKIS J, et al. Blockchain technology and its relationships to sustainable supply chain management[J]. International journal of production research, 2019, 57(7): 2117-2135.

[200] 温亮明,李洋,余波.基于区块链技术的《科学数据管理办法》落实路径探析[J].现代情报,2021,41(8):136-146.

[201] 黄国彬,张莎莎,闫鑫.个人数据的概念范畴与基本类型研究[J].图书情报工作,2017,61(5):41-49.

[202] ZLIOBAITE I, CUSTERS B. Using sensitive personal data may be necessary for avoiding discrimination in data-driven decision models[J]. Artificial intelligence and law, 2016, 24(2): 183-201.

[203] ANCIAUX N, BONNET P, BOUGANIM L, et al. Personal data management systems: The security and functionality standpoint[J]. Information systems, 2019, 80: 13-35.

[204] PATTANAIK V, SHARVADZE I, DRAHEIM D. A peer-to-peer data sharing framework for web browsers[J]. SN computer science, 2020, 1(4): 1-10.

[205] 邬金鸣,钱庆,张丽鑫,等.人口健康科学数据中个人敏感信息分类研究[J].中华医学图书情报杂志,2020,29(11):8-15.

[206] 盛小平,杨绍彬.GDPR对科学数据开放共享个人数据保护的适用性与作用分析[J].图书情报工作,2020,64(22):48-57.

[207] 郝世博,徐文哲,唐正韵.科学数据共享区块链模型及实现机理研究[J].情报理论与实践,2018,41(11):57-62.

[208] 王倩,徐尚英,陈冬林,等.面向科技服务数据共享策略的智能合约激

励机制研究[J]. 情报杂志, 2021, 40(10): 157-165.

[209] 黄茂汉. 基于区块链技术的疫情防控情报系统模型研究[J]. 情报科学, 2021, 39(08): 21-28.

[210] KUO T T, BATH T, MA S C, et al. Benchmarking blockchain-based gene-drug interaction data sharing methods: a case study from the iDASH 2019 secure genome analysis competition blockchain track[J]. International journal of medical informatics, 2021(154): 104559.

[211] BALISTRI E, CASELLATO F, GIANNELLI C, et al. BlockHealth: blockchain-based secure and peer-to-peer health information sharing with data protection and right to be forgotten[J]. ICT express, 2021, 7(3): 308-315.

[212] 王继业, 高灵超, 董爱强, 等. 基于区块链的数据安全共享网络体系研究[J]. 计算机研究与发展, 2017, 54(4): 742-749.

[213] 张利华, 曹宇, 张赣哲, 等. 基于区块链的微电网数据安全共享方案[J/OL]. 计算机工程, 2022, 48(1): 43-50.

[214] IANSITI M, LAKHANI K R. The truth about blockchain[J]. Harvard business review, 2017, 95(1): 118-127.

[215] 盛小平, 袁圆. 科学数据开放共享中的数据权利治理研究[J]. 中国图书馆学报, 2021, 47(5): 80-96.

[216] 王秋旭. 信息茧房效应下微博群体极化现象分析[J]. 新闻研究导刊, 2015, 6(7): 177-178.

[217] 张宝, 王梦寒. 基于区块链技术的数据共享新模式[J]. 当代金融家, 2019(10): 121-123.

[218] CSDN. 区块链是数据库吗[EB/OL]. (2021-10-23)[2023-05-10]. https://blog.csdn.net/hehuii/article/details/102700016.

[219] 师衍辉, 韩牧哲, 刘桂锋. 融合区块链技术的机构知识库科学数据监护模型研究[J]. 现代情报, 2020, 40(1): 101-109.

[220] 搜狐网. 一文解析区块链可运维性的六大误解[EB/OL]. [2023-02-17]. https://m.sohu.com/a/223062142_114877.

[221] 孙君意. 区块链与数据库技术对比及融合展望[EB/OL]. (2021-10-25)[2023-05-10]. https://www.infoq.cn/article/zDRryUNaL4laA93RdJws.

[222] Beijing PeerSafe Technology Limited Company. White paper for blockchain

database application platform[EB/OL].(2021-01-22)[2023-05-10]. http://chainsql.net/pdf/chainSql-WhitEpaper.pdf,2021-01-22.

[223] 魏银珍,邓仲华,关玉蓉,等.一种基于区块链与智能合约的科学数据安全溯源方法[J].现代情报,2021,41(1):32-38.

[224] CSDN.实现数据开放共享的方法[EB/OL].(2021-01-23)[2023-11-01].https://blog.csdn.net/fanyzidb/article/details/54692653,2021-01-23.

[225] 侯玥,彭长辉,杨铭霞,等.基于区块链技术的生态观测数据存储与共享模式[J].农业大数据学报,2020,2(2):55-66.

[226] 贺海武,延安,陈泽华.基于区块链的智能合约技术与应用综述[J].计算机研究与发展,2018,55(11):2452-2466.

[227] 朱维乔.面向数据密集型科研范式的科学大数据服务平台构建研究[J].图书馆学研究,2017(13):22-25.

[228] 朗扬琴,孔丽华.科学研究的第四范式吉姆·格雷的报告"e-Science:一种科研模式的变革"简介[J].科研信息化技术与应用,2010,1(2):92-94.

[229] 苏靖.大数据时代加强科学数据管理的思考与对策[J].中国软科学,2022(9):50-54.

[230] 谢春枝,燕今伟.国内外高校科学数据管理和机制建设研究[J].图书情报工作,2013,57(6):12-17.

[231] 清华大学经济社会数据中心[EB/OL].[2023-08-20].http://www.sem.tsinghua.edu.cn/sercent/jjshsjzx.html.

[232] 武汉大学数据共享平台[EB/OL][2023-08-15].https://whu.metaersp.cn/databaseList.

[233] 储文静,李书宁.我国科学数据联盟管理模式构建研究[J].图书馆学研究,2019(14):51-57.

[234] 储节旺,夏莉.嵌入生命周期理论的科学数据管理体系构建研究:以牛津大学为例[J].现代情报,2020,40(10):34-42.

[235] 张迎,张志平,梁冰.科学数据管理应用模式的研究[J].情报工程,2017,3(4):71-77.

[236] 陈丽君.约翰·霍普金斯大学科学数据管理服务实践与启示[J].现代情报,2016,36(4):110-114.

［237］李玉灵.美国ICPSR科学数据管理实践对我国科研档案管理的启示［J］.档案学刊，2022（5）：40-48.

［238］吴雅威，张向先，张莉曼.国外数据共享空间的科学数据管理模式解析及其启示［J］.情报理论与实践，2020，43（7）：186-193.

［239］王瑞丹，杨静，高孟绪，等.加强和规范我国科学数据管理的思考［J］.中国科技资源导刊，2018，50（2）：1-15.

［240］吴林，吴超，吴娥.大数据视域下安全信息资源管理模式研究［J］.科技管理研究，2020，40（9）：156-162.

［241］HEY T. The fourth paradigm-data-intensive scientific discovery［M］. E-Science and information management. Berlin, Heidelberg: Springer Berlin Heidelberg, 2012.

［242］郭佳璟，樊欣.国外科学数据管理经验及其对我国"双一流"高校图书馆的启示［J］.文献与数据学报，2019，1（3）：26-37.

［243］陈欣，詹建军，叶春森，等.基于高校科学数据生命周期的社会科学数据特征研究［J］.情报科学，2021，39（2）：86-95.

［244］夏义堃，管茜.基于生命周期的生命科学数据质量控制体系研究［J］.图书与情报，2021（3）：23-34.

［245］高飞，周国民，满芮.基于生命周期理论的农业科学数据中心化管理模式［J］.大数据，2022，8（1）：24-36.

［246］聂云贝，刘桂锋，刘琼.数据生态链视角下科学数据生命周期运行过程分析［J］.信息资源管理学报，2021，11（2）：69-77.

［247］艾丽丽.大数据时代图书馆科学数据策展管理模式研究［J］.图书馆学刊，2017，39（8）：12-15.

［248］支凤稳，张萌.科学数据共享意愿影响因素实证与仿真研究［J］.图书情报工作，2023，67（13）：111-121.

［249］江慧慧，赵丽梅.科学数据共享障碍及消解措施分析［J］.图书馆研究，2022，52（3）：36-42.

［250］ZHI F W, ZHANG M, ZHANG S J, et al. Can social capital and planned behaviour favour an increased willingness to share scientific data? evidence from data originators［J］. The electronic library, 2023, 41（4）: 456-473.

［251］STUART D, BAYNES G, HRYNASZKIEWICZ I, et al. Whitepaper:

practical challenges for researchers in data sharing [J]. Journal contribution, 2018 (1): 5975011.

[252] WILLIAMSON K, KENNAN M A, JOHANSON G, et al. Data sharing for the advancement of science: overcoming barriers for citizen scientists [J]. Journal of the association for information science & technology, 2016, 67 (10): 2392-2403.

[253] BEZUIDENHOUT L. To share or not to share: incentivizing data sharing in life science communities [J]. Developing world bioethics, 2018, 19 (1): 18-24.

[254] 尤霞光, 盛小平. 8个国际组织科学数据开放共享政策的比较与特征分析 [J]. 情报理论与实践, 2017, 40 (12): 40-45.

[255] 高晓宁, 胡威, 臧国全. 科研数据共享效率影响因素系统动力学仿真分析 [J]. 情报理论与实践, 2022, 45 (8): 146-153, 103.

[256] 刘晓婷, 佟泽华, 师闻笛. 大数据时代科研人员数据共享演化博弈研究: 信任机制视角 [J]. 情报理论与实践, 2019, 42 (3): 92-100.

[257] 史雅莉, 赵雪芹. 合作博弈视角下科学数据引用主体间的关系探析 [J]. 数字图书馆论坛, 2019 (1): 15-20.

[258] 高晓宁, 高明珠. 科研数据共享中科研人员与共享中介期望收益分析与激励策略仿真研究 [J]. 情报学报, 2023, 42 (6): 751-760.

[259] PRONK T E, WIERSMA P H, WEERDEN A V, et al. A game theoretic analysis of research data sharing [J]. PeerJ, 2015, 3 (3): e1242.

[260] XUAN S C, ZHENG L, CHUNG I, et al. An incentive mechanism for data sharing based on blockchain with smart contracts [J]. Computers & electrical engineering, 2020, 83: 106587.

[261] 宋雅萍. 论主体间性 [J]. 马克思主义哲学研究, 2008 (1): 198-207.

[262] HARRISON A, TRONICK E. Intersubjectivity: conceptual considerations in meaning-making with a clinical illustration [J]. Frontiers in psychology, 2022 (12): 715873.

[263] 朱有义. 再议"主体性"到"主体间性"的发展之路: 施佩特对胡塞尔思想的传承与批判 [J]. 俄罗斯文艺, 2019 (1): 137-145.

[264] TRONICK E, GOLD C. The power of discord: why the ups and downs of

relationships are the secret to building intimacy, resilience, and trust [M]. New York: Little, Brown and Company, 2020.

[265] SMITH J M, PRICE G R. The Logic of Animal Conflict [J]. Nature, 1973, 246(5427): 15-18.

[266] 易余胤, 刘汉民. 经济研究中的演化博弈理论 [J]. 商业经济与管理, 2005(8): 8-13.

[267] TAYLOR P D, JONKER L B. Evolutionary stable strategies and game dynamics [J]. Mathematical bioscience, 1978, 40(1/2): 145-156.

[268] 刘敬伟, 黄成节, 蒲勇健. 合作研发策略选择问题的动态演化分析 [J]. 技术经济与管理研究, 2022(2): 15-19.

[269] 黄凯南. 演化博弈与演化经济学 [J]. 经济研究, 2009, 44(2): 132-145.

[270] 乔根·W. 威布尔, 王永钦. 演化博弈论 [M]. 上海: 上海人民出版社, 2015: 150-196.

[271] LI X, CHENG G, WANG L X, et al. Boosting geoscience data sharing in China [J]. Nature geoscience, 2021(14): 541-542.

[272] DAVIS P M, CONNOLLY M J L. Institutional repositories: evaluating the reasons for non-use of cornell university's installation of dspace [J]. D-Lib magazine, 2007, 13(3): 10.

[273] WEIBULL J W. Evolutionary game theory [M]. Cambridge: MIT Press, 1997.

[274] SMITH J M. Evolution and the theory of games [M]. Cambridge: Cambridge University Press, 1988.

[275] SELTEN R. A note on evolutionarily stable strategies in asymmetric animal conflicts [J]. Journal of theoretical biology, 1980, 84(1): 93-101.

[276] RITZBERGER K, WEIBULL J W. Evolutionary selection in normal form games [J]. Econometrica, 1995, 63(6): 1371-1399.

[277] FRIEDMAN D. Evolutionary games in economics [J]. Econometrica, 1991, 59(3): 637-666.

[278] 彭正银, 徐沛雷, 王永青. UGC 平台内容治理策略: 中介机构参与下的三方博弈 [J]. 系统管理学报, 2020, 29(6): 1101-1112.

[279] 张丽华. 知网节与知识网络[J]. 现代图书情报技术, 2006（9）: 85-88.

[280] 李丹丹, 吴振新. 研究数据引用研究[J]. 图书馆杂志, 2013, 32（5）: 65-71.

[281] 屈宝强, 王凯. 科学数据引用现状和研究进展[J]. 情报理论与实践, 2016, 39（5）: 134-138, 114.

[282] 尚渡新, 刘桂锋, 王婧怡, 等. 基于关联数据的科学数据与期刊论文互联机制研究[J]. 情报理论与实践, 2023, 46（5）: 166-175.

[283] 王诗炜, 陈春. 基于科学论文和技术专利关联关系识别潜在知识发现方法研究综述[J]. 数据分析与知识发现, 2023, 7（7）: 18-31.

[284] 华小琴, 司莉, 李亭. 我国科学数据共享中障碍因素分析及其启示[J]. 图书馆工作与研究, 2019（11）: 18-26.

[285] ZIMMERMAN A S. Data sharing and secondary use of scientific data: experience of ecologists[D]. Michigan: The University of Michigan, 2003.

[286] THANOS C. Research data reusability: conceptual foundations, barriers and enabling technologies[J/OL]. Publications, 2017（1）: 1-19.[2022-06-07]. https://doi.org/10.3390/publications5010002.

[287] 张闪闪, 刘晶晶, 顾立平, 等. 科研数据内容重用中的权益问题研究[J]. 图书情报知识, 2018（1）: 94, 105-113.

[288] TRISOVIC A, MIKA K, BOYD C, et al. Repository approaches to improving the quality of shared data and code[J]. Data, 2021, 6（2）: 1-12.

[289] TENOPI C, CHRISTIAN L, ALLARD S, et al. Research data sharing: practices and attitudes of geophysicists[J]. Earth and space science, 2018, 5（12）: 891-902.

[290] 商雯雯, 支凤稳, 孟佳琪. 科学数据重用意愿影响因素的元分析[J]. 晋图学刊, 2023（5）: 1-17, 28.

[291] 魏银珍, 邓仲华, 杨改贞. 科研人员数据重用意愿的影响因素研究[J]. 图书馆理论与实践, 2020（3）: 11-16.

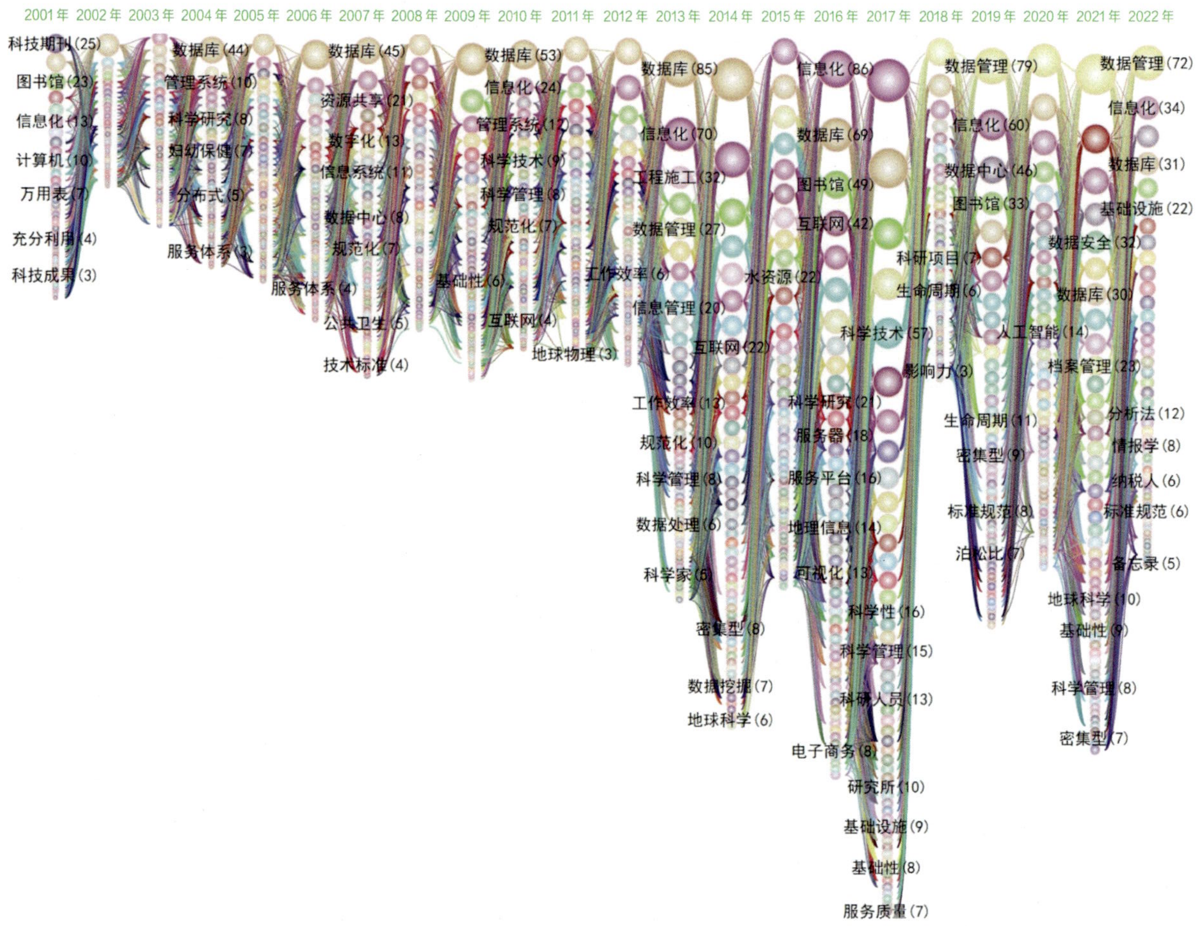

图 2-3 国内主题词演化网络

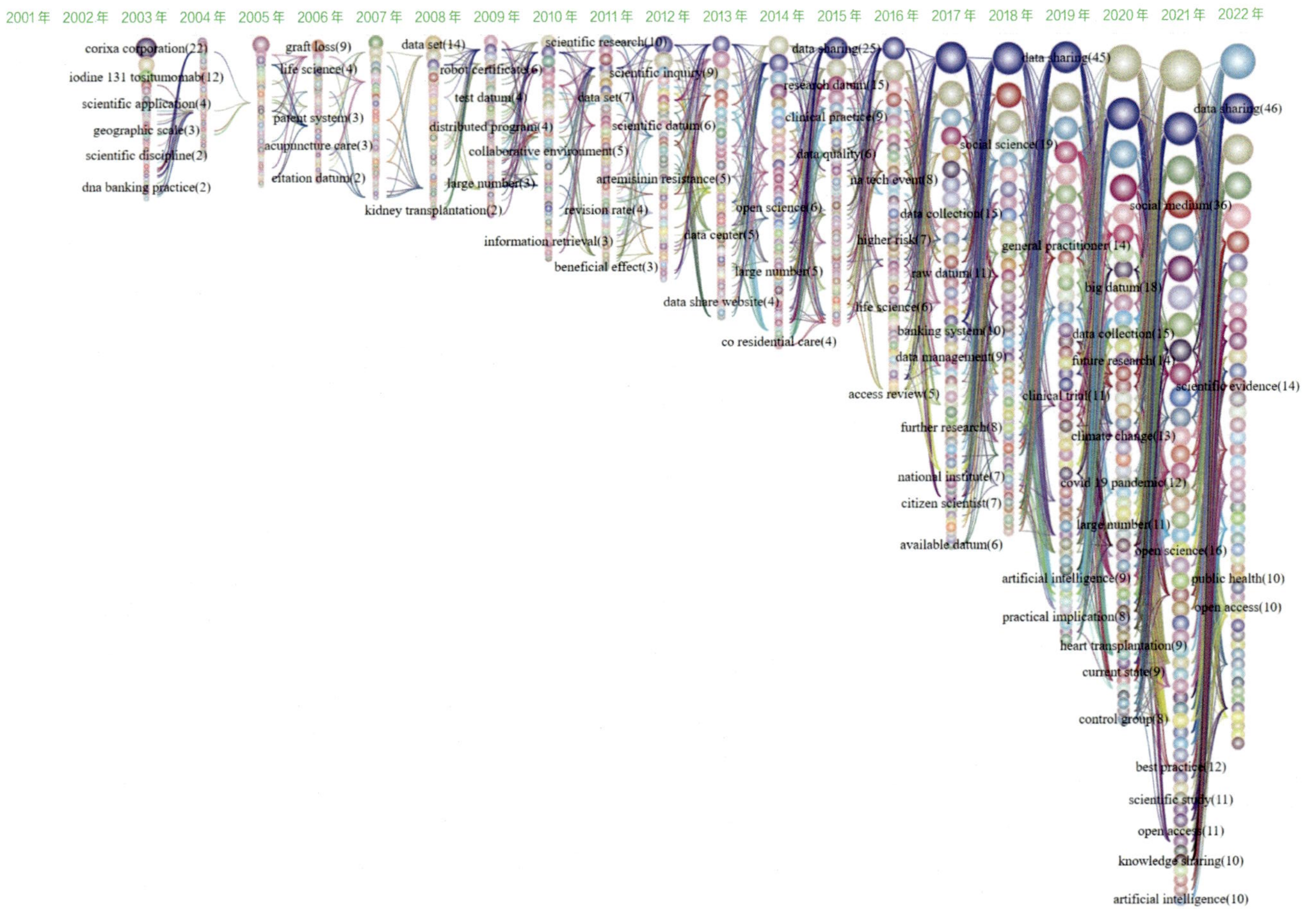

图 2-5 国外主题词演化网络

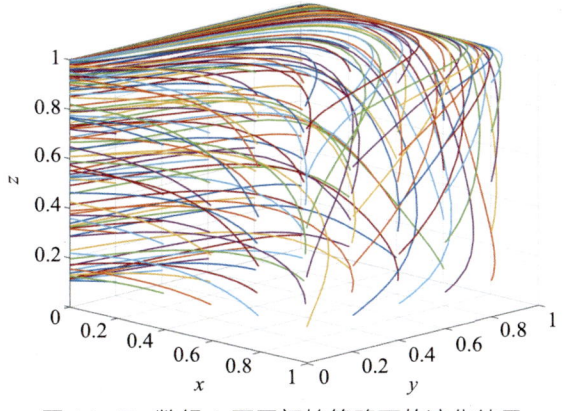

图 11-5　数组 1 不同初始策略下的演化结果

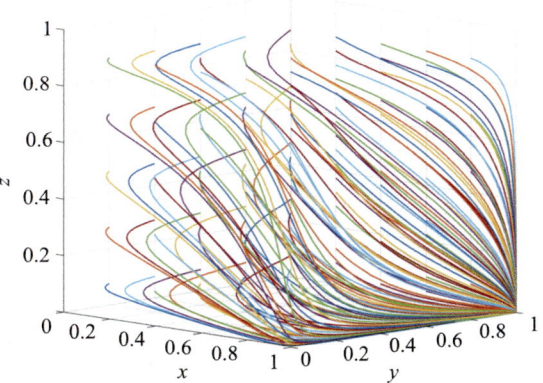

图 11-6　情形 Ⅰ 不同初始策略下的演化结果

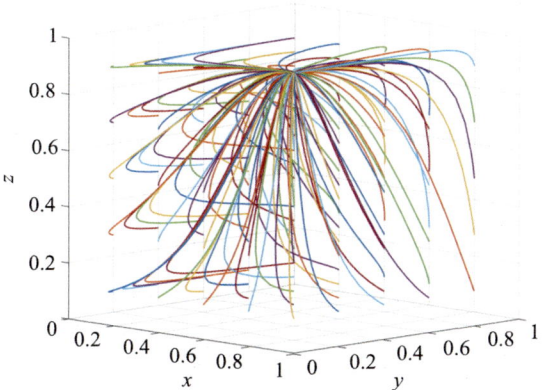

图 11-7　情形 Ⅱ 不同初始策略下的演化结果

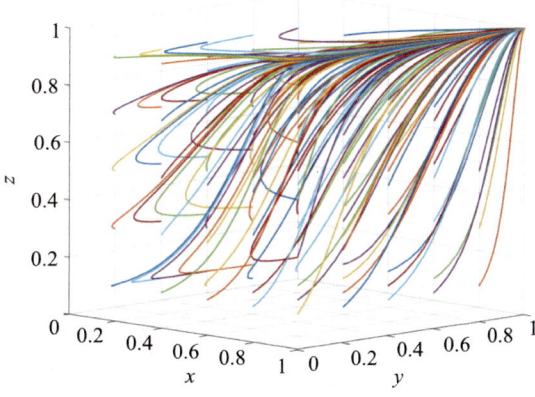

图 11-8　情形 Ⅲ 不同初始策略下的演化结果

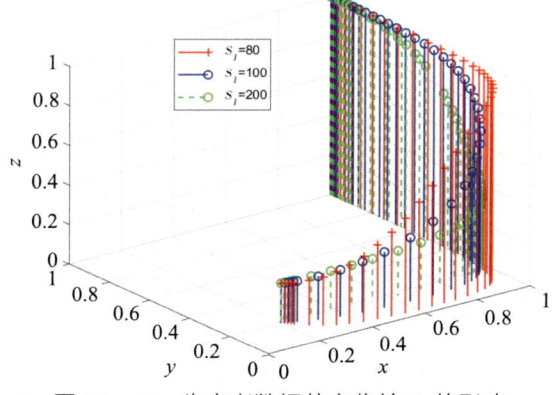

图 11-10　生产者数据共享收益 S_1 的影响

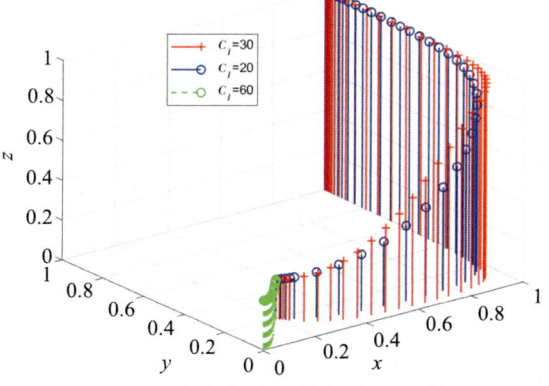

图 11-11　生产者数据共享成本 C_1 的影响

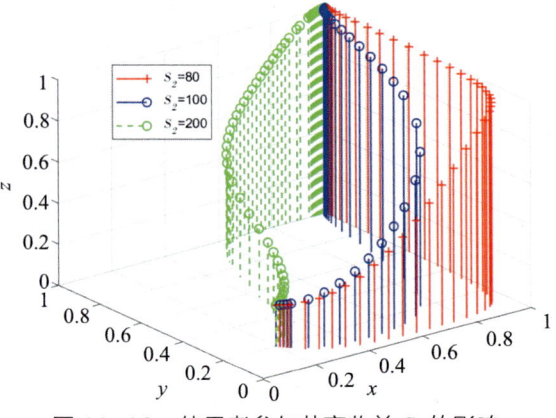

图 11-12　使用者参与共享收益 S_2 的影响

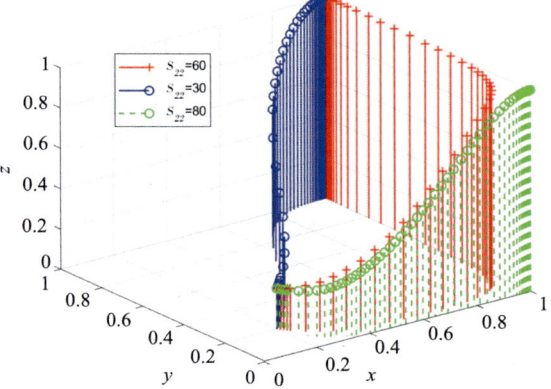

图 11-13　使用者不参与共享收益 S_{22} 的影响

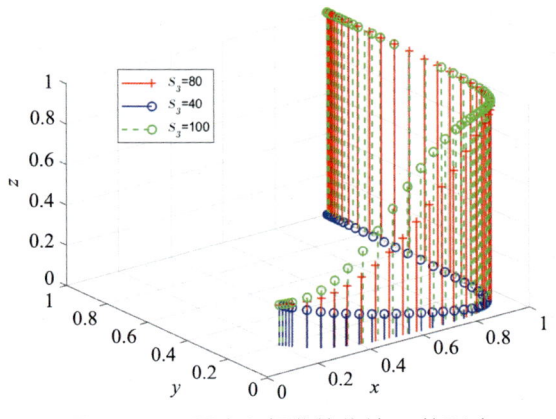

图 11-14　平台积极监管收益 S_3 的影响

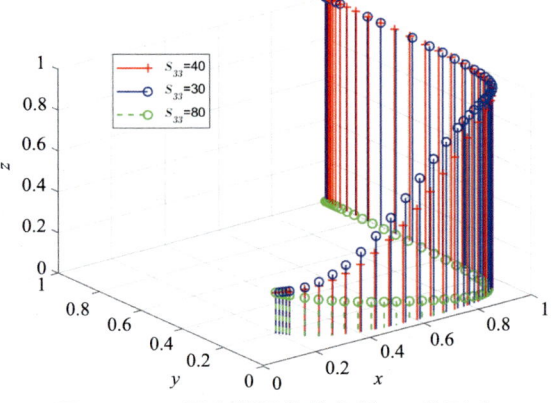

图 11-15　平台消极监管收益 S_{33} 的影响